Bernhard Lesker

Eine Fahrt an die Adria

Bernhard Lesker

Eine Fahrt an die Adria

ISBN/EAN: 9783744655453

Hergestellt in Europa, USA, Kanada, Australien, Japan

Cover: Foto ©ninafisch / pixelio.de

Weitere Bücher finden Sie auf **www.hansebooks.com**

Eine Fahrt an die Adria.

Von

Bernhard Lesker.

Wo ist ein Strand, der so wie du umkränzt
Von Alpenpracht, des Südens heit'rer Schöne,
Wo Lorbeer grünt, hoch oben Schnee erglänzt,
Der Fink bald schlägt, bald brausen Sturmestöne?

Mit zwölf Lichtdruckbildern.

Süddeutsche Verlagsbuchhandlung (Dan. Ochs).
1895.

Inhalt.

Vorwort.

„Wem Gott will rechte Gunst erweisen, den schickt er in die weite Welt!" So singt Eichendorff. Reichlich hat der liebe Gott während meines Lebens mir diese Gunst erwiesen, denn er führte mich über Land und Meer zu manchen entlegenen Völkern. Sogar in jüngster Zeit, da ich schon aller Reiselust abgestorben zu sein glaubte, schickte er mich in zwei aufeinanderfolgenden Jahren an die Ostküste des Adriatischen Meeres. Das Mittel, dessen sich Gott zu diesem Ende bediente, war freilich für den sinnlichen Menschen weniger angenehm; denn an der Adria sollten milde Luft und Seewasser mir die verlorene Gesundheit wiedergeben, und — sie haben mich auch von chronischer Halskrankheit so ziemlich wieder hergestellt.

Der erste Vorschlag zu einem Kuraufenthalt an der istrianischen Küste erregte trotz meines leidenden Zustandes sofort mein ganzes Interesse. Sind doch die österreichischen Küstenländer Gebiete, welche dem Bewohner von Deutschland, wenigstens von Mittel= und Westdeutschland, ziemlich fremd

geworden sind. Da noch Venedig als glänzende Meeres-
königin gebot, da aus Deutschland Scharen frommer Pilger
über die Adria schifften, um die heilige Stadt Jerusalem
betend und kämpfend zu besuchen, damals war dieses Meer den
Deutschen nicht fremd. Doch die Kreuzzüge hörten auf, die
Türken bemächtigten sich nicht bloß Syriens und Kleinasiens,
sondern auch der schönen griechischen Halbinsel, die Türken,
von denen man sagt, daß das Gras verdorrt, wo sie ihren
Fuß hinsetzen. In den langwierigen Türkenkriegen gab es
für die hoch begabten christlichen Stämme an der adriatischen
Ostküste nur noch Eine Aufgabe, Religion und den heimischen
Herd in immerwährendem Kampfe zu schützen. Darüber
stockten Handel und Verkehr und verwilderten die herrlichen
Länder. Venedig selbst erlahmte in diesem Kampf, wenn
auch nicht ohne eigene große Schuld. Wer mochte in diesen
düsteren Zeiten die Ostküste der Adria, wenngleich mit so
vielen Schönheiten geschmückt, besuchen, da der Frembling
fürchten mußte, jeden Besuch mit lebenslänglicher Sklaverei
zu büßen! So wurden die anmutigen Küsten, wo schon die
römischen Patrizier ihre Villen bauten, fremd für das westliche Europa. Erst in der Neuzeit sind diese Küstenländer
nach und nach wieder erschlossen worden, bis durch den Besuch
der deutschen Kaiserfamilie aller Augen sich dorthin richteten.
Wie hätte ich mich also nicht freuen sollen, dieses interessante
Land und Volk kennen zu lernen?

Was ich bei diesem zweimaligen längeren Aufenthalt an
der Küste der Adria gesehen, beobachtet und gelernt, versuchte

ich hier aus meinen Tagebuchblättern zusammenzustellen. Möge das kleine Büchlein manchem Gesunden zur Unterhaltung dienen, und manchem Kranken ein Wegweiser werden, der sie in jenes schöne, uns so fremde Land führt!

Vielleicht erscheint das Büchlein gerade zeitig genug, um auch als Beweis meiner Dankbarkeit gelten zu können. Erst während des Druckes erfuhr ich nämlich, daß der Priester-Krankenunterstützungsverein in Görz demnächst das zwanzigste Wiegenfest feiern werde. Diesem Vereine aber dankte ich die Möglichkeit einer wiederholten Fahrt an die Abria; als Mitglied dieses so segensreich wirkenden Vereins fand ich so liebevolle Aufnahme im Priesterhause zu Ika, das zu Ehren seines erhabenen Wohlthäters sich mit dem Namen Kaiser-Franz-Joseph-Priester-Sanatorium schmücken darf. Unter solchen Umständen würde man mir sicherlich vielfach verdenken, wollte ich mein Reisebüchlein nicht dem Gründer des Vereins als Angebinde widmen, dem verdienten Manne, welcher noch immer als Präsident das Schifflein des Vereins mit so großer Ruhe und Welterfahrung durch Stürme und Klippen zu steuern versteht. Wahre Herzensfreude sollte es mir sein, falls dieses Büchlein auch einem so notwendigen Vereine neue und treue Freunde zuführen wollte.

Mörlenbach in Hessen, Weihnachten 1894.

Bernhard Lesker.

1. Jordanbad und München.

Am Aschermittwoch verließ ich die Heimat, um in der Ferne
die verlorene Gesundheit wieder zu erlangen. Ich lenkte meine
Schritte zunächst zum Jordanbad, bei der alten vieltürmigen
Reichsstadt Biberach in Württemberg gelegen. Dort hatte ich
nämlich durch Vater Kneipps Wasserkur bereits mehrfach Linderung
und Besserung gefunden.

Vielleicht fragen mich meine lieben Freunde in der Heimat,
warum ich nicht zu Vater Kneipp in Wörishofen selbst gegangen?
Auf diese Frage weiß ich verschiedene Antworten. Einmal schreckten
mich die vielen, vielen Kranken ab, welche in Wörishofen Heilung
suchen. Ich habe die größte Hochachtung vor Pfarrer Kneipps
Scharfblick, Wissen und Energie; aber wäre das alles hundertmal
größer, so ist doch kein Mensch im stande, die Tausende und Tausende von Kranken immer richtig zu behandeln, welche sich an
Kneipp herandrängen: dazu fehlt einfach die Zeit. Die meisten
Kranken, selbst wenn sie für wenige Minuten zu Kneipp kommen,
müssen sich mit einem jungen Assistenzarzt begnügen, oder müssen
ihre eigenen Aerzte sein, und das thut selten gut, wenigstens
wenn es sich um ernstliche Leiden handelt. Daher kommt es
auch, daß so viele ungeheilt von Wörishofen fortgehen. Von
denen reden freilich die Kneippblätter und die Kneippenthusiasten

nicht; sie melden nur die einzelnen seltenen und augenfälligen Heilungen, die aber nicht nur bei Kneipp, sondern in allen Wasser= heilanstalten vorkommen. Das ist der erste Grund, welcher mich von Wörishofen fernhielt.

Der zweite Grund liegt in meinem Alter und meiner Bequem= lichkeit. Für mich ist ein eigenes Zimmer Bedürfnis, ebenso die nötige Bedienung. Das aber sind Dinge, welche man in Wöris= hofen nicht immer nach Wunsch hat. Selbst Geistliche müssen sich nicht selten mit einem gemeinsamen Zimmer für mehrere begnügen, was nicht nach jedermanns Geschmack ist.

Der dritte Grund, der mich von Wörishofen zurückhielt, ist der Urzustand der dortigen Badeeinrichtungen. Man erzählte die verwunderlichsten Dinge aus der dortigen Badepraxis, Dinge, welche allerdings einen gewissen Humor herausfordern, aber welche zu genießen ich wenig Lust verspüre. Es soll allerdings in jüngster Zeit bedeutend besser geworden sein; aber erst kürzlich teilte mir der Lehrer einer benachbarten höheren Schule mit: er sei schon am dritten Tage verzweiflungsvoll von Wörishofen durchgebrannt; solche Zustände könne er nicht aushalten. Darum blieb ich klüg= lich Wörishofen fern, wie hoch ich auch Kneipps Verdienste um die leidende Menschheit schätze.

Vielleicht möchte noch irgend ein neugieriges Menschenkind im schwarzen oder grauen Rock weiter inquirieren:

> „Warum denn in die Ferne schweifen,
> Liegt das Gute doch so nah'?"

Giebt es doch in der Heimat Kneippanstalten genug? Meine Antwort ist wiederum sehr einfach. Wenn ich in der Nähe bleibe, so fehlt mir die nötige Ruhe. Die Sorge um die laufenden Arbeiten nimmt mich dann gefangen und beunruhigt mich so lange, bis ich die Schritte zum heimischen Herde lenke. Bin ich

jedoch weit entfernt, dann werfe ich alle Sorgen fort, weil ich
eben doch nicht helfen kann. Dann erst habe ich die Ruhe des
Geistes, welche dem Kranken zur Heilung so notwendig ist. —
Das war der Grund, warum ich in das Land der biederen Ober=
schwaben zog. Da war ich fern genug von der Heimat und hatte
doch alles, was wünschenswert war: einen liebenswürdigen Arzt,
den ersten Schüler des Pfarrer Kneipp, schöne Badeeinrichtung,
ein gemütliches Zimmer für mich allein, geheizte Gänge, in denen
man nach Belieben lustwandeln kann, auch wenn es draußen stürmt
und schneit, vorzügliche und nicht allzu teure Pflege durch die
guten Franziskanerinnen von Reutte und, last not least: eine gar
traute Kapelle und die Tröstungen der Kirche.

Alle diese schätzenswerten Einrichtungen waren auch not=
wendig, denn der März machte anfangs ein gar grimmig Gesicht.
In der schlimmen Gesellschaft von Eis und Schnee war ich von
Heidelberg abgefahren. Im lieben Schwabenland wurden die
Schneeflocken immer dichter, je tiefer ich hineinkam. Endlich langte
ich sogar mit einem abscheulichen Schneetreiben im Jordanbad an.
So blieb es in der ganzen ersten Hälfte des Monats, wieviel wir
Badegäste auch die Wolken studierten und dem Thermometer gute
Worte gaben. Die Wetterpropheten, die unter uns zahlreich auf=
standen, und deren Verheißungen wir andächtig lauschten, erwiesen
sich Tag für Tag als falsche Propheten, bis eines schönen Tages
ganz unerwartet die Stare frohlockend und nimmer rastend ihre
glückliche Ankunft kündeten und das langersehnte Tauwetter mit=
brachten.

Seitdem wagte ich mich selbst in den herrlichen Wald, welcher
sich hinter dem Bade ausdehnt und den Jordanberg hinaufzieht.
Erst schüchtern, doch allmählich immer kecker drang ich in das
Dunkel der Fichten, obwohl unter denselben noch hoher Schnee
lag und auch die Aeste sich tief unter der weißen Last neigten:

1*

„Hinauf, hinauf
Zu des Berges Joch,
Einsam verschneite Pfade
Wandert der Pilger.“

(P. Kretten.)

Der würzige Duft, der dem Walde entströmt, lockte mich
Tag für Tag. Immer neue Schönheiten entdeckte ich, wenn die
Schneekrystalle im Sonnenlicht funkelten; mit täglich neuer Freude
beobachtete ich, wie die liebe Sonne sich auch als Straßenwart
bewährte und ein Stück Schnee nach dem andern aufsog, bis die
meisten Waldwege schneefrei und trocken waren. Darüber stimmten
endlich sogar die Finken ein Loblied an.

Auch von meinem Fenster aus genoß ich manche Freuden.
Da rollte mehrmals des Tages die königlich württembergische Post
auf dem Wege nach Ochsenhausen vorüber, und der Schwager
blies wohl, falls es nicht allzu kalt und er guter Laune war, ein
schwermütiges Stücklein auf seinem Posthorn. Da flogen pfeilschnell die Schlitten auf dem glitzernden Schnee, Fußgänger und
Wägen aller Art kamen in Menge, manchmal sogar der gestrenge
Herr Gendarm hoch zu Roß. Kurz, es gab immer etwas Neues
und Interessantes zu schauen. Am meisten freute mich, wenn
Pilger betend des Weges kamen. Und sie kamen in der Fasten-
zeit gar oft, um die Stationen des nahen Kreuzberges zu besuchen,
bald zwei, bald drei, bald mehrere. Freitags aber, wenn Andacht
gehalten wurde, kamen sie in hellen Haufen, und ihr Gebet drang
bis in mein Stübchen. So hatte ich fortwährend Beschäftigung,
wenn mich nicht der gestrenge Herr Wilhelm, der Badmeister, in
Beschlag nahm und Oberguß oder Schenkelguß u. s. w. explizierte.

Die Lebensweise und die heilkräftigen Wasseranwendungen
übten bald günstigen Einfluß auf mich. Ganz heilten sie mich
jedoch nicht, und darum entschloß ich mich, dem ärztlichen Rat zu
folgen und in der milden Luft des Südens Heilung zu suchen,

welche ich bis dahin nicht gefunden. Bald schlug die Abschieds=
stunde, und bald keuchte das Dampfroß mit mir durch die schwä=
bische und bayerische Hochebene. Vielleicht grollte der Winter, weil
ich seiner Tücke entfliehen wollte, denn gerade bei meiner Abreise
brauste ganz unvermutet wieder ein Schneesturm übers Land.
Im Schnee war ich gekommen, im Schnee mußte ich vom lieben
Jordanbad und seinen Bewohnern Abschied nehmen.

Ulm mit seinem herrlichen Münster konnte ich diesesmal leider
nicht besuchen, noch weniger Augsburg, dessen Türmen ich meinen
Gruß zunickte. Erst in München machte ich Halt. Doch auch von
seinen Herrlichkeiten konnte ich wegen meines Leidens nur wenig
genießen, obwohl die liebe Sonne den Schnee wieder vertrieben
hatte.

Nur wenige Kirchen besuchte ich während meines Aufenthalts.
In St. Peter wohnte ich am Donnerstag dem Schluß eines feier=
lichen Engelamtes bei. Bei der Prozession ging der Pfarrer, der
ehrwürdige Prälat Westermayer, durch seine Schriften bestens
bekannt, zwar vom Alter gebeugt, aber doch noch rüstig, mit den
übrigen Geistlichen vor dem Baldachin her. Vor nicht so vielen
Jahren hatte ich, als Anton Westermayer noch in Berlin als
Reichstagsabgeordneter weilte, dort im Lokale der Centrumsfraktion
gar angenehme Stunden mit ihm und dem nun verstorbenen
Erzgießer Miller und anderen Herren verbracht; es war gerade
Westermayers Namenstag. — Wie alle Kirchen, die ich in München
besuchte, war auch St. Peter recht besucht. Das ist übrigens
nicht merkwürdig, ja es dürfte gar nicht anders sein; zählt doch
München 270 000 Katholiken, so daß auf jede der zehn Pfarr=
kirchen ungefähr 27 000 Seelen kommen sollten. Um so betrüben=
der ist, daß trotz dieser numerischen Ueberzahl die Katholiken im
Münchener Rathause die Minderzahl bilden; ich meine natürlich
jene Katholiken, bei denen die Religion die Richtschnur ihres Lebens

ift. In Bayern ift es leider mit der Einigkeit der Katholiken
ſchlecht beſtellt; entweder ſind ſie extrem oder patriotiſch oder
Bauernbündler; entweder ſchlagen ſie mit Knüppeln drein, wie
Sigls Volksblatt, oder wollen ſie bei Leibe nicht nach oben an=
ſtoßen. Darüber kommt jedoch das alte lateiniſche Sprichwort
zur Geltung: Duobus litigantibus tertius gaudet! Wenn zwei
miteinander ſtreiten, reibt der dritte vergnügt die Hände! Dieſer
dritte im Münchener Stadthaus iſt der Liberalismus.

2. Ueber den Brenner.

Sei mir gegrüßt, Land Tirol mit deinen ſtolzen Bergen
und deinen frommen, tapferen Männern! Nicht ſatt ſchauen
konnte ich mich in Kufſtein an den prächtigen, mit Edeltannen
bewachſenen Höhen, den bereits grünen Matten und dem Inn,
dem rauſchenden Gletſcherſtrom mit ſeinen blaugrünen Wellen.
Bald entführte mich leider der Bahnzug dieſem Idyll. Ich
konnte jedoch der Verſuchung nicht widerſtehen und ſtieg nochmals
in Brixlegg aus, von wo ich im Jahre 1885 ſo ſchöne Erinne=
rungen mitgenommen hatte, als das Paſſionsſpiel daſelbſt aufge=
führt wurde. Auf dem Wege von der Station zu dem behäbigen
Dorfe mit ſeiner Bergknappenbevölkerung begrüßten mich die
erſten Frühlingsblümlein und baten mich, ſie zu pflücken.

> „Liebliche Blume,
> Biſt du ſo früh' ſchon
> Wieder gekommen?
> Sei mir gegrüßet,
> Primula veris!" (Lenau.)

Voll Wonne schaute ich die Kapelle hoch oben auf Berges-
rücken, hörte das Rauschen der Bächlein, welche eilfertig von den
Höhen herabstürzten, und betrachtete von der Innbrücke das malerisch fast in den Inn hineingebaute Rattenberg.

Die Eisenbahn führte mich dann an dem Eingang des Ziller-
thales vorüber.

> „Auf sonnigen Alpenfirnen
> Da liegt ein ewiger Schnee,
> Wie ein klarer Silberschleier
> Jungfräulicher Bergeshöh'n." (P. Kreiten).

Doch weiter, weiter ging es, an Schwaz vorüber, das sich
so friedlich im Schutze der Burg Frundsberg ausbreitet. Aus
dem schön gelegenen Städtchen mit seinem reichen Bergsegen
holten ehedem die Fugger ihren Reichtum. Bald erschien Volders,
das Kloster der Serviten, wo im Kulturkampf die vertriebenen
Söhne des heiligen Benedikt aus Beuron ein Asyl gefunden
hatten. Auch an Hall mit seinem altertümlichen Münzturme
und seiner interessanten Pfarrkirche fuhren wir nach kurzem Gruß
vorüber. Endlich tauchte Schloß Ambras auf, wo einst Philippine
Welser an der Seite ihres fürstlichen Gatten als treue Haus-
mutter schaltete, und dann kam auch schon Innsbruck, die
Stadt, welche mir von allen Städten wegen ihrer einzig schönen
Lage in den Alpen immer am besten gefallen. Ein Spaziergang
durch die prächtige Maria-Theresienstraße mit ihrem Blick auf
die auch nachts noch im Schnee erglänzende Alpenwand des Hafele-
kars und der Frau Hütt beschloß den schönen Tag.

> „Ich grüße dich, Innsbruck,
> Du alte treue Stadt,
> Du schimmernde Perle
> Auf einem Lorbeerblatt!

Wie ward in deinen Mauern
Dem Herzen leicht und wohl:
Hoch lebe Alt-Innsbruck
Im schönen Land Tirol!"   (Baumbach.)

Wie schön auch der Tag gewesen, er hatte doch einen
Stachel hinterlassen. Mein Leiden machte sich mehr denn sonst
geltend, und überdies hatte mir das liberale Kufsteiner Blättle
gleich den Eintritt in Tirol vergällt. In recht liberaler Unver=
frorenheit geiferte dasselbe über den Grafen Zedlitz und sein Schul=
gesetz. Wie glücklich könnten die Oesterreicher sein, welche durch
den Liberalismus in der Schule fast versumpfen und entchristlichen,
wenn sie ein solch wirklich freisinniges Schulgesetz hätten, das nicht
bloß den Ungläubigen und Juden, sondern auch den Christen ge=
recht zu sein strebt.

In Brixlegg hatte ich mich durch die liebe Gutmütigkeit der
Frau Wirtin in das Herrenstüble hineinkomplimentieren lassen. Und
da fand ich wieder die Bescherung in Gestalt der „Gartenlaube"
(Ausgabe für Oesterreich). Es kränkte mich, diese schillernde
Schlange, welche fast Nummer für Nummer gegen die katholische
Kirche und ihre Lehre Gift speit, im Wirtshause neben der Kirche
und in dem Brixlegg zu finden, wo ich vor Jahren so andachts=
voll dem Passionsspiel beigewohnt hatte. Dennoch war es eben
kein Wunder, denn Brixlegg besitzt ein k. k. Hütten= und Bergamt,
ein Kupferwerk, Schmelz=, Hammer= und Walzwerk, also auch zahl=
reiche Beamte, und ich — saß im „Herrenstüble". Trotzdem
schienen mir, als ich später zur Station ging, die Berge nicht mehr
so schön; selbst die Jugend kam mir bedenklich ausgelassen vor,
viel ausgelassener, wie ich sie in früheren Besuchen in Tirol gefunden.
Vielleicht sah ich ein wenig schwarz, weil ich eben krank war.

Liberale Blätter hatte ich übrigens auch in früheren Jahren
in Tirol genug gefunden. Sucht doch die falsche Aufklärung in

diese Felsenburg des Katholicismus in jeglicher Weise Eingang zu
gewinnen. Damals war ich jedoch besser bei der Hand wie alleweil
als kranker Mensch; ich konnte also auch dem Aerger, der in mir
kochte, immer gleich Luft machen. Ein gar nettes Stücklein, das
mir bei einer ähnlichen Gelegenheit passierte, möchte ich gleich hier
verewigen.

Eines Freitags rückte ich in ein Tiroler Städtlein ein, gar
wundersam am oberen Inn gelegen. Im „Schwarzen Adler"
stellte ich ein, allbiweil schwarz meine Lieblingsfarbe ist, und ver=
langte Forellen. Bei Tisch saß ein feines Männlein mit zartem
Backenbart neben mir. Es war, wie sich später herausstellte,
der liberale Herr Lehrer. Jedenfalls seines schwachen Magens
wegen aß er Fleisch, während ich mich an köstlichen und billigen
Forellen labte. Vor Tisch hatte ich die Zeitungen durchblättert
und lauter liberales Lesefutter gefunden. Als nun die Mahlzeit
beendet, die Zeche bezahlt war, fragte ich ganz gemütlich die
Kellnerin: „Nicht wahr, ich bin hier im ‚Schwarzen Adler'?" Als
die Frage bejaht wurde, fügte ich hinzu: „Schön, das nächste=
mal werde ich aber im ‚Goldenen Adler' einkehren!" (Der
„Goldene Adler" war das Wirtshaus nebenan.) „Warum,
Hochwürden?" fragte die Kellnerin. „Weil ich im ‚Schwarzen
Adler' nur rote Zeitungen gefunden; vielleicht hat der ‚Goldene
Adler' nächstesmal schwarze Blätter!" Die Kellnerin verduftete
lautlos. Mein Nachbar aber mit dem schönen Backenbart bekam
ein feuerrotes Gesicht, wie ich ihm dann in aller Gemütsruhe
auseinandersetzte, daß die deutschen Katholiken in der Mehrheit
durch den Kulturkampf gescheit gemacht worden seien, und liberale
Schimpfereien über die katholische Kirche nicht mehr mit ultra=
montanem Gelde bezahlen. — Als ich den „Adler" verließ, kam
eilfertig die Wirtin hinter mir her und meinte: „Hochwürden
können ruhig wiederkommen, denn die liberalen Zeitungen haben

die Beamten und der Herr Lehrer, der neben Ihnen saß, gehalten; die haben aber kein Geld mehr!" Und richtig! ein Jahr darauf kehrte ein lieber Freund aus der Heimat im „Schwarzen Adler" am Inn ein und fand nur katholische Blätter. Ja, er rühmte sogar den „Schwarzen Adler" als eines der wenigen Gasthäuser in Tirol, wo er keine roten Blätter gefunden. Also: Probatum est!

In Innsbruck kam ich meiner Christenpflicht am Sonntag in der Kirche der Servitenväter nach. Da sah ich wieder recht, wie treu die Mehrzahl der Tiroler die Kirchengebote beobachtet. In der Kirche reihte sich Messe an Messe vom frühesten Morgen; aber die Kirche wurde nie leer von Menschen, blieb immer ge= füllt. So war es auch in den übrigen Kirchen: in der Hof= kirche bei den Kapuzinern, in der Pfarrkirche u. s. w. Es wird den österreichischen Liberalen schwer werden, den steifnackigen Tirolern die Liebe zur Kirche auszutreiben, obwohl sie, besonders bei der Jugend, alle Anstrengungen machen.

Als ich von Innsbruck fortfuhr erblickte ich vom Waggon das Prämonstratenser=Stift Wilten oder Wiltau, zur Römer= zeit Veldidena. Sogar in den Garten des Stifts schaute ich im Vorbeifahren hinein; einst hatte ich in demselben schöne Stunden inmitten der Söhne des hl. Norbert verlebt. Da tauchte auch wieder auf die Erinnerung an die Standbilder der Riesen Haimon und Thyrsus, welche das Portal der Stiftskirche bewachen. Haimon soll den Thyrsus bei Tirschenthal im Oberinnthal erschlagen und dann zur Sühne in Wilten ein Kloster erbaut haben. So wenigstens lautet die Sage. — Im Blicke schaute ich auch noch von Ferne die Martinswand, an der in alten Zeiten Kaiser Maximilian I. sich auf der Gemsenjagd verstiegen und zwei Tage ohne Speise und Trank ausharren mußte, bis er gerettet wurde. Eine Tafel am Berg verkündet:

„O Wanderer, schau an die Felsenwand,
Wo Kaiser Max stand am Grabesrand.
Die Kaisergrotte beweist glorreich:
Gott schützet das Haus Oesterreich!"

Wie im Fluge entschwanden diese Bilder, und dann ging's
in den Tunnel hinein durch den schlachtenberühmten Berg Isel,
wo die tapferen Tiroler die Franzosen und die mit ihnen ver=
bündeten Bayern geklopft hatten, und weiter durch die enge
finstere Schlucht der Sill mit ihren steilen himmelhohen Felsen=
wänden. Immer neue Gebirgsbilder von wunderbarer Schönheit
erblickt man, je weiter die Bahn sich im Sillthal entlang windet,
bis endlich Matrei und hoch oberhalb des Tunnels, aus dem
der Zug hervorbraust, Schloß Trautson erscheint. Vor Jahren
war ich diese Brennerstraße zu Fuß gepilgert und hatte in deren
Schönheiten geschwelgt, an denen ich jetzt nur im Fluge nippen
konnte. Das waren andere Zeiten!

Je höher die Bahn von Matrei aus durch zahlreiche Tunnels
in die Alpen hineinklomm, um so spärlicher wurde die Vegetation,
um so gewaltiger die Schneemassen, welche oft fußhoch bis zum
Bahnstrang drängten. Mehrfach bemerkte ich Stellen, wo Lawinen
abgestürzt waren. Der Brennersee, das liebliche Alpengewässer,
war gar nicht sichtbar: Eis und Schnee verbargen seinen grünen
Wasserspiegel. Auf dem Brenner jedoch stürzte ohne Angst
vor dem gewaltigen Tyrannen Winter die Eisakquelle von felsiger
Höhe herab, um von da ab als lustiger Bach neben dem Schienen=
geleise polternd und rauschend einherzulaufen.

Das Bild änderte sich bald, nachdem wir den Brennerpaß
überschritten hatten und in beschleunigter Eile dem Süden zu=
dampften. Gossensaß, Sterzing waren noch winterlich be=
kleidet; dann aber kam der Frühling mit Macht; besonders als
wir die Thalsperre, das granitene Felsennest Franzensfeste,

hinter uns hatten und die schöne Bischofsstadt B r i x e n begrüßten. So viele liebe alte Bekannte weilten in Brixen, daß ich unmöglich vorübereilen konnte.

Brixen macht von der hochgelegenen Eisenbahn aus ganz den Eindruck einer italienischen Stadt. Dennoch ist sie echt deutsch, was man sofort merkt, wenn man durch die Gassen der alten fürstbischöflichen Residenz wandert. Besonders heimeln in den Geschäftsstraßen die Lauben mit den vielen kleinen Läden an. In Innsbruck sieht man dieselben zuerst, obwohl sie auch im deutschen Norden, z. B. in Münster in Westfalen, vorkommen. Die Kirchen sind alle italienisch verzopft. Nur der malerische Kreuzgang des Doms ist diesem Schicksal entgangen. Erst jetzt wird er restauriert, wie mir scheint, nicht ganz glücklich.

In den Jahren, in denen ich Brixen nicht gesehen, hatte die Stadt sich merkwürdig verschönert. Sie strebt sichtlich darnach, eine Fremdenkolonie anzulocken und schmückt sich für dieselbe wie eine Braut für ihren Bräutigam. Aufgefallen ist mir noch, daß man damals viel mehr italienisch sprechen hörte wie früher, wahrscheinlich weil mehr gebaut wird.

In der Frühe machte ich einen Besuch in dem benachbarten V a h r n, dem ich schon am Tage der Ankunft von der Eisenbahn zugewinkt hatte. Vahrn liegt in einem Wald edler Kastanien, den ich freilich sehr gelichtet fand. Den ruhebedürftigen Menschenkindern bietet es im Frühling, d. h. im Mai und Anfang Juni, den denkbar angenehmsten Aufenthaltsort, wie ich aus mehrfacher Erfahrung weiß. Auch diesesmal war mein erster Gang in den dunklen Föhrenwald thalaufwärts am Schalderer Bach entlang. Der Bach ist fast ein beständiger Wasserfall; wenigstens löst ein Wasserfall den anderen ab. Da muß man schweigen, denn die Gewässer und Berge ringsum reden von der Macht und Größe Gottes: „Benedicite montes et colles Domino, benedicite fontes Domino!" „Lobsinget ihr Berge und Hügel dem Herrn, ihr Quellen lobpreiset den Herrn!" Wie wird das Herz da so ruhig und doch so freudig gestimmt!

Zurückgekehrt aus der engen Schlucht, wanderte ich durch den Kastanienwald des malerischen Dorfes und stieg dann den Hügel hinauf zur Kirche. Von dem Plateau, auf welchem die= selbe gebaut ist, hat man eine wunderbar schöne Aussicht auf Brixen, das breite herrliche Eisakthal und die Alpen, welche es begrenzen. An der Mauer der Kirche fand ich ein frisches Grab, das Grab eines edlen Priesters, den ich früher kennen und lieben gelernt hatte. Ich hatte mich auf das Wiedersehen gefreut, und nun konnte ich nur ein Vaterunser an dem Leichenhügel beten, den die Liebe seiner Pfarrkinder mit frischen Blumen ge= schmückt hatte.

Auf der Rückkehr nach Brixen hielt ich noch Einkehr im Knabenseminar Vincentinum, genannt nach dem edlen Stifter, Fürstbischof Vincenz Gaßner. Die Kirche, außen schmucklos und unscheinbar, war in den Jahren meiner Abwesenheit vollständig mit Fresken ausgestattet worden — ein wahres Schatzkästlein.

---

3. Von Franzensfeste zur Adria. — Fiume.

In dem gastlichen Brixen, wo liebe Freunde mich zu halten suchten, wäre ich gar gern geblieben, wenn nicht mein körperliches Befinden derart gewesen, daß ich mich sehnte, das Adriatische Meer, mein Reiseziel, so schnell wie möglich zu erreichen. Das war die Veranlassung, warum ich in Franzensfeste den Schnellzug der Pusterthal-Kärntner Bahn wählte. Leider fuhr der Zug erst nachmittags fünf Uhr, und so gingen mir gerade die Schönheiten des östlichen Teiles des Pusterthales verloren, jenes Teiles, den ich nie besucht hatte. Das westliche Pusterthal konnte ich um so besser genießen, da ich alleiniger Inhaber eines Abteils war.

Von Franzensfeste aus verläßt die Pusterthalbahn die Brennerstraße, welche den Wanderer in das weinreiche und sonnenhelle Südtirol und Italien führt. Franzensfeste ist ein mächtiges Bollwerk, das die Oesterreicher zur Abwehr eines etwaigen Einfalles der Italiener gebaut haben. Auch die Höhen ringsum sind befestigt; sonst würde die Thalsperre nicht viel nützen. Bevor die Festung stand, hatten die Tiroler hier siegreiche Schlachten geschlagen gegen Franzosen und Italiener. Gerade an der Ladritscher Brücke, welche unmittelbar bei Franzensfeste über den tief unten brausenden Eisak führt, und bei dem nahen Weiler Oberau ist 1809 viel Blut geflossen. Die katholischen Tiroler haben damals den Beweis geliefert, daß sie selbst ein noch festeres Bollwerk bilden wie ihre Berge und alle Festungen in denselben. Aber nehmet den Tirolern ihren Glauben und ihre Frömmigkeit, und dann sehet, ihr liberalen Herren, wie viel von ihrer Tapferkeit und ihrem Opfermut übrig bleibt!

Der Eisenbahnzug brauste mitten durch die Granitwände der Festung und dann hoch oberhalb der Ladritscher Holzbrücke auf einer kühn gespannten Eisenbrücke über das alte Schlachtfeld hinweg. Noch konnte ich einen Blick auf das Eisakthal werfen, auf den fernen Bozener Schlern, den sagenumwobenen Berg, und dann waren wir schon im Pusterthal bei Mühlbach, wo die Rienz brausend und tobend durch Granitwände ihren Weg zum Eisak bricht. Auf dem Wege nach Bruneck konnte man auf der Nordseite hin und wieder einen Blick auf die weißen

Zillerthaler Berge erhaschen. Auf der Südseite gewährten kleine Seitenthäler die Aussicht auf die phantastischen Zacken der Dolomiten.

Das liebreizende Bruneck, welches wir bald erreichten, war jahrhundertelang der Sitz der Bischöfe von Brixen, die auch die Burg erbauten. Dem Bischof Bruno verdankt es sogar seinen Namen. Kein Ort im Pusterthal spricht vielleicht dem Wanderer mehr an als diese alte Pfaffenstadt. Die Bahn umkreist in gewaltigem Bogen das Städtlein, um die Thalsteige zu überwinden. Nochmals schaute ich nordwärts die blauen Eisfelder der hohen Tauern, deren Bäche ins Zillerthal stürzen; nochmals warf ich einen Blick auf Bruneck, dessen Schloß Häuser und Kirchen überragt, und dann ging's in die Nacht des Tunnels hinein.

Gar bald waren wir in Niederndorf, von wo ich früher einmal die romantisch gelegenen kleinen Bäder Prags und Neu-Prags besucht hatte. Solche Bäder mit heilkräftigen Quellen giebt es zahllose in Tirol. Wer aber da den Komfort von Wiesbaden und Baden-Baden suchen wollte, wer von befrackten Kellnern bedient zu werden verlangt, der suche um Himmelswillen nicht die Tiroler Bäder auf — sie sind höchst primitiver Natur und würden nicht bloß Kopfschütteln, sondern noch mehr erregen. In diesen Tiroler Wildbädern stehen gewöhnlich zwei Häuser: ein steinernes, in dem die Herrenleute sehr einfach leben, und ein hölzernes für die Bauersleute. Denn im gesegneten Lande Tirol kommen noch jetzt die Bauern, falls die Gebreste des Alters und der Krankheit sich regen, nach der Saat oder nach der Ernte ins „Badl". Da leben sie überaus billig und ganz, wie sie es gewohnt sind, ohne durch Kellner und Servietten geärgert zu werden; denn sie machen alles selber: sie kochen, waschen, putzen, säubern ihr Kämmerlein und helfen sich gegenseitig wie Brüder. So war's einmal in den guten, aber verschrieenen Zeiten des

Mittelalters in ganz Deutschland. So ist es noch in Tirol, wo die
Kirchenspaltung und der Dreißigjährige Krieg nicht alle Einrich=
tungen des Mittelalters gründlich zerstört haben, und wo der
Bauer infolgedessen noch etwas gilt. Die Badeeinrichtung in
diesen Wildbädern ist für Herrenleut' und Bauersleut' die gleiche;
derselbe schlichte Bretterverschlag dient jedem Badegast als Kabine.
Alt=Prags ist freilich schon bedeutend nobler geworden. Aber Neu=
Prags und die ganze Reihe von Wildbädern, welche ich in früheren
Jahren im Pusterthal besucht, haben dieselbe schlichte Einrichtung
bewahrt, die das Baden auch dem Manne aus dem Volke er=
möglicht. Wohl war das für mich eine schöne Zeit, als ich vor
Jahren im Pusterthal von Ort zu Ort, von Wildbad zu Wildbad
wanderte und so Gelegenheit fand, das alles mit eigenen Augen
zu schauen.

Was mir an Neu=Prags unvergeßlich bleibt, das ist der nahe
Pragser Wildsee. An seinem Ufer stand ich einst beim Sonnen=
untergange, als der grüne See tief dunkel wurde. Ringsum
starrten Bergwände steil empor, der Seekofel 1300 Meter hoch.
Dunkle Föhren machten die Scenerie noch ernster. Dabei die
lautlose Einsamkeit, die den ganzen See umgab. Wer ihn ein=
mal so gesehen, wird die Erinnerung nie verlieren.

Während ich mich in Rückblicke auf die schönen Tage der
Vergangenheit vertiefte, weckte mich das Pfeifen der Lokomotive,
Toblach ankündigend. Dort sperrt das große Südbahnhotel
den Eingang in das Ampezzaner Thal mit seiner Dolomiten=
welt voll märchenhafter Schönheit. Vergebens aber warteten die
geschniegelten Kellner, mich in Empfang zu nehmen. Weiter
ging's. Nur noch einen langen Blick warf ich auf das Bißchen
von der Dolomitenherrlichkeit, welches ich im Vorbeifahren er=
haschen konnte. Kurz vor Innichen gab ich Obacht, um die
junge Drau nicht zu verfehlen, welche dort aus enger Schlucht

Priester-Sanatorium Rudolfinum in Görz.

hervorbricht; eine verhältnismäßig lange Strecke sollte ich ja an ihrem Ufer zurücklegen.

Innichen mit seinen vielen Kirchen war das Letzte, was ich vom Pusterthale und Tirol thatsächlich sehen konnte, denn

> „leise kam heraufgegangen
> Nacht am blauen Himmelsbogen,
> Mond und Sterne golden prangen,
> Und es leuchten all' die Wogen!“   (P. Diel.)

Die Wogen der Drau sah ich nämlich lange noch im Mondschein glitzern.

Aus meinen Betrachtungen wurde ich plötzlich durch den Schaffner gerissen, der sich mit der Frage an mich wendete: „Wollen's in Lienz a Tabletten?“ Was er damit meinte, verstand ich nicht, und da ich mit wiederholten Fragen nichts anderes aus dem Mann herausbringen konnte, so bejahte ich die Frage. Ich dachte mir nämlich, daß es sich um eine Art Abendessen handele, und ich hatte recht geraten. In Lienz, der Endstation des Pusterthales, verwirklichte sich das alte Märlein vom „Tischlein deck dich!“ Kaum hielt der Zug, so stieg auch ein befrackter Kellner ins Coupé, setzte ein mächtiges Brett, mit Serviette bedeckt, auf den Sitz mir gegenüber. Auf dem Brett aber (jedenfalls die Tablette des Kondukteurs) lachten mich Suppe, Braten und Gemüse an, sowie ein Fläschchen trefflichen Weines, Terolbigo. Alle Speisen waren warm und vorzüglich zubereitet, was, wie ich hier noch bemerken möchte, ein Jahr später durchaus nicht der Fall war, als ich wieder dieselbe Tour machte. — Der Zug setzte sich in Bewegung, da der Kellner kaum sein Geld in Empfang genommen hatte; ich aber aß in aller Gemütlichkeit mein Nachtessen. Unterdessen

„trug uns das Dampfroß kühn
Durch Berg und über Thal;
Es braust und tost, und weithin sprüh'n
Die Flammen wie Blitzesstrahl."

(Kreiten.)

Ich richtete dann meinen Abteil zum Schlafzimmer her, sprach mein Nachtgebet und streckte mich zur Nachtruhe aus. Kraus gingen mir anfangs die Gedanken durch den Kopf. Besonders ärgerten mich jetzt zum Abschied aus Tirol die schiefen Urteile und Seitenhiebe, welche ich über die Tiroler unterwegs in den „Europäischen Wanderbildern" aufgelesen hatte, zumal ich fast kein Volk lieber habe wie gerade die Tiroler. „Unverhofften Komfort" z. B. nennt es Herr Dr. Heinrich Noé, der Verfasser der „Kärtner=Pusterthaler Bahn", wenn er irgendwo in einem Tiroler Wirtshause „mit Flaschenbier und freisinnigen Wiener Zeitungen" regaliert wird, welche letztere „ihn über die Fort= schritte des aufgeklärten Jahrhunderts belehren". Ebenso meint der genannte Schriftsteller, der in Geologie besser bewandert zu sein scheint wie in Religion und Geschichte, daß das Tiroler Volk vor und während der Reformationszeit noch „von anderem Lebens= mute beseelt und nicht so von seinen geistlichen Behörden zu= sammenregiert war". Als ob nicht gerade die Religion es ge= wesen, welche die Männer und Frauen von Tirol mit wahrem Lebensmut erfüllte und sie begeisterte, für ihre Freiheit zu kämpfen, da alle anderen deutschen Volksstämme, wenn auch knirschend, am Triumphwagen des korsischen Eroberers Napoleon zogen! Zu einer späteren Zeit hatte ich, wie ich hier gleich einschalten möchte, Gelegenheit, Herrn Dr. Noé persönlich kennen zu lernen, nämlich in Abbazia. Sein Wohlgefallen schien ich jedoch nicht zu erregen, obwohl ich ihm einen Dienst erweisen konnte. Vielleicht hinderte mein schwarzer Rock den gelehrten Herrn, der gerade in der „Gartenlaube" vertieft war, mir den schuldigen Dank auszudrücken.

Der Aerger über Dr. Noé und seine liberalen „Wander-
bilder", welche ich mir in Brixen gekauft hatte, weil ich kein anderes Reisehandbuch bekommen konnte, ging bald vorüber, denn
tiefer Schlaf umfing mich. Was ich in Innsbruck und Brixen
in guten Betten nicht fertig gebracht, gelang trotz des schrillen
Pfeifens der Lokomotive trefflich. Ich verschlief förmlich die Herrlichkeiten von Kärnten und Steiermark; nur wie im Traum sah
ich in der sternhellen Nacht die weißen Berge bei Klagenfurt
und später bei Marburg. In letzterer Station bekam ich einen
Schlafkameraden, welcher aus dem Wiener Schnellzug zu mir ein-
stieg, und dann ging's weiter in die Nacht hinein. Erst um
4 Uhr morgens wurde ich munter, gerade als der Zug in das
lieblich gelegene Cilly mit seiner hochragenden Burg einfuhr.
Von Steinbrück, wo die Bahn von Kroatien einmündet, bis
Laibach sah ich ein wenig von der wilden Schönheit der Save-
schluchten, durch die das Stahlroß in rasender Eile führte:

„Polternd, rauschend fließt die Save
In dem engen Felsenbette;
Aus dem Wasser steigt die steile
Dunkelgrüne Bergeskette.

In des Thales düstre Enge
Dringen kaum der Sonne Strahlen;
Wenig Stunden nur des Tages
Sie die Felsen goldig malen.

Hart am Strand das Dampfroß keuchet,
Ueberragt von Felsgehänge,
Schlangengleich muß es sich winden
In der schluchtengleichen Enge."

Endlich weitet sich das Thal, und in der Ferne erscheint auf
hohem Kegel das Laibacher Kastell. Bald leuchtet uns müden
und abgespannten Reisenden durch grüne Auen Laibach, die

2*

Landeshauptstadt von Krain, entgegen, während schneegekrönte
Alpenhöhen das schöne Bild abschließen.

Von Laibach ging's durch das Laibacher Moor nach Franz=
dorf, wo ein mächtiger Viadukt der ganzen Gegend ein eigen=
artiges Gepräge verleiht. Von dort beginnt der Aufstieg in den
Karst, dieses merkwürdige Kreide=Kalksteingebirge mit seinen
Tropfsteinhöhlen und unterirdischen Gewässern. Will man ein
recht ödes, trostloses Gebirge sehen, so muß man zur Winterszeit
seine Schritte in den Karst lenken. Immer häufiger und schroffer
treten die nackten, weißen Felsen hervor. In Mulden, den so=
genannten Dolinas, hat menschlicher Fleiß kleine wohlbebaute Gär=
ten und Felder angelegt, von riesigen Steinwällen umgeben, damit
nicht die schlimme Bora die fruchtbare Erde wegfegt. Jetzt zur
Winterszeit sind sie jedoch nicht wahrnehmbar.

Je höher die Lokomotive emporkeuchte, um so rauher und
unwirtlicher wurde das Land, um so ärmer die spärlichen Dörfer;
bald kam ich auch wieder einmal in die Region des Schnees. Und
dieses ganze unwirtliche, öde Bergland war einstmals mit üppigem
Eichwald bewachsen. Davon zeugen noch jetzt viele Ortsnamen.
Doch schon im Altertum hat man den Wald abgeholzt, ohne für
Aufforstung zu sorgen. Dann haben Wasser und Wind, beson=
ders die gefürchtete Bora (die solche Kraft entwickelt, daß sie schon
Eisenbahnzüge umgeworfen hat), die fruchtbare Erde fortgeschwemmt
und weggeweht. Uebrig geblieben sind nur die nackten, kahlen
Felsen, welche dem Wanderer, besonders nachts, vielfach als
kolossale bleiche Gebeine erscheinen. Jetzt sucht Oesterreich gut zu
machen, was die Alten gesündigt haben, indem mit unendlicher
Mühe in den trichterförmigen Dolinen und in den geschützteren
Schluchten und Abhängen wieder Wald angepflanzt wird.

Die Bora, welche im Winter solche Verheerungen anrichtet
und auch von den Seeleuten so gefürchtet wird, ist übrigens nichts

anderes als das Herabfluten der kalten Gebirgsluft auf das Meer.
Das Sprichwort besagt an der Adria:

„A Fiume la nasce,
a Segna la fiorisce,
a Trieste la crepa;“

d. h. in Fiume wird die Bora geboren, in Zengg (am Canale di
Maltempo) erreicht sie den Höhepunkt, und in Triest krepiert sie.

Nach fast anderthalbstündiger Fahrt bergan kamen wir nach
Adelsberg. Wie gern hätte ich hier die Eisenbahn verlassen,
um die Wunder der Unterwelt zu schauen! Wie gern wäre ich
in das unterirdische Krain hinabgestiegen, in die Adelsberger
Höhlen, in denen man tagelang wandern und mächtige unterirdische Flüsse überschreiten kann! Aber ich war ein kranker
Mensch. Der Führer sagte zwar: „Es ist unglaublich, daß es
noch immer sogenannte Vergnügungsreisende giebt, denen doch an
einigen Stunden Zeit nichts zu liegen braucht, welche, am Orte
eines solchen Weltwunders, wie die Adelsberger Grotte ist,
angelangt, daran vorüberfahren. Und solcher sind nicht wenige.“
Aber ich zählte doch nicht zu den Vergnügungsreisenden, sondern
ich reiste, um gesund zu werden, und darum mußte ich auch auf
diesen Genuß wie auf so viele andere verzichten. Nicht weit von
Adelsberg liegt der Zirknitzer See, ein anderes Weltwunder:
In manchem Sommer und Herbst pflügen und ernten in demselben die Bauern, und dann fischen sie im Winter und im Frühling dort, wo sie vorher gearbeitet haben. Das Wasser des
Sees fließt nämlich im Frühling unterirdisch ab. Auch diese
merkwürdige Stätte konnte ich nicht besuchen.

Weiter und weiter in den Karst hinein trug mich vielmehr
der Eisenbahnwagen, bis wir endlich zur Station St. Peter
kamen, wo ich den Zug, der nach Triest weiterfuhr, verlassen

mußte. Wie weit auch die Strecke war, welche ich auf der viel=
verschrieenen Südbahn bis hierher zurückgelegt, so hatte ich doch
die Beschwerlichkeiten, welche mit einer solchen Reise immer ver=
knüpft sind, nur in minimalem Maße empfunden. Der Wagen
war bequem, nicht überfüllt, der Kondukteur ein freundlicher und
gefälliger Beamter. — Nicht gleich gut traf ich es ein anderes=
mal, als ich die Strecke fuhr. Der einzige Wagen zweiter
Klasse war überfüllt und wurde von einem groben Kondukteur
tyrannisiert. Kaum eine Station ging vorüber, wo nicht immer
wieder aufs neue Reisende in unsern schon übervollen Wagen,
der die Bezeichnung „München=Triest" trug, hineingepfercht wur=
den. Ruhe hatten nur die Reisenden erster Klasse neben uns.

In St. Peter bestiegen wir nach langem Harren den Zug,
der uns der Grenze von Krain und Fiume zuführen sollte.
Station um Station entschwand, bis wir endlich Sapjane er=
reichten. Dann donnerte der Zug durch einen Tunnel, wand sich
um eine Felsecke, und: Evviva il Quarnero! rief ein Reisender,
der neben mir am Fenster stand; denn strahlend im Sonnenschein
lag die blaue Meeresbucht, der Quarnero, vor uns, überragt
durch die Felskuppen des Monte Maggiore und abgeschlossen durch
die Inseln Cherso und Veglia. Zu unseren Füßen aber
lugten die weißen Villen von Voloska und Abbazia aus dem Grün
der Lorbeeren und Oliven hervor. Für den Nordländer ein
wunderschönes Bild, an dem er sich nicht satt sehen kann:

> „Cypressen dunkeln schattig hier,
> Oliven, Mandeln blüh'n —
> Hoch: blauer Himmel, Sonnenschein,
> Tief: Meereswogen grün!" (P. Diel.)

In Mattuglie stiegen die Kurgäste von Abbazia aus, um
sich den Vetturini, den Droschkenkutschern, anzuvertrauen. Der

Zug aber fuhr weiter abwärts, bis endlich die Häuser von Fiume
auftauchten. Längst schon hatte die rauhe Karstgegend ein grünes
Gewand angelegt, bevor wir in die Stadt einfuhren. Nur manch=
mal tauchte aus dem graugrünen Laub der Oliven und dem
dunklen Lorbeer noch das fahle Gelb der Eichen wirkungsvoll
hervor.

Bald befand ich mich auf dem Corso, der Hauptstraße von
Fiume. So viele fremdartige Laute umschwirrten mich, so ver=
schiedenartige Eindrücke drängten sich mir auf, daß ich nach meiner
Gewohnheit ruhig mich dem Gewoge der Menschen hingab, um
sie zu verarbeiten. Mir, der ich aus dem Herzen Deutschlands
kam, schien es, als ob in Fiume das Morgen= und Abendland
sich bereits die Hände reichen. Thatsächlich haben ja auch in
der Nachbarschaft Slaven und Deutsche, Türken und Venetianer
miteinander gerungen. Die Hauptmasse des Volkes ist kroatisch;
aber die Gebildeten sind Italiener oder sprechen doch wenigstens
italienisch. Obwohl Fiume, jetzt dem ungarischen Reiche ange=
gliedert, „die schönste Perle in Ungarns Krone" ist, so hört man
doch selten Ungarisch. Selbst im Staatsgymnasium war früher
Deutsch die offizielle Sprache, jetzt ist es Italienisch. Aus Oppo=
sition haben die Kroaten daneben ihr National=Gymnasium be=
gründet. Auch die Straßennamen sind meistens italienisch, manche
halb ungarisch, so Corsia Deák, Riva Szapári, Piazza Zichy,
Piazza Urmenyi. Deutsch sprechen die Beamten, die Offiziere;
auch in Geschäftshäusern hört man viel Deutsch. Ebenso ver=
stehen die meisten Geistlichen Deutsch, zum wenigsten die älteren,
die noch ein deutsches Gymnasium besucht haben. Kroatisch und
italienisch sprechen und predigen alle. Jeden Augenblick sieht
man in den Straßen und besonders am Hafen die malerischen
Trachten des Orients: Türken, Griechen und Dalmatiner. Auch
die Bewohner des benachbarten Tschitschenbodens in ihrer eigen=

tümlichen Tracht trifft man häufig; sie sollen rumänische Ein=
wanderer sein, die sich vor den Türken in diesen Winkel ge=
flüchtet haben.

Vom Corso lenkte ich bald zum Hafen mit seinem Masten=
wald. Ich hatte schönere und größere Häfen in der Alten und
und Neuen Welt gesehen; aber den Binnenländer fesselt das
Treiben eines Hafens immer, zumal wenn es einen so südländischen
Beigeschmack hat wie hier in Fiume. Leider machte ich gar bald
auch eine unerfreuliche Bemerkung. Schiffe lagen genug an den
herrlichen Molos, aber gar viele beschäftigungslos. Seit Frank=
reich sich durch Prohibitivzölle abgeschlossen, hat der Handel
Fiumes mit Holz und Wein einen schweren Schlag erlitten. Freilich
waren die abgetakelten Schiffe auch lauter alte Holzschiffe, welche
die Rivalität mit den eisernen Dampfbooten nicht bestehen können.

Ueberaus wohlthuend ist der Spaziergang am Hafen durch den
beständigen Ausblick auf die ruhige Meeresfläche des Quarnero,
dessen Schönheit ja weit bekannt und berühmt ist. Sagen doch
viele, die Griechenland gesehen, daß der Quarnero mit den
griechischen Küsten wetteifere. Sie rühmen den Duft der Berge
am Meeresbusen von Fiume, das Farbenspiel des Meeres und
die unvergleichliche Himmelsbläue.

---

4. Das Sanatorium zu Ika und seine Umgebung.

Mein erster Besuch in Fiume dauerte nur wenige Stunden.
Nachmittags bestieg ich den Küstendampfer, der mich zu meinem
Bestimmungsorte tragen sollte. Es war ein wunderbar sonniger

Apriltag. Der Juli hatte in der Heimat schon kältere Tage ge=
bracht. Die See war ganz ruhig; nur an der Küste bemerkte
ich ein wenig Brandung. Von den schroffen Felsen, welche das
Meer umgürteten, stieg die Küste sanft in die Höhe. Ueberall
traten aus den Höhen die dem Karstgebiete eigentümlichen weißen
Felsen hervor. Der größte Teil des Berggeländes war mit
Eichen bestanden, deren noch gelbbraunes Laub der Gegend ein
tristes Gepräge verleiht. Nur einzelne kleine Bauernhäuser lugen
weiß daraus hervor. Auch am Adriatischen Meere sind die Eichen
die letzten Bäume, welche im Frühling grünen.

Als wir der Bucht von Prelucca nahten, wurde die bis da=
hin einförmige Gegend malerischer. Amphitheatralisch erhebt sich
aus dem Meere Voloska, eine ganz italienisch gebaute Stadt,
in der aber meistens kroatisch gesprochen wird. Die engen Gassen
des Städtchens bestehen fast alle aus steinernen Treppen. Wagen
können natürlich nur in der Hauptstraße fahren. Ueberragt wird
das Städtchen von einer modernen Pfarrkirche mit zwei Türmchen.

Von Voloska lugt Villa an Villa aus den Lorbeerhainen
hervor, bis wir nach Abbazia, der Villenstadt, kamen. Von
der Bergeshöhe herab leuchtete die weiße Kirche von Veprinaz.
Weiter dampfte das Schiff, und gar bald erschien die liebliche
und wohlgeschützte Bucht von Ika, in der eine kleine Zahl von
Küstenfahrern vor Anker lag. Ika selbst mit seinen um die
Bucht gelagerten weißen Häusern sieht ganz stattlich aus. Hoch
oberhalb des Ortes, etwas links, winken die schneegekrönten
Gipfel des Monte Maggiore (1390 Meter hoch) dem Fremdling
ihren Gruß. Am Molo nahm mich eine kleine Barke in Em=
pfang, brachte mich um eine Landzunge und setzte mich an einer
Steintreppe in einem kleinen künstlichen Hafen ab. Vor mir lag ein
stattliches Gebäude, vom kroatischen Volke nur palac, der Palast,
genannt; es war das Priestersanatorium, meine künftige Wohnung.

Meine Erwartungen waren weit übertroffen: ich hatte auf ein
so schön eingerichtetes Haus in so schöner Lage nicht gerechnet.

Das Sanatorium ist eine noch junge Gründung des Priester=
krankenvereins für Oesterreich und Deutschland, der in Görz in
Istrien seinen Sitz hat. Gründer des Hauses, sowie zweier anderer
Häuser in Görz selbst und in Meran in Tirol, ist der verdiente
Prälat D. Filip in Görz, während der Fürsterzbischof dieser Stadt
das Protektorat übernommen hat. Mitglied des Vereins kann jeder
deutsche und österreichische Priester werden durch geringen Jahres=
beitrag, oder lebenslängliches Mitglied durch einmalige Zahlung
von zwanzig Gulden. Dafür hat er im Falle der Erkrankung das
Recht, sofern Heilung möglich ist und der Arzt südliches Klima
verordnet, Aufnahme in einem der drei Häuser zu finden.

Die Idee, welche dieser Stiftung zu Grunde liegt, ist eine
bewundernswerte und stimmt ganz überein mit jener, aus der
so mancher mittelalterlicher Priesterverein hervorging. Wie mancher
Priester, abgearbeitet oder an Lunge oder Kehlkopf erkrankt, geht
im rauhen Klima der Heimat zu Grunde, weil ihm die Mittel
fehlen, ein wärmeres Land aufzusuchen. Hier haben alle Priester
Gelegenheit, sich durch den Eintritt in den Verein den Anspruch
auf solche Wohlthat im Krankheitsfalle zu erwerben. Wäre der
Verein so bekannt und geschätzt, wie er es verdient, so würden
die vorhandenen drei Häuser lange nicht genügen. Schon jetzt
plant man die Errichtung eines weiteren Priesterasyls in Karls=
bad in Böhmen, das ja von so vielen Geistlichen besucht wird.
Ob die Mittel dazu reichen, ist einstweilen noch zweifelhaft.

Mag man jedoch Häuser bauen, so viel man will, nie
werden alle Wünsche befriedigt werden können. Auch das Sana=
torium in Ika ist noch lange kein Paradies, wenn es auch
im ersten Augenblick so scheint. Allerhand bleibt zu wünschen
übrig. Wenn die Bora zu blasen anfängt, spürt man sie recht

sehr; ebenso den Scirocco, den Südwind. Das Priesterhaus
liegt nämlich, wie schon angedeutet, auf einer sogenannten Punta,
d. h. einer kleinen Landzunge oder vielmehr einem Kap, ist also
den Winden etwas ausgesetzt. Allein auch da wird im Laufe
der Zeit durch Anpflanzungen Abhilfe geschehen. Gedeihen doch
dort neben dem Lorbeer die nordischen Fichten, und liefert doch
der Garten des Erzherzogs Joseph in Fiume Jahr für Jahr neue
Pflanzen für das Sanatorium.

Haushalt und Pflege im Sanatorium liegen in den Händen
der Vincentinerinnen und sind mustergültig. Höchstens kann im
Hochsommer einmal der Mangel an frischem Fleisch sich bemerkbar
machen. Auch an einem heizbaren Badezimmer für den Winter fehlt
es jetzt nicht mehr. Die Wünsche aller Patienten zu befriedigen,
wird aber nirgendwo gelingen, denn manche Kranke sind wunder-
lich, bilden sogar das Kreuz aller derer, welche mit ihnen zu thun
haben. Kein Arzt, kein Krankenpfleger kann es ihnen recht machen.
Sie klagen über alle Welt; warum sollten sie nicht auch über den
Verein und dessen Leiter klagen? Ich meinerseits kann nur sagen,
daß ich in Ika gleich den übrigen Patienten nobel behandelt wurde
und mich wahrhaft zufrieden fühlte. So wird es auch in den
übrigen Häusern sein, besonders in Meran, das mehrfache An-
feindungen erlitt. Ich habe das Filipinum, nämlich das Meraner
Haus, von unparteiischer Seite rühmen hören; und später habe
ich mich durch den Augenschein davon überzeugt, daß es das Lob
auch wirklich verdient. Das hier zur Steuer der Wahrheit.

Nicht nur im Sanatorium ist es wirklich behaglich, um Ika
herum fand ich alles grün und in Blüte, als ich Anfangs April
zuerst hinkam. Cypressen und Oelbäume zeigen, wie tief im Süden
und an wie geschützter Stätte ich mich befinde. Feigen und Eichen
schmücken sich schon mit jungem Laub. Die wilden Kastanien strecken
ihre Blüten wie Kerzen gegen Himmel, und der blühende Lorbeer

haucht aromatische Düfte aus. Die Nachtigall singt ihr Liebeslied,
und das Meer plätschert so ruhig im Sonnenschein, als ob Stürme es
nie beunruhigen würden. Täglich bade und schwimme ich im offenen
Meere. Wahrlich, hier ist gut sein, und darum freue ich mich, daß
ein anderer schon Hütten für mich und meine Mitbrüder gebaut hat.

Wunderbar schön ist ein Spaziergang von Ika nach Lovrana.
Die Berghänge bilden bis zu den Meeresklippen lauter Frucht-
und Weingärten, eingefriedigt mit weißen, epheuberankten Mauern,
über welche Cypressen und Feigen, sowie die weidenartigen Oelbäume hinwegwinken. Hin und wieder gewähren kleine Eichen-
und Lorbeerhaine angenehme Abwechslung, besonders da, wo das
ausgetrocknete Bett eines Torrente, eines Wildbaches, sich vom
Berg herabzieht. Mitten durch diese Naturschönheiten windet sich
die Reichsstraße mit beständiger Aussicht auf das Meer und teilweise beschattet durch die mächtigen Aeste von hundertjährigen
edlen Kastanien, die über den Weg hinwegragen. Finken hüpfen
in den Zweigen, und aus den Lorbeerbüschen begrüßt der süße
Sang der Philomele den Wanderer. Jedem Kurgast in Abbazia
wird dieser Weg um seiner Schönheit willen empfohlen.

Während meines ersten Aufenthalts in Ika wurde in einiger
Entfernung von der Reichsstraße der Strandweg zwischen dem
Sanatorium und Lovrana geschaffen. Mit feiner Berücksichtigung
der schon vorhandenen Naturschönheiten wurde derselbe durch den
Wiener Architekten Seidl angelegt. Der Weg windet sich bald
durch schroffe Klippen, bald durch Lorbeerhaine; bald überschreitet
er auf einer Naturbrücke die wilde Felsschlucht, welche sich der
Torrente gerissen. Fast der ganze Pfad ist durch prächtige Eichen
beschattet, aber dennoch gewährt er einen unvergleichlichen Blick auf
das Meer, auf das malerische Städtlein Lovrana, auf die Inseln
Cherso und Veglia, die in blauen Duft gehüllt sind, sowie auf
Fiume und Portoré. Landeinwärts wird das Auge nicht durch

hohe Mauern beleibigt, wie das auf dem Strandweg Abbazia=
Voloska, von dem später noch die Rede sein wird, der Fall ist.
Es wird vielmehr gesättigt und beruhigt durch das saftige Grün
der Gärten mit ihren Weinlauben, Oliven und Lorbeerbüschen.
Teilweise zieht sich der Weg durch diese Gärten hindurch. Die
verfallenen kleinen Bauernhäuser, welche der Schöpfer dieses Strand=
wegs klüglich stehen ließ, sind jetzt mit Epheu verwachsen und
gleichen kleinen Burgruinen.

Für die Bewohner des Sanatoriums ist dieser Strandweg
von größter Bedeutung, weil sie in demselben einen unvergleichlich
schönen und dabei völlig staubfreien Spaziergang gewonnen haben,
wo sie durch Fuhrwerke nicht belästigt werden können. Er scheint
auch neues Leben in die Gegend bringen zu wollen. Eine Villa,
bisher Kastell Freiwald genannt, von einem Kanonikus aus Cherso
erbaut und ehedem bewohnt, soll demnächst als Pension ein=
gerichtet werden. Ja, schon plant man den Bau eines Hotels
in unmittelbarer Nähe des Sanatoriums, nämlich bei der nahen
Kapelle des hl. Nikolaus. Alle diese Unternehmungen sind im
Interesse der Fremden nur zu begrüßen, da man die Absicht hegt,
Villa wie Hotel für bürgerliche Verhältnisse einzurichten, während
in Abbazia nur schwer reiche Leute Aufenthalt nehmen können.

Die Kapelle des hl. Nikolaus in nächster Nähe des Sana=
toriums, in welchem die Ehen der Ikaner eingesegnet werden,
ist erst in diesem Jahrhundert an die Stelle einer älteren Kapelle
getreten. Die Glocke im Giebel ist ihrer Form nach uralt. Vor
dem Gotteshause sind steinerne Bänke, sowie zwei mächtige Flaggen=
stöcke. Man merkt dem kleinen Heiligtume an, daß es von einer
seefahrenden Bevölkerung erbaut und geschmückt ist, denn die
Wände sind mit Bildern von Schiffbrüchen und anderen Kata=
strophen bedeckt, lauter Votivbildern.

Fast so schön wie der Strandweg, aber weitaus beschwer=

licher ist der Weg nach Lovrana auf der Berglehne. Auf steinigen
Geißenpfaden muß man emporklettern, bis man einen breiten, mit
rauhen Steinen gepflasterten Weg erreicht. Dann aber wandelt
man beständig in einem Hain edler Kastanien, der immer neue
Schönheiten bietet und dabei ebenfalls eine herrliche Aussicht weit
übers Meer. Es wird nicht lange dauern, bis auch dieser Weg
den Kurfremden zulieb modernisiert und chaussiert wird; damit
wird er dann freilich auch einen großen Teil seiner malerischen
Schönheit einbüßen.

Während unten an der Reichsstraße die Wohlhabenden
wohnen, die Osterien (Wirtshäuser) und Villen abwechseln und
nur hin und wieder die Casa (Hütte) eines armen Mannes zu
sehen ist, hausen dort oben die geringeren Leute. Unten hört
man noch manchmal Italienisch, oben ausschließlich Kroatisch. Fort=
während zweigen von dieser oberen Steinstraße kleine Geißenpfade
ab, welche zu den einzelnen Hütten führen, und was für Hütten
manchmal, selbst solche ohne Schornsteine. Soweit dieses Berg=
land bebaut ist, gleicht es einem Garten; aber viel Land liegt
wüste, mit einer solchen Menge von Karstgestein bedeckt, daß selbst
ein Odenwälder staunen würde. Doch aus dem weißen Kalkstein,
der den Marmor an Härte übertrifft, kommen noch knorrige Eichen
und edle Kastanien hervor. Wo nur eine Spalte im Felsen sich
findet, schmückt sie sich mit Grün und Blumen, wenigstens mit
Wacholder, welcher hier im Ueberfluß wächst. Selbst mancher Flecken
Land, mit reicher Humusschicht bedeckt, liegt noch öde und harrt der
Bebauung. Die schöne rote Erde wird allmählich vom Regen ab=
gespült, und immer mehr treten die nackten, weißen Steine zum
Vorschein. Man kann diesen Prozeß ganz deutlich an dem Berg=
gelände der Küste verfolgen. Nach jedem Regen ist das Meer
weit und breit rot gefärbt. Es scheint mir, als ob die Bauern
nicht Hände genug zur Kultivierung des Landes haben, weil die

männlichen Glieder der Familie, solange sie noch rüstig sind, fast
alle auf der See leben. Nur die Weiber und alten Männer sind
meistens daheim.

Trotz des Verdienstes, den sie auf der See finden, sind die
Leute dort oben doch recht arm, schon deswegen, weil sie keine
Viehzucht haben. Wer ein paar Schafe besitzt, dünkt sich reich.
Am ärmsten sind jedenfalls die Weiber. Sie sind die Lasttiere,
schleppen Lasten, an die sich bei uns nur starke Männer wagen
würden. Ich habe vielfach zugesehen, wie sie am Dampfschiffe
im Hafen von Ika gefüllte Mehlsäcke auf den Rücken luden und
dann stundenweit ins Gebirge trugen. Auch Fässer Wein von
30—40 Liter schleppten sie in zwei Riemen auf dem Buckel, ebenso
Bockshäute mit demselben Inhalt; der Wein wird nämlich in
Istrien und den anstoßenden slavischen Ländern vielfach noch in
Bockshäuten transportiert. Gebeugt gehen die armen Weiber und
Mädchen unter der schweren Last einher, und dabei haben sie in
der Hand noch den Strickstrumpf oder, falls die Last nicht allzu
schwer ist, die landesübliche einfache Spindel. In Deutschland
protegiert man Tierschutzvereine; würde man doch in Istrien und
Kroatien Frauenschutzvereine gründen, denn überall, selbst in
Abbazia und Fiume, habe ich Weiber und Mädchen als Lastträger
gesehen! Freilich, Sonntags kennt man die Mädchen kaum mehr,
welche Werktags in mächtigen Körben den Stalldünger auf die
Felder trugen: sie sind in Modedamen verwandelt, welche sich fein
zu kleiden und den Fächer zu handhaben verstehen. Der Einfluß
von Abbazia läßt sich nicht verkennen; nur zum Modehut haben
es die Mädchen von Ika und Lovrana noch nicht gebracht. Die
jugendliche Schönheit derselben ist übrigens bald verblüht, und den
meisten Frauen sieht man ihr hartes Los nur allzusehr an.

5. Die Lorbeerstadt Abbazia. Veprinaz und der Monte Maggiore.

———

Ueberaus lohnend ist ein Spaziergang nach Abbazia, kroa=
tisch Opatija. Vom Hafen in Ika überschreitet die wohlgepflegte
Reichsstraße den Torrente, welcher gewöhnlich nur zur Regenzeit
Mengen rauschenden Wassers zum Meere führt. Dann windet sie
sich am Meer entlang an der Villa Triestina und den übrigen
Villen und Häusern von Icici vorbei. Ein gutes Glas Wein
kann man unterwegs in dem „Restaurant Icici" trinken und sich
vom Wirt und Postmeister, einem alten Seebären, die schönsten
Seegeschichten erzählen lassen. Vor der Punta (Vorgebirge) Kolova
verläßt die Straße das Meer, um schnurgerade nach Abbazia zu
lenken. Wir aber wenden uns rechts und wandern den Strand=
weg, der wohl ein wenig länger ist, dafür aber auch um so mehr
Genuß bereitet. Beständig der Küste folgend und durch Klippen sich
windend, bietet dieser Weg dem Auge stets neue schöne Bilder.
Turmhoch steigen die steilen Klippen oft vom Meere auf, so daß
man, auf das Geländer des Wegs gestützt, unmittelbar in den
Gischt der Brandung hinabschaut. Rechts singt das nimmer=
ruhende Meer sein monotones Lied, links flötet die Nachtigall aus
blühenden Lorbeerhecken, welche Wohlgerüche ausströmen. Von dem
Velebitgebirge, das die Grenze zwischen Kroatien und Dalmatien
bildet, winken Schneefelder heimischen Gruß, und hier unten wer=
den die Lorbeerhaine um so dichter, je näher wir Abbazia kommen.
Voll Wohlbehagen wanderte ich diesen Strandweg und genoß die
feenhafte Schönheit der Landschaft. Der Himmel hatte sich in
allen möglichen Tinten geschmückt, denn Sturm nahte heran und
die Wellen des Meeres fingen an sich mit Schaum zu krönen:

„Ueber meinem Haupt die Berge
Mit dem letzten Sonnenglüh'n,
Unter meinem Fuß die Brandung,
Rund um mich ein duftig Blüh'n.
Wogenschaum und Sturmgedröhn,
Kampf und Friede, Licht und Schatten —
Ewig groß und ewig schön!" (Christen.)

Was soll ich von Abbazia sagen? Es ist eben eine ganz
neue Gründung, eine Stadt von lauter Villen und Gasthäusern,
versteckt in einem Lorbeerpark. In den Lorbeerhainen tauchen
von Zeit zu Zeit kleine Wiesengründe auf, geschmückt mit blühenden Azaleen, Päonien und Rosen, Agaven, Palmen, Cypressen,
riesenhaften Thujas, dazwischen wieder Kinder des Nordens, mächtige Föhren. Es ist ein bestrickender Aufenthalt. Hier erst merkte
ich, daß Abbazia vor Ika doch einen Vorzug hat, nämlich diese
prächtigen Spaziergänge in dichten Lorbeerhecken, welche dem
Leidenden selbst bei Sturm und Wind Schutz gewähren. Die
Anlagen des Sanatoriums auf einem Vorgebirge oder vielmehr
einer Landzunge bei Ika sind noch zu jung, brauchen noch Jahre,
um so heranzuwachsen wie in Abbazia. Das jedoch ist glücklicherweise ein Fehler, welcher sich beständig bessert.

Die Lorbeerhaine in Abbazia erstrecken sich bis ans Meer.
Man kann, von Lorbeer beschattet, unmittelbar am Strande sitzen,
ins Meer hinabschauen, dem Wellenschlag oder wenigstens dem
Gemurmel der Brandung lauschen und die kräftige Meeresluft
atmen. Verläßt man den Strand, so wandelt man auf Schlangen-
pfaden durch Lorbeerhaine an manchem moosbewachsenen Fels-
blocke vorbei und gelangt, in der Richtung von Voloska aufwärts
steigend, in einen nicht großen, aber prächtigen Wald von Nadel-
hölzern. Aus dem tiefen Süden wird man gleichsam in einem
Augenblick in den Norden versetzt.

Die Anlagen sind einzig schön. Man kann weit gehen, bevor man ähnliche findet, weil selten Lage, Boden und Luft so günstig sind, wie am Quarnero. Weniger schön sind in Abbazia die Villen und Hotels. Man möchte sagen: sie seien alle über einen Leisten geschlagen, in dem modernsten aller modernen Stile gebaut, nämlich dem Villenstil. Dieser Villenstil kommt mir so recht als ein Kind der blasierten Neuzeit vor, als die Ausgeburt aller Geschmack= losigkeit und Langeweile. Warum konnten die Architekten nicht die schönen venetianischen Motive benützen, wie sie alle Städte Istriens und Dalmatiens so reichlich bieten?

Was auch nicht nach jedermanns Geschmack ist, das sind die hohen Preise, das teuere Leben in Abbazia. Von einem glaubwürdigen Herrn habe ich mir erzählen lassen, daß er etwas mehr wie hundert Gulden für eine kleine möblierte Wohnung von zwei Zimmern wöchentlich in Abbazia habe zahlen müssen. Der Wohnung entspricht dann auch der Tisch. Das ist freilich für einen Badeort wie Abbazia nicht zu verwundern, denn die ungarischen und polnischen Magnaten, sowie die Wiener Finanz= welt, darunter nicht wenige nobilitierte Abkömmlinge des Hauses Israel, geben sich am Quarnero ein Stelldichein.

Die österreichischen Offiziere besitzen in Abbazia ihre eigene Kuranstalt mit billigen Preisen. Dieselbe ist ein Geschenk der Südbahn an die „Gesellschaft vom weißen Kreuze“. Man kann übrigens auch als Zivilist in Abbazia billig speisen, z. B. in der Schwemme des Stephanie=Hotels. Aber die Schwemme ist das Lokal für Kutscher, Bediente und andere ehrenwerte Leute, also nicht für jedermann zugänglich. Glücklicherweise fand ich in einem gemütlichen Herrenstüble neben der Schwemme immer bessere Ge= sellschaft: Litteraten, Geistliche, selbst Offiziere. An der Wand dieses Lokals prangte sogar ein Neujahrsgruß aus dem fernen goldenen Mainz, eine Federzeichnung, die wahrscheinlich den Herrn

Stadtbaumeister Kreissig daselbst zum Urheber hatte: sein Name war wenigstens mitunterzeichnet.

Nicht bloß als Luftkurort, sondern auch als Seebad besitzt Abbazia viele Vorzüge. Die mittlere Temperatur im Winter beträgt + 10° Celsius. Der Januar und Februar zählen zu den schönsten Monaten. Im April ist das Meer gewöhnlich schon so warm wie die Nord= und Ostsee im Juli und August. Ich wenigstens habe es in einem Ostseebad im Juli nicht so warm gefunden wie im April im Quarnero. Ende Juni, An= fangs Juli wurde es für mich entschieden zu heiß. Andere finden es den ganzen Sommer hindurch angenehm; aber die Höhe der Saison ist doch mit Ende Juni erreicht. Erst Ende August finden sich wieder Kurgäste ein.

Die Badeeinrichtungen sind überaus naturwüchsig, genau wie am Lido bei Venedig. Das Badehaus hat besondere Abteilungen für Herren und Damen. Treppen führen in die See hinab; dort aber baden und schwimmen Männlein und Weiblein ur= gemütlich durcheinander. Uns Deutschen will diese Einrichtung nicht ganz decent erscheinen; aber im Süden macht man sich nichts daraus. Weit einfacher noch sollen die Badevorkehrungen der Einheimischen sein, die aber nur im Hochsommer baden, wenn das Wasser für uns Nordländer ungemütlich warm zu werden anfängt. Dann findet man nämlich an der ganzen Küste kleine Hütten von Baumzweigen, in denen sich die Leute entkleiden, um später ins Meer zu gehen. Die Frauen sollen in ihren gewöhnlichen Kleidern baden. — Die felsige, klippenreiche Küste gestattet nicht, daß man am Quarnero mit Badekarren ins Meer fährt, wie das manchmal an der Nordsee geschieht.

Die jetzige Blüte verdankt Abbazia hauptsächlich der k. k. pri= vilegierten Südbahn. Dieselbe erwarb 1882 die Villa Angio= lina mit dem Park; ein Fiumaner Edelmann hatte erstere erbaut und den Park vergrößert und verschönert. Weitere Erwerbungen machten die Südbahn nahezu zur unumschränkten Herrin von Abbazia. Sie baute Hotels und Villas, vergrößerte noch den Park, und schuf so das moderne Bad, das jetzt schon Weltruf besitzt.

Die ersten und eigentlichen Begründer von Abbazia, die dem Orte den Namen gegeben, sind längst vergessen. Das Lob der Südbahn und ihres verdienten Direktors Friedrich Schüler wird überall verbreitet. Dem Ritter Ingenio Scarpa von Fiume, der verständnisvoll den wunderherrlichen Park erweitert und gepflegt hatte, hat man in demselben an einem lauschigen Plätzchen ein Denkmal gesetzt. Aber welcher Kurgast mag wohl pietätvoll sich daran erinnern, daß die Bäume und Lorbeerhecken, unter denen er Labung und Schatten sucht, durch die Hände frommer und fleißiger Ordensleute gepflanzt sind?

Von der Urgeschichte Abbazias wissen wir nichts. Auch von römischen Ansiedlungen ist uns keine Kunde überkommen; ich zweifle sogar, ob auch nur Spuren von Römerbauten noch bekannt sind. Erst in Mitte des fünfzehnten Jahrhunderts lichtet sich das Dunkel, welches auf diesem schönen Erdenfleck lagerte. Damals nämlich bestand hier eine Benediktinerabtei St. Jakob am Stöckchen, italienisch San Giacomo al palo oder della Prelucca. Eine Urkunde dieser Abtei vom Jahre 1449 erwähnt eines früheren Abtes Radman, also sichtlich eines Deutschen, und des damaligen Abtes Bruder Jakob. Das jetzt noch stehende Kirchlein, welches durch viele Restaurationen ein ganz modernes Aussehen bekommen hat, aber dessen Altertum man bei genauerem Forschen doch noch entdeckt, wurde laut einer Inschrift oberhalb des Portals schon 1506 durch Abt Symon restauriert. Benediktiner waren also auch hier, nachdem alle etwaige römische Kultur in den Stürmen der Völkerwanderung zu Grunde gegangen, die Pioniere einer neuen Kultur, wie in so vielen anderen Ländern Europas.

Balb nach der Wiederherstellung des Kirchleins haben die Söhne des hl. Benedikt unter ihrem Abt Johann Becharich Abbazia verlassen. Sie suchten einen sicheren Ort, wo sie Gott in Frieden dienen konnten, denn damals wurde die Küste von Türken und Venetianern arg heimgesucht. Auch nach ihrem Abzug blieben Kirche und Grundbesitz meistens in geistlichen Händen. Zunächst kam es in Besitz der Augustiner in Fiume, bis es 1750 von den Jesuiten durch Ankauf dauernd erworben wurde. Doch nur 23 Jahre konnten die Jesuiten sich ihres schönen Besitzes erfreuen; er fiel bei Aufhebung der Gesellschaft Jesu 1773 dem Staate zu und wurde an Laien verschleudert. Nur ein Zipfelchen des alten Klostergutes und die Kirche übertrug die Kaiserin Maria Theresia dem Archidiakon von Fiume, mit der Verpflich= tung, einen beständigen Vikar in Abbazia zu bestellen. Der Archi= diakon führt infolge dieser Schenkung den Abtstitel. Seitdem jedoch Fiume der Diöcese Zengg zugeteilt wurde, Abbazia aber dem Bistum Triest, wird das Recht des Fiumaner Archidiakons auf Abbazia bestritten.

Das Kirchlein bildet noch immer den Mittelpunkt, um welchen sich alles in Abbazia gruppiert. Ende des siebzehnten Jahr= hunderts, als Valvasors Chronik erschien, lag es ganz einsam am Meeresstrand, wie ein Bild dieser Chronik zeigt. „Dieses am Meeresufer stehende Kloster," heißt es ebendort, „hat keinen ebenen Boden, sondern eitel steiniges Gebirge und ist vor dem Meer mit vielen kleinen Hügeln (den Klippen) verbollwerkt . . . Nichts= destoweniger weigert sich dieser Boden nicht, einige Früchte zu tragen, sondern giebt allerlei Obst und gute Weintrauben." Die Einsamkeit wurde damals nur zeitweilig unterbrochen. So wurde am Tage des hl. Jakobus, dem das Kirchlein geweiht war, die Kirchweihe (Sagra) gefeiert. „Dabey erscheinet der Haupt= mann von Castua mit zweyen Richtern und zwölf Soldaten, welchen Soldaten der Abt (der damals von den Fiumaner Augustinern gesetzte Geistliche, welcher diesen Titel führte) schuldig ist zu geben ein Viertheil vom Ochsen, zwölf Brod und ein Lägl guten Weins. Gegentheils geben die Soldaten dem Abt einen aus Milch bereiteten Schotten. Nachdem solche Präsente gegen einander ausgewechselt, macht man dem Hauptmann zu Ehren eins auf mit Schalmeyen. Und wenn hernach die Leute wollen tanzen, steht der erste Tanz dem Hauptmann zu." Die Soldaten führten also, wie es noch heute in vielen istrianischen Gemeinden bei der Sagra Sitte ist, ihren Nationaltanz auf, den Kolo, zu welchem die Sopila, hier Schalmei genannt, aufspielte. — Auch am Mittwoch in der Bittwoche kam eine Prozession von Castua nach St. Jakob, wie man damals Abbazia allgemein nannte. „Da giebt alsdann dieser Abt selbigen Leuten Wein und Brot; sie aber legen Geld zusammen, kaufen einen frischen Käs und Eier dazu, thun sich also was Guts und machen sich lustig damit"*).

Heute werden in Abbazia glänzende Feste gefeiert, an denen selbst gekrönte Häupter teilnehmen. Die Kurgäste, modisch ge=kleidete Herren und Damen, lustwandeln vor dem reizend ge=legenen Heiligtum. Doch viele derselben treten nicht einmal hinein, um ihren Herrn und Schöpfer zu begrüßen. Sie tragen wohl Sorge für ihren Leib; aber an die Bedürfnisse ihrer Seele denken manche nicht einmal. Darum haben sie auch kein Geld für Vergrößerung oder Neubau des Kirchleins, welches für Abbazia längst zu klein geworden. Und doch sollte schon die Dankbarkeit gegen die Kirche, der sie den herrlichen Park verdanken, die Kur=gäste antreiben, ihr Scherflein zum Bau eines großen herrlichen Gotteshauses zu spenden, welches weit über die Abria leuchtet.

---

*) Valvasor, Ehre des Herzogtums Krain 11, 289—290.

Reizend ist die Lage Abbazias: auf der einen Seite das Meer, für gewöhnlich fast spiegelglatt, auf der anderen Seite das steil ansteigende Bergland. Am Strande warten beständig Barken in großer Zahl, um den Fremdling hinauszuführen in die Herrlichkeiten des Meeres. Krystallhell gewährt es dem Auge bis zu einer ziemlichen Tiefe Einblick in seine Geheimnisse, in das Gewirr von Felsen, in die unterseeischen Wälder von See= tang. Gefahr ist gewöhnlich keine dabei, denn die Barkenführer sind erprobte und wetterkundige Seeleute, welche die Stürme und ihre Anzeichen kennen. Allein hinauszurudern kann unter Umständen recht gefährlich werden für den Fremdling, welcher die Tücken des Meeres nicht kennt und sich durch die spiegelglatte Oberfläche täuschen läßt. Unweit der Badeanstalt ragt eine Reihe von Felsen ins Meer hinaus; auf der höchsten Klippe thront ein steinernes Bild der Gottesmutter zum Andenken an Menschen= leben, welche in der Nähe aus jugendlichem Uebermut zu Grunde gingen. —

Von Zeit zu Zeit führen auch Dampfboote die Kurgäste zu den benachbarten Inseln und Küsten. Pfeilschnell sieht man öfter Naphthaboote die Fluten durchschneiden. Den größten Genuß bietet jedoch bei ruhigem Wetter eine Fahrt in der Barke an der zerrissenen und darum so pittoresken Küste entlang. Be= sondere Freude erregt es immer bei den Kurgästen, wenn Dampfer der Kriegsmarine vor Abbazia Anker werfen, um irgend ein Glied des Kaiserhauses zu landen oder erlauchte Gäste weiter zu befördern, wie das jüngst bei der Anwesenheit der deutschen Kaiserfamilie geschah.

Der Monte Maggiore, Utschka von den Kroaten genannt, beschützt Abbazia, Ika und Lovrana vor den Nordostwinden. Er gewährt aber auch den rüstigen Bergsteigern mannigfache Freuden. Von der Vrutky=Brücke in Abbazia geht's ziemlich steil in die

Höhe. Je höher man klimmt, um so mehr verschwindet der Lorbeer und treten Kastanien, Eichen und Wacholder an seine Stelle; um so lohnender wird aber auch der Ausblick auf das Meer, die Inseln und die nahen und fernen Küsten. Im Schweiße des Angesichts erreicht man endlich Veprinaz. Noch sind jedoch mehr denn hundert Stufen zu erklimmen, bis man endlich zur Kirche gelangt, welche so weit übers Meer hinweg leuchtet, weil sie 519 Meter hoch auf ziemlich steilem Berge thront. Das herrliche Panorama, das wir vom Kirchhof aus genießen, versöhnt mit allen erduldeten Strapazen.

Veprinaz heißt auf Deutsch nichts anderes als Eberstein. Ehemals war es ein befestigter Platz, eine jungfräuliche Feste, denn kein Feind soll sie bezwungen haben. Die Venetianer belagerten sie 1595, mußten aber sieg- und ruhmlos abziehen*). Doch die Zeiten haben sich geändert, und von der alten Feste sind nur noch spärliche Reste übrig geblieben. Veprinaz ist ein unbedeutendes Dorf geworden, das wenig Interesse erregt. Nur eine Merkwürdigkeit besitzt es, um die manche Karstgemeinde es beneiden könnte, nämlich einen prachtvollen Wald, welcher sich nahezu bis Castua ausdehnt und beiden Gemeinden eigentümlich gehört. Dichte Buchenbestände in demselben beweisen dem erstaunten Wanderer, dem der Karst im Winter so öde vorkam, wie kulturfähig der Karstboden ist. Man könnte sich in die nordische Heimat versetzt glauben, erinnerte nicht zuweilen eine Blume des Südens an die sonnigen Gestade, welche so nahe liegen.

Von Veprinaz steigt die schöne Straße höher und höher, bis wir in etwa zwei Stunden das Schutzhaus des Monte Maggiore erreichen. Bis zum Utschka-Sattel kann man übrigens auch fahren und reiten. Von diesem Punkte aus ist es noch ein Stündchen

---

*) Valvasor 11, 610; 15, 556.

bis zum Gipfel, 1396 Meter hoch. Kaum irgend ein Berg von
dieser Höhe ist so leicht zu besteigen und gewährt so herrliche Fern=
sicht. Nach Osten liegt das Meer mit den istrianischen Inseln
vor uns, nach Westen das istrianische Hügelland, zunächst der
steinige Tschitschenboden. Ueber das Meer hinweg schaut man im
Südosten die weißen Kuppen des schon oft genannten Velebit,
im Osten den kahlen Fiumaner Karst und das kroatische Kapella=
gebirge. Im fernen Norden heben sich klar und scharf die
schneegekrönten Krainer Alpen ab, weiter westlich die Karnischen
Alpen. Wo ist ein Berg, der so wie der Monte Maggiore die
Aussicht auf Meer und Alpen verbindet?

6. Voloska. Die Bucht von Prelucca. Castua. Die Jesuiten von Castua.

Weit weniger beschwerlich wie der Ausflug nach Veprinaz
und dem Monte Maggiore ist ein solcher nach dem nahen Castua.
Wenn man die Lorbeerstadt Abbazia auf der Reichsstraße verläßt,
so kommt man an lauter Villen und Wirtshäusern vorbei nach
Voloska, dem Sitz des Bezirksamts. Angenehmer und staubfreier
wandelt man jedoch auf dem Strandweg, welcher einige wirklich
romantische Partien hat, besonders bei der Drasica=Bucht (sprich:
Draschiza).

In Abbazia hört man alle Sprachen, vorherrschend jedoch
Deutsch; Voloska dagegen ist ein kroatisches Städtlein, wo nur
noch Italienisch Bürgerrecht hat. Abbazia ist Kurort, darum auch
vollständig auf die Fremden angewiesen, welche tonangebend sind;

in Voloska aber herrschen Gewerbe, Handel, und ganz besonders
Schiffahrt. Doch auch Voloska lebt hauptsächlich von Abbazia,
denn vor dem Aufblühen des Badeortes war Voloska eigentlich
nur ein zu Castua gehöriges großes Fischerdorf.

Die Reichsstraße bildet in Voloska zugleich die Hauptstraße
des Ortes. Von ihr zweigen zahlreiche enge Gassen ab, welche
sich bald in Treppen verwandeln und zum Hafen führen, zum Molo,
der durch den mächtigen Damm von gewaltigen Felsblöcken vor
dem Anprall der Wogen geschützt wird. Diese engen treppen-
artigen Gassen mit ihrem Leben und Treiben sind köstlich und
könnten manch' dankbares Motiv für Künstler liefern. Auch
Voloska war ehedem befestigt; Spuren sieht man noch jetzt am
Hafen. 1614 wurde das Städtlein von den Venetianern nieder-
gebrannt. Jetzt dienen die geringen Festungsreste nur noch zum
Schmucke des Städtleins. Die der heiligen Mutter Anna geweihte
Pfarrkirche ist ein Werk der Neuzeit; aber sie wurde gebaut, als
noch niemand an einen Badeort Abbazia und darum auch an eine
Vergrößerung Voloskas dachte, nämlich im Jahre 1850. Sie ist
infolgedessen viel zu klein für die Gemeinde. Die Schulen neben
der Kirche werden von Vincentinerinnen geleitet; sie sind drei-
sprachig: kroatisch, italienisch und deutsch.

Verläßt man Voloska, so beginnt der Weg nach Mattuglie
nicht unbedeutend zu steigen. Aber dieser Weg gewährt lohnende
Ausblicke auf den Quarnero, auf Abbazia und die ganze Küste.
Zunächst schaute ich voll Interesse in die Bucht von Prelucca, die
ihren Namen vom slavischen luca = Hafen hat. Die Fiumaner
haben hier gewaltige Steinbrüche angelegt, um Material für ihre
Hafenbauten zu gewinnen.

Auch die Vorrichtungen zum Thunfischfang konnte ich hier
deutlich beobachten. Mächtige Leitern ragen von einer Felsenklippe
schief über das Meer hinweg. Oben auf der Leiter sitzt der

Wächter stundenlang und beobachtet den Zug der Thunfische.
Gehen sie in die ausgespannten Netze, so giebt der Wächter den
Booten in der Bucht das Signal, worauf Leben und Bewegung
in die Boote kommt und die Netze eingezogen werden. Mehr
denn hundert Fische, darunter nicht selten zentnerschwere, sollen
oft die Beute eines Fischzuges sein. Valvasor erzählt, daß die
Jesuiten es gewesen, welche den Küstenbewohnern diese verbesserte
Art des Fanges gelehrt haben*). Mögen auch die Ordensleute
in diesem Falle zunächst den eigenen Nutzen im Auge gehabt haben,
so sind sie dadurch doch immerhin wahre Wohlthäter der armen
Strandbewohner geworden. Hier wie überall kann man die Erfahrung machen, daß die Geistlichen sich bemühen, nicht nur das
ewige, sondern auch das zeitliche Wohl der Menschen zu fördern.

In demselben Maße wie die Staatsstraße steigt, ändert sich
auch die Flora: der Karstcharakter tritt mehr und mehr zum Vorschein. In Mattuglie ließ ich das Stationsgebäude der Eisenbahn
links liegen und wandte mich Castua zu. Wie oft hatte ich das
den Quarnero beherrschende Städtlein von meinem Fenster im
Sanatorium ins Auge gefaßt! Zwischen Weingärten und Eichen-
hainen, aus denen hin und wieder bleiches Karstgestein lugt, zieht
sich der Weg in einem guten halben Stündlein zu dem Berg-
städtchen. Im Angesichte desselben verläßt man die Reichsstraße,
welche einen bedeutenden Bogen macht, und steigt auf breiten
Steintreppen zu einem Plateau unmittelbar vor der Stadt. Mächtige Mastbäume sind auf demselben nach venetianischer Weise auf-
gepflanzt, um bei Feiertagen die Fahnen der Stadt zu tragen.
Auch die auf achtzehn Säulen ruhende Loggia vor dem Stadtthore
erinnert an Venedig. Die Jahreszahl 1571 oberhalb des Ein-
gangs weist auf die Zeit der Erbauung hin.

*) Valvasor 11, 619.

Bevor man noch die Stadt betritt, ladet eine breitästige Kastanie den Wanderer zur Ruhe ein, um in Muße das köstliche Panorama zu beschauen, welches sich hier wieder dem trunkenen Auge entrollt. Immer dasselbe Meer, dieselben Küsten und Inseln, dieselben Berge sind es, und doch kann man sich nicht satt sehen, weil sie von hier aus einen ganz eigenartigen Eindruck machen. Das Städtlein selbst ist wieder ganz italienisch gebaut, obwohl es durch und durch kroatisch ist. Enge Gassen, welche teilweise steil den Hügel hinaufziehen, sind voll Leben und Schmutz. Die alte Pfarrkirche, der hl. Helena geweiht, hat einen schönen Turm und eine bemerkenswerte Grufthalle. Im Innern sind noch etliche alte Schnitzereien. Die Pfarrkirche gehörte ehedem zur Diöcese Pola und hatte einen Pfarrer und sechs Canonici. Valvasor zählt noch elf Filialkirchen auf, von denen zwei, nämlich die von den Griechen erbaute Dreifaltigkeitskirche und die Liebfrauenkirche innerhalb der Ringmauern, zwei andere aber, nämlich St. Sebastian, von dem Geschlechte der Fabianich gestiftet (heute den Heiligen Fabian und Sebastian geweiht), und das Wallfahrtskirchlein St. Lucia unmittelbar vor den Thoren lagen*). Andere Kirchen kennt Valvasor nicht, auch nicht die malerischen Ruinen einer Kirche vor dem Stadtthore. Bäume wachsen jetzt in dieser Ruine und spenden dem Besucher Schatten, während alte Säulenkapitäler ihm als Ruhesitz dienen können.

Castua, kroatisch Kastav, soll früher über 6000 Einwohner gezählt haben; heute hat es kaum den sechsten Teil. Wie bei so vielen alten Städten an der Adria ist sein Glanz erloschen; es zehrt nur noch von alter Herrlichkeit. Vor der Römerzeit soll Castua Hauptstadt der keltischen Liburner gewesen sein, welche am Quarnero ihren Sitz hatten. Die Römer hatten es zur Militär-

---

*) Valvasor 8, 731; vgl. Catalogus Cleri der Diöcese Triest.

ſtation gemacht. Aus ihrer Zeit ſind noch die Ueberreſte einer Waſſerleitung vorhanden. Im Mittelalter herrſchten deutſche Dynaſten in der alten Feſte. Als das letzte Geſchlecht, die mäch=tigen Walſee (auch Valſa genannt), welches zugleich in Fiume gebot, 1465 ausſtarb, fiel Caſtua mit Veprinaz und Moſchenizze an das Haus Habsburg, das wieder deutſche Lehensmänner einſetzte, zu=letzt die Grafen von Thanhauſen. Deren letzter Sproß, die in Graz lebende Gräfin Urſula oder Roſalie, ſchenkte 1625 Caſtua den Judenburger Jeſuiten. Als aber die Jeſuiten in Fiume ein Kolleg nebſt Schule errichteten, „wurde ihnen (nämlich den Fiu=maner Jeſuiten) die Hauptſtadt Caſtua zugeeignet, welchen ſie auch jetzt noch (d. h. 1689, als Valvaſor ſein Werk herausgab) gehört, aber durch den Herrn Claudio Marpurch, Hauptmann von Caſtua, regiert wird“*). Die Jeſuiten ließen ſich jedoch in Caſtua nie nieder, ſondern ſie bezogen einfach die Einkünfte des Capitanats. Auch die Seelſorge verblieb den Weltgeiſtlichen. Zu Caſtua wird, ſagt Valvaſor, „aller Gottesdienſt von dem Stadtpfarrer und ſechs Kanonikern verrichtet in ſlavoniſcher Sprache“**). Dieſes Kollegiatkapitel wurde erſt 1843 aufgehoben.

Ein Blick in Gottes herrliche Schöpfung, z. B. von der Baſtei vor Caſtua, iſt immer viel wohlthuender als ein Blick in die Geſchichte der Menſchenkinder, welche ſeit dem Sündenfall meiſtens mit Blut und Thränen geſchrieben iſt. Noch betrübender iſt der Eindruck, nimmt man die Bemühungen der Lüge wahr, dieſe Ge=ſchichte zu fälſchen, um die Kirche Gottes, die Heilsanſtalt Gottes für die gefallene Menſchheit, haſſenswert zu machen. Wer offene

----

*) Valvaſor 11, 48.

**) Valvaſor 11, 52.

Augen hat, kann im katholischen Oesterreich dieses höllische Werk
auf Schritt und Tritt wahrnehmen, auch in Castua. An die
Herrschaft der Jesuiten knüpft nämlich die Fälschung an, sorgfältig
Wahrheit und Dichtung mischend, um die edelsten Gefühle der
Menschen gegen ein edles, viel verleumdetes Glied der Kirche in
Wallung zu bringen.

Zufällig fand ich jüngst in einem Buche, „Rund um die
Adria" betitelt*), folgendes: „Die Judenburger Jesuiten bedrück=
ten ihre Unterthanen (in Castua) bald derart mit Steuern, daß
die Bürger im Jahre 1666 sich gegen den Stadthauptmann er=
hoben, ihn gefangen nahmen und in einer offenen Cisterne vor
seinem Palais ertränkten. Zur größeren Sicherheit späterer Stadt=
hauptleute ist dann der Brunnen eingewölbt worden." Ein köst=
licher Fund für unsere heutigen Jesuitenfeinde! Schade nur, daß
er nicht echt ist, weil eben nicht die Jesuiten die Blutsauger waren.
Castua wurde damals zu Krain gerechnet. Die Stelle eines
Capitano besetzten wohl die Jesuiten als Besitzer des Capitanats;
aber auf dessen Verwaltung hatten sie so gut wie keinen Einfluß,
weil der Capitano den edelsten Geschlechtern des Landes ent=
stammte und sein Amt lebenslänglich verwaltete**).

Was nun die Bedrückungen des Capitano anbelangt, so wurde
schon 1585, also lange bevor die Jesuiten in Besitz kamen, dar=
über Klage geführt, daß die Stadt Castua „die Steuer, Tax' und
andere Anlagen von Jahr zu Jahr aus Versäumnis der gemeinen
Richter der löblichen Landschaft in Krain schuldig geblieben, und
darüber zu großem Nachteil und Schaden derselben in so tiefe
Schuld gefallen, daß selbige miteinander zu zahlen ihnen nunmehr

---

*) Stradner, Joseph, „Rund um die Adria". Druck und Verlag
von Leykam in Graz. S. 34.

**) Valvasor 11, 49.

unmöglich war. Deswegen ist von dem Herrn Hauptmann und anderen obbemeldeten statuirt worden, daß die zween gemeine Richter, welche erwählt werden, sollen die vorgemeldeten Steuern, Taxen und andere Anlagen einzufordern und bezahlen zu lassen, schuldig sein"*). Die Castuaner waren jedoch ein freiheitliebendes Volk, das Valvasor kurz folgendermaßen charakterisiert: „Ihr Mutwillen und ihre Halsstarrigkeit wollten ungebunden sein." Strabner selbst muß zugestehen: „Trotz Feudal= und Jesuiten= herrschaft hatte sich Castua wenigstens einen Schein seiner Stadt= rechte zu erhalten gewußt"**). Diesen freiheitliebenden Castuanern nun gefielen die an die Landschaft Krain zu zahlenden Steuern so wenig, daß sie schließlich aufstanden und ihren Hauptmann töteten. Bauernaufstände gehörten übrigens gerade in damaliger Zeit in Krain nicht zu den Seltenheiten. Der Aufstand der Castuaner konnte erst nach vier Monaten durch krainerische Truppen niedergeworfen werden***). „Zu ewiger Gedächtnis und Strafe solcher Schandthat," meldet der zuverlässige Valvasor weiter, „hat die löbliche Landschaft in Krain die Castuaner höher angelegt, also daß sie seithero allezeit ein Mehres zahlen müssen"†). Und nun, Herr Strabner, wo bleibt Ihr Märchen von dem Steuer= druck der Jesuiten in Castua?

Strabners Büchlein bringt noch mehr Castuaner Märchen: „Eine merkwürdige Sage knüpft sich an eine Kirchenruine vor

––––––––––

*) Valvasor 11, 48.

**) Strabner 36.

***) Aus einem Manuskript; nach gütiger Mitteilung des P. Bernard Duhr in Wien.

†) Valvasor a. a. D.

dem Stadtthore. Beiläufig um dieselbe Zeit, in welcher die
Jesuiten durch unerträglichen Steuerdruck die Bürger zur Ver=
zweiflung und Gewalt getrieben hatten, beschlossen die übermütigen
und prunkliebenden Patres, eine neue Kirche zu bauen in der
Vorstadt Dufici vor dem Stadtthore. Sie sollte größer und
schöner werden wie alle übrigen Kirchen des Städtchens, größer
wie die Veitskirche in Fiume, schöner wie die bischöfliche Dom=
kirche in Pola. Anstatt ihre Felder zu bebauen, mußten die
frommen Bürger von Castua für den Kirchenbau roboten, Steine
behauen und Sand für den Mörtel vom Meere herauftragen.
Auch eine arme Witwe zwang der grausame Vogt Sand zum
Bau herbeizuschleppen, anstatt für ihre Kinder daheim Brot zu
schaffen. So wuchs der Bau rasch empor. Mächtige Mauern
mit Pfeilern und Säulen umschlossen den weiten Raum, und kühn
spannten sich die Bogen zum Gewölbe. Da traf es sich eines
Tages, daß die arme Witwe, müde von der Robot in ihre ärm=
liche Hütte zurückkehrend, ihr Jüngstes leblos im Bettchen fand.
Der liebe Gott hatte es zu sich genommen und unter die Englein
des Himmels eingereiht. Die Mutter aber meinte, es sei lang=
sam verhungert. Und die fromme Frau stieß einen greulichen
Fluch gegen die Jesuiten und ihren Bau hervor. Nicht wirkungs=
los verhallte dieser Fluch; ein fürchterliches Getöse wird in der
ganzen Stadt vernommen, und als die Leute herbeiliefen, fanden
sie den Kirchbau in sich zusammengestürzt"*).

Wiederum eine prächtige Jesuitengeschichte, ganz geeignet für
unsere kritiklose Bierphilister, welche alles, was gegen Jesuiten
und gegen die katholische Kirche, wenn auch nur als „Sage" ge=
schrieben wird, gläubig annehmen, zumal wenn es, wie diese Ge=

---

*) Das. S. 36.

Voloska vom Hafen aus.

schichte, rührsamen Gemütern Thränen entlocken könnte! Herr
Strabner hat sichtlich seine Studien in Graz, wo er sich seinerzeit
mit geistlichem Gelde zum geistlichen Stande vorbereiten wollte,
mit so großem Erfolg gemacht, daß wir ihm nur empfehlen
könnten, das Gebiet der Märchendichtung weiter zu kultivieren:
die Lorbeeren werden nicht ausbleiben. Die ganze schöne „Sage“
vom Einsturz der Jesuitenkirche in Castua infolge des Fluches
eines mißhandelten Weibes scheint nämlich genau so wahr zu sein
wie die frühere Fabel vom Steuerdruck der Jesuiten, welcher die
„frommen“ Castuaner zum Aufstand getrieben habe. Kein Ge-
schichtswerk meldet davon. Der alte zuverlässige Valvasor, der
alles für Priester und Ordensleute Günstige und Ungünstige ge-
sammelt hat, macht auch nicht einmal eine Andeutung, daß die
Jesuiten in Castua eine Niederlassung hätten gründen, eine Kirche
hätten erbauen wollen, während er alle kleinen Kapellen sorgfältig
aufführt. Auch in Castua weiß man nichts von der Strabner-
schen Sage. Herr Strabner wird uns also nicht verübeln, wenn
wir seine „Sage“ ruhig in das weite Gebiet der „Jesuitenfabeln“
verweisen, welche ja sichtlich bestimmt sind, das Volk gegen Jesuiten
und Kirche aufzureizen.

Die Jesuiten waren die Grundherren von Castua. Das
scheint für liberale Geschichtsbaumeister Grund genug zu sein, um
sie für alles Schlechte, was in ihren Tagen zu Castua geschehen,
verantwortlich zu machen. Beweise braucht's dazu natürlich nicht
nach dem alten liberalen Grundsatz: „Semper aliquid haeret!“
„Es bleibt immer etwas davon hängen“. Die Beweise überlassen
unsere modernen Geschichtsbaumeister ruhig denen, welche sie ver-
leumdet haben. Hören wir wieder Strabner: „Wenn man es
am Ausgange des neunzehnten Jahrhunderts und mitten in dem
‚aufgeklärten‘ Deutschland erleben kann, daß ein Gericht Sach-
verständige über die Frage der Teufelaustreibung vernimmt, und

Lester, Eine Fahrt an die Abria.   4

diese Sachverständigen den Exorcismus als eine mögliche Sache behandeln*), dann darf es uns nicht wundern, daß die Steine auf dem Richtplatze hinter der Helenenkirche zu Castua von wahnwitzigen Greuelthaten zu erzählen wissen, die in vergangenen Jahrhunderten unter Anleitung fanatischer Mönche von bornierten Richtern im Namen Gottes und der Gerechtigkeit verübt worden sind. Das Stadtarchiv bewahrt ein Hexenurteil, das um so interessanter ist, als es unter der Herrschaft der Jesuiten gefällt wurde, jenem Orden, von welchem erst kürzlich wieder behauptet worden ist, daß er dem Hexenwesen und der Hexenverfolgung entschieden entgegengetreten sei.

„Das Castuaner Hexenurteil datiert vom 3. April 1716. In demselben erkennt ‚der Capitanio von Castovo, Veprinazia, Moschenizza und Pobbreghia‘ mit den ordentlichen Richtern und den Volksältesten von Castua zu Recht, daß die Beschuldigten — sieben Männer und sieben Weiber von Castua — entsagt haben unserem Gotte, dem Schöpfer aller Dinge, sich dem Satanas zugewendet haben, daß sie nächtlichen Versammlungen der Hexenmeister beigewohnt und dabei den dreieinigen und einzigen Gott verleugnet, der Gnade der Taufe, dem Glauben an Christus und den Freuden des Paradieses entsagt, die Sakramente und sakramentale Dinge mit Füßen getreten, dem bösen Geiste, welcher in Menschengestalt auf dem Throne saß, Treue versprochen, die schwärzeste, ruchloseste Sodomie wider die Natur begangen und auch viele andere verruchte Uebelthaten, Hexereien, Giftmischereien und Bezauberungen verübt haben. Unter den Opfern des furchtbaren

---

*) Ueber solchen Glauben sind natürlich „aufgeklärte" Oesterreicher von der Gattung eines Herrn Strabner weit erhaben; die glauben nur, daß Jesuitenkirchen auf den Fluch eines Weibes einfallen.

Aberwitzes jener glaubensfinsteren Zeit finden wir des ‚Capitanio‘
eigene Gattin.“ — Soweit Strabner*).

Ja, es waren wirklich grauenvolle Zeiten, da nicht nur in
katholischen, sondern weit mehr noch in protestantischen Ländern
arme Menschen der Tortur unterworfen und auf Grund von Be=
kenntnissen, welche die Qual ihnen ausgepreßt hatte, als Hexen
hingerichtet wurden. Die Geschichte berichtet, daß der Hexenwahn
besonders in den Greueln des Dreißigjährigen Krieges um sich
fraß. Daß er auch an den Küsten der Adria vorkam, ist kein
Wunder, wenn man die Verwilderung betrachtet, welche die Türken=
kriege und die Kämpfe zwischen den Uskoken und Venetianern,
besonders auch die Rachezüge der letzteren hervorriefen. Uebrigens
wurden weit später wie in Castua noch Hexen verbrannt im pro=
testantischen Kanton Glarus in der Schweiz, nämlich 1783.

Hier jedoch handelt es sich darum, ob dieses Hexenbrennen
in Castua „unter der Anleitung fanatischer Mönche“, wie Strabner
sagt, nämlich der Jesuiten, stattfand? Möglich wäre ja, daß in
dem großen und weit ausgedehnten Jesuitenorden, obwohl derselbe
„dem Hexenwahn und der Hexenverfolgung entschieden entgegen=
getreten“, sich in irgend einem abgelegenen Erdenwinkel ein Haus
befunden hätte, das diesem Wahn gehuldigt hätte, wie damals
so viele aufgeklärte Geister ihm huldigten. Wenn aber Strabner
die Fiumaner Jesuiten, die Grundherren von Castua, beschuldigen
will, so muß jeder unparteiische Mensch zur Ueberzeugung kommen,
daß Strabner „falsches Zeugnis giebt wider seinen Nächsten“.
Nicht die Jesuiten haben in Castua das Urteil gefällt, auch nicht
dazu „angeleitet“, sondern nach dem Wortlaute dieses Urteils=
spruches, welchen Strabner selbst citiert, der Capitano oder Be=
zirkshauptmann von Castua. Nicht die Jesuiten waren Beisitzer

*) Daf. S. 34.

des Capitano, sondern die Richter und Stadtältesten von Castua. Wie wenig Einfluß die Jesuiten als Besitzer des Capitanats auf den von ihnen ernannten lebenslänglichen Capitano und die Rich= ter haben konnten, beweist wieder der alte Valvasor. Derselbe erzählt: „Besagte Stadt Castua wird gubernirt von zween Richtern. Der erste wird von dem Hauptmann aus der Zahl der zwölf Herren gewählt; der andere aber von dem Volk aus eben diesen zwölf Herren. Selbige zween Richter richten und schlichten alle geringen Sachen. Wer es bey ihrem Urtheil nicht beruhen lassen will, der appellirt an den Hauptmann. Und so jemand durch des Hauptmanns Urtheil sich an seinem Rechte verkürzt achtet, geht an das löbliche Gericht von Krain“*). — Wo aber, Herr Strabner, bleiben bei dieser Gerichtsorganisation die Jesuiten, welche Sie als Urheber des Hexenbrennens anklagen?

Wäre es den Jesuiten möglich gewesen, die armen Justizopfer in Castua zu retten, so hätten sie es sicherlich gethan. Aber ihre Macht dem Capitano gegenüber war gering, obwohl sie die Grund= herren waren. Was sie thun konnten, das thaten sie, um wenig= stens die Seele derer zu retten, deren Leib sie nicht retten konnten: ein Jesuit aus Fiume bereitete sie durch Spendung der Sakra= mente zum Tode vor. Ein sicherer Beweis, daß die Jesuiten die von den Richtern als „Hexen“ Verurteilten für Gotteskinder hielten.

———

Lebe wohl, Castua, wo ich Gottes Herrlichkeit schauen durfte, welche unwillkürlich zum Lob des Allerhöchsten einladet; wo ich aber auch die menschliche Erbärmlichkeit wieder einmal traf. Krause Gedanken zogen beim Abschied durch meinen Kopf. Rechtzeitig

*) Valvasor 11, 49.

fielen mir Verse aus Webers „Dreizehnlinden" ein, die man allen Litteraten ins Stammbuch schreiben könnte, wenn sie die Jesuiten anklagen wollen:

„Kläger, tritt hervor als Zeuge,
Widersprich dir selbst, sei ehrlich,
Sei zum erstenmal nicht feige!

Sag, denn niemand weiß es besser,
Sag: ich log! — doch ich verzichte:
Bleib nur schlecht; mir ist ein Greuel
Jede Gunst von solchem Wichte."

7. Fiume in den Kartagen.

Mit einem herrlichen Spaziergang, den ich nach Abbazia machte, schien das schöne Wetter ein Ende genommen zu haben. Am Palmsonntag legte diesmal nicht nur die Kirche, sondern auch die Natur in dieser paradiesischen Gegend ein Trauerkleid an. Wie glänzte bei meiner Ankunft die See im Sonnenschein! Klar wie Krystall war das Wasser, so daß ich selbst in der Meerestiefe die Felsen, den Seetang und darin wie in einem grünen Wald sich haschende Fische wahrnehmen konnte. Doch da brach die gefürchtete Bora los und peitschte die See; selbst im geschützten Quarnero stürmten die Wogen wütend gegen die Klippen.

„Meine Augen laß ich schweifen
Ueberm Fels zur Meeresfläche,
Die gefurcht in krausen Streifen
Schäumend vordringt, dann zurücktritt.
Und mit neuer Kraft läßt rollen
An die Klippen ihre Wogen,
Daß sie grimmig murmelnd grollen."

(Born, Bonifatius.)

Die Bora nahm ein Ende, doch nur um dem erschlaffenden Wüstenwinde, dem Scirocco, Raum zu geben. Auch er brachte Sturm und Regen. Nur schüchtern machte die Sonne hin und wieder den Versuch, aus den grauen und violetten Wolkengebilden hervorzugucken.

Am Gründonnerstag brachte mich in der Frühe das Dampfboot nach Fiume. Die Fahrt war natürlich rauh und stürmisch; dunkle Regenwolken hatten die Schönheiten des Quarnero neidisch verborgen, so daß ich nicht ungehalten war, als mein Fuß wieder festen Boden berührte. Der Zweck meiner damaligen Fahrt war ein religiöser: ich wollte in Fiume dem majestätischen Gottesdienste der Karwoche beiwohnen, wozu ich in Ika und in der unmittelbaren Nachbarschaft keine Gelegenheit hatte. Ich wollte in den heiligen Tagen auch ein klein wenig für meine Seele sorgen; denn mit dem heiligen Sänger dachte ich:

„O Jesu, der du diese heil'ge Zeit
Der Gnade uns gegeben und geweiht,
Laß reuig nun auch an die Brust uns schlagen,
Da deine Huld so lange uns getragen."

(„O sol salutis, intimis.")

In Fiume angekommen, lenkte ich deswegen meine Schritte zur nächsten Kirche S. Girolamo, ehedem den Augustinern gehörig, wo der Gottesdienst nahezu beendet war. Unmittelbar neben der Augustinerkirche steht das moderne Municipium, und vor demselben zwei alte steinerne Flaggenstöcke mit mittelalter= lichen Bildern und Inschriften. Sie sollen von den Venetianern errichtet worden sein, als sie für kurze Zeit sich in den Besitz Fiumes gesetzt hatten.

Von der kleinen Kirche des hl. Hieronymus (S. Girolamo) wandte ich mich zur Stiftskirche, dem Duomo; ein Anschlag an der Kirchenthüre besagte, daß der Gottesdienst erst eine Stunde später beginnen würde. In der St. Veitskirche (Chiesa dei SS. Vito e Modesto), wohin ich dann pilgerte, fand ich die Feier nahezu beendet. Bei den Kapuzinern endlich kam ich recht, um dem ganzen Gründonnerstag=Gottesdienst beiwohnen zu können. Ergreifend war, wie die bärtigen Patres, mit der Stola geschmückt, bei der Kommunion den Altar umknieten und das Lamm Gottes empfingen. Nach den Priestern und Brüdern kamen auch Frauen und Jungfrauen trotz der späten Stunde in großer Zahl und empfingen, ebenfalls auf den Stufen des Altars knieend, die Kommunion.

Geradezu unerbaulich war in allen Kirchen, auch bei den Kapuzinern, der Gesang, welchen, wie es schien, bezahlte Sänger überall ausführten. Gregorianischer Choral und Palestrina schienen hier unbekannte Größen zu sein. Nicht einmal die kirchlichen Responsorien vermochten diese Sänger ordentlich zu singen. Auf das „Dominus vobiscum“ des Priesters brummten sie eine Ant= wort, welche alles andere, nur nicht „Et cum spiritu tuo“ ent= hielt. Um dann diese gebrummte Antwort einigermaßen genießbar zu machen, mußte die Orgel, welche in den Kartagen zu schweigen hat, sie durch eine Cadenz verdecken. Als ich das Kapuziner= kirchlein betrat, hatte die Feier noch nicht begonnen; das Gottes= haus war jedoch ziemlich gefüllt. Allgemach fanden sich auch die Herren Sänger ein, und damit begann ein Heidenlärm auf der

Orgelbühne, so daß alle Köpfe sich umwandten, um die Ursache zu ergründen. Die Herren Sänger schienen sich nämlich einstweilen damit zu amüsieren, den Staub von Bänken und Pulten herabzuklopfen. Dann fing das Hochamt an. Beim Kyrie studierte ich eine Weile, bis ich herausbrachte, daß das wirklich ein „Herr, erbarme dich unser!" und kein Walzer sein sollte. Den Motiven des Gloria glaubte ich in jungen Jahren schon im Theater begegnet zu sein. Zehnmal schöner wie solch ein Gesang ist doch der Volksgesang in unseren deutschen Landkirchen, wie wenig Berechtigung derselbe auch im feierlichen Hochamte hat.

Das Volk benahm sich beim Gottesdienst durchgehends fromm. Die Armen, arme Kroaten, waren zahlreich vertreten; wo aber waren die Männer? wo die Mittelklasse, die Italiener? Platz genug wäre in den Kirchen für sie gewesen. Trostlos nahm sich die Prozession in St. Veit aus, als das Allerheiligste unter dem Baldachin ins heilige Grab getragen wurde. Es schien, als ob auch hier der Heiland die Armen und Elenden besonders eingeladen hätte: „Gehe auf die Straßen und Gassen der Stadt, und führe die Armen und Krüppel und Lahmen und Blinden herein, auf daß mein Haus voll werde!" (Luk. 14, 21. 23.) Gerade diese folgten der Prozession mit ihren ärmlichen Lichtstumpen in der Hand: Männer, Weiber und Kinder — ein wirrer Haufe ohne alle Ordnung.

Echt italienisch war die Familiarität, mit der die Gläubigen sich in der Kirche betrugen. Die Weiber z. B. kamen mit dem Marktkorb auf dem Arm und mit dem Kind an der Hand. Gerade neben mir kniete im Mittelgang eine Frau, an deren Korb ein Junge beim Hineinschlendern hängen blieb, und siehe da, Fischlein, kaum fingerlang, kollerten aus dem Korb in die Kirche, und die arme Frau hatte mit dem Zusammenlesen der Fische genug zu thun. Wenig erbaulich war das Betragen der

Kinder, welche „leider" nur in geringer Zahl vorhanden waren.
Es fehlte sichtlich der Stock des Lehrers und — dieser selbst.
Wenn bei einer anderen Gelegenheit ein bärtiger Pater einen
dieser ungezogenen Rangen beim Ohr nahm, tüchtig schüttelte und
ihm zurief: „Scimia senza battesimo!" so konnte man das leicht
verzeihen.

Nachmittags besuchte ich die Mette in der St. Veitskirche.
Das Gotteshaus war 1631 nach dem Vorbilde der prächtigen
Kirche Maria della Salute in Venedig erbaut worden; acht Granit=
säulen tragen die mächtige Kuppel. Es steht auf dem Grund und
Boden des alten Kastells. Die Mittel zum Bau, welcher für die
1627 durch Kaiser Ferdinand II. hierher berufenen Jesuiten be=
stimmt war, gab hauptsächlich die Gräfin Rosalie von Thanhausen,
dieselbe, welche auch Castua der Gesellschaft Jesu geschenkt hatte.
Jetzt beherbergt das ehemalige Jesuitenkollegium neben der Kirche
die Handelsschule und das ungarische Staatsgymnasium.

In S. Vito gilt als größtes Heiligtum das Kruzifix des
Hochaltars. Dasselbe ist sichtlich uralt und mit der Inschrift
versehen: „Ex hoc crucifixo hujus lapidis ictus excussit sangui-
nem!" Im 13. Jahrhundert soll ein Frevler einen Stein gegen
dieses damals vor der Kirche stehende Kruzifix geschleudert haben,
worauf Blut aus der Seite des Christusbildes floß. Der Stein
hängt noch bei dem Kruzifix.*)

Hier in S. Vito söhnte ich mich einigermaßen wieder mit
dem Gottesdienste der Fiumaner aus. Die Lamentationen wurden
nicht übel gesungen; aber das Choralgebet, besonders auch die
gesungenen Responsorien, waren doch derart, daß der Name
Rumpelmette ganz am Platze war.

Das Wetter hatte sich während des Gottesdienstes erhellt,

---

*) Valvasor 12, 100. 104.

die Sonne durchbrach siegreich die Wolken, und so schlenderte ich
nach der Mette aufs Geratewohl bergan durch die engen Gassen
der Armen, um einen Fernblick zu gewinnen. Das Glück war
mir hold. Ich kam an der herrlichen Villa des Erzherzogs Joseph
vorbei, stieg immer höher und gelangte endlich in ödes Karstgebiet
und zum Fiumaner Friedhof, welcher sich in einer Gebirgsmulde,
einer Dolina, wie man hier zu Lande sagt, ausbreitet. Ein ergreifendes Bild war es, welches ich vom Friedhofsthore aus schaute.
Ich blickte nämlich in ein Totenthal hinab, das rings von schroffen,
weißen Karstwänden eingeschlossen war. Zahlreiche mächtige Cypressen vergrößerten noch den Ernst des Ortes. Gar lieblich
aber flöteten Nachtigallen den Toten das Schlummerlied, und die
Gräber der Armen, nach slavischer Sitte so bunt wie möglich
mit farbigen Kränzen und Glaskugeln geschmückt, kündeten gar
tröstlich von der Liebe der Lebenden zu den Toten. Diese Gräber
der Armen gefielen mir weit besser wie die kostbaren Monumente
und Kapellen, an denen der Friedhof reich ist. Die Namen auf
den Gräbern verrieten übrigens, daß die Fiumaner meist slavischen
Ursprungs sind, obwohl die Inschriften großenteils in italienischer
Sprache abgefaßt waren.

Der Rückweg vom Cimiterio bot einen prächtigen Blick auf
den Quarnero, den Meerbusen von Fiume: der mächtige Gebirgs-
stock der Halbinsel Istrien, der Monte Maggiore, in dunkle
Wolken gehüllt, die blaue Insel Cherso, deren Felswände schroff
ins Meer abfallen und deutlich zu erkennen waren, dazwischen
die lachende, von der Sonne beleuchtete See mit dem Mastenwald
des Hafens zum Abschluß — Schöneres läßt sich kaum denken!

Mein Weg führte mich wieder zur Villa Giuseppe. Gerade
gegenüber erhebt sich die aus gewaltigen Quadern aufgetürmte
Mauer des ehemaligen Kastells. Viel mehr wie diese Mauer
ist von der alten Burg nicht mehr vorhanden; denn auf dem

Boden des Kastells hat die letzte Lehensträgerin die St. Veits=
kirche gebaut. In den armseligen Resten befindet sich noch das
Gefängnis. Diese Ueberbleibsel aus alter Zeit erinnerten mich
an die Geschichte von Fiume.

Fiume selbst ist uralt, der Name jedoch neu. Die älteste
Geschichte kennt nur ein Tersattica als Hauptort Liburniens.
Aus römischer Zeit existieren nur wenige Ueberreste. Am wohl=
erhaltensten ist noch der sogenannte Arco romano in einem engen
steilen Gäßchen, ein überaus einfacher und vom Zahn der Zeit
arg benagter Steinbogen, welchen Geschichtsforscher zu einem
Triumphbogen des römischen Kaisers Claudius II. machen wollen.
Am Ausgang der Völkerwanderung wurden Land und Stadt
von Kroaten besetzt, 799 aber letztere von Karl dem Großen erobert
und zerstört. Eine neue Stadt erhob sich später am Meere und
gehörte zuerst als Reichslehen den Patriarchen von Aglar (Aquileja),
später deutschen Dynasten, den Grafen von Tybein oder Duino,
dann den Herren von Walsee oder Valsa. Sie hieß zuerst
Vitopolis oder St. Veit am Pflaumb, und erst viel später
Fiume, d. h. Fluß. Mit dem Aussterben der Walsee fiel sie an
Oesterreich. Maria Theresia überließ sie an Kroatien, später an
Ungarn. 1848 eroberte Jellachich, der tapfere Banus von
Kroatien, die Stadt und verleibte sie seinem Lande ein. Aber
beim Ausgleich mit Ungarn im Jahre 1868 fiel sie als „Corpus
separatum" letzterem Lande wieder anheim. Zu den ständigen
Besitzungen Venedigs hat Fiume nie gehört; der innige Verkehr
mit Italien jedoch und die vielen Italiener, welche sich des Handels
wegen in Fiume niederließen, haben der Stadt ein unverkennbar
italienisches Gepräge gegeben. Doch ist die Zahl der kroatisch
Redenden nicht so gering. Die Kroaten, welche Fiume Rjeka heißen,
können den Verlust dieser schönen Stadt noch immer nicht ver=
schmerzen. Rjeka bedeutet übrigens gerade wie Fiume Fluß.

In der Frühe des Karfreitags zog vom Fiumaner Dome aus eine Prozession, um die heiligen Gräber in den verschiedenen Kirchen zu besuchen. Gewiß eine fromme Sitte. Gar gern hätte ich mich der Prozession angeschlossen, wenn nicht ärztlicher Befehl mich in den Morgenstunden ans Zimmer gefesselt hätte. Nur von fern drangen ernste Psalmtöne an mein Ohr. Als ich später gegen zehn Uhr die Domkirche besuchen wollte, ging ich die Via della Fiumara am gleichnamigen Kanal entlang. Hier liegt eine ganze Flotille von Küstenfahrern, welche aus Istrien, Dalmatien und Kroatien Wein, Oel und andere Landesprodukte nach Fiume bringen. Die rundbäuchigen Schiffe, sogenannte Trabakel, kamen mir schon seltsam vor, fremdartiger noch das Leben an Bord, wo sich die Schiffer meistens unter einem Zeltdache häuslich ein= gerichtet hatten, ihre Kunden empfingen und ihnen Wein zur Probe kredenzten. Selbst mich Fremdling lud man zum Kosten und Kaufen ein. Am Ufer aber reihte sich Bude an Bude mit allerlei Herrlichkeiten für die Landleute, und gar nicht selten sah man in denselben Morlaken, Dalmatiner und Albanesen in ihren malerischen Trachten, würdevoll die Pfeife schmauchend und in stummer Betrachtung der Schätze, welche der zungenfertige Krämer ihnen aufzuschwätzen suchte. Ein reicheres und originelleres Leben bietet wohl kaum eine europäische Seestadt.

Die unmittelbar an die breite Fiumara anstoßende Altstadt von Fiume, die sogenannte Gomila, erinnert ganz an die kleinen Landstädte Italiens. Die engen Gassen, die zahlreichen Verkaufs= buden und Osterien, die tausenderlei Wohlgerüche, welche den= selben entströmen, die lärmenden, nachlässig gekleideten Bewohner machen auf den Nordländer unauslöschlichen Eindruck. Besonders auffallend sind in diesen engen Gassen mehrere reich ausgestattete Goldschmiedeläden. Die Fiumaner Goldschmiede sind berühmt wegen ihrer Moretti=Arbeiten. Moretti sind nämlich kleine Mohren=

köpfe, welche ehedem die Fiumaner in den Ohrringen trugen,
jetzt aber überhaupt im Geschmeide angebracht werden. Ob das
eine von Venedig stammende Industrie ist, oder ob sie ursprüng=
lich Fiume angehört, ist bis jetzt nicht entschieden.

Mitten in der Gomila steht der Duomo, die Hauptkirche von
Fiume, eine uralte Basilika, aber ganz italienisch umgebaut. Die
Fassade ist 1809 in italienischem Stile erneuert worden. Dem
Dom gegenüber erhebt sich frei der Campanile, der Glockenturm,
dessen unteres, noch gotisches Doppelfenster die Jahreszahl 1377
trägt. Der Gottesdienst wurde vom Pfarrer, mit Mitra und
Stab geschmückt, abgehalten. Als Abt von Abbazia hat er das
Recht, bischöfliche Insignien zu tragen. Der Gottesdienst frappierte
mich gewaltig. Kleidung und Ritus waren ganz römisch, aber
die Sprache verstand ich nicht. Ich horchte anfangs, glaubte
sogar, mein Gehör habe Not gelitten. Bald jedoch überzeugte ich
mich, daß die Sprache in der heiligen Messe nicht lateinisch, sondern
slavisch war.

Später erfuhr ich, daß etliche Diöcesen in Kroatien — und
zur kroatischen Diöcese Zengg gehört Fiume — sowie die Diöcese
Triest=Capodistria, die einen Teil von Istrien umfaßt, sich in der
feierlichen Messe der kroatischen Sprache bedienen. Der Priester
liest die Messe lateinisch; was aber zu singen ist, wird in kroa=
tischer Sprache gesungen. Darum verstand ich das Dominus
vobiscum, Epistel und Evangelium, sowie die Passion nicht. Ganz
korrekt ist dieser Gebrauch nicht. Rom hat entschieden, daß die
Kroaten das Recht haben, sich beim Gottesdienst der altslavischen
Sprache zu bedienen. Deswegen ist auch in Rom selbst ein
Missale in dieser Sprache mit glagolitischen Lettern gedruckt worden.
Dieser glagolitischen Buchstaben (von glagol = Silbe) bedienten
sich schon die Slavenapostel Cyrill und Method. Sie verbreiteten
sich über ganz Istrien, Kroatien, Bosnien und Dalmatien und

blieben im Gebrauch bis zum Ende des vorigen Jahrhunderts. Die etwas abweichende Kyrillische Schrift, deren sich noch heute die schismatischen Südslaven bedienen, wird dem Schüler des hl. Cyrill, dem Bulgarenbischof Clemens (893—927), zugeschrieben, ist also jünger wie die glagolitische. In beiden Schriften wurden Kirchenbücher zuerst in Venedig gedruckt. Die Lagunenstadt, das Hauptbollwerk gegen den Islam, war nämlich nach der Er- oberung der südslavischen Länder durch die Türken der Brenn- punkt aller geistigen Bestrebungen des Slaventums geworden. Schon 1496 wurde z. B. in Venedig ein Beichtspiegel mit glago- litischen Lettern gedruckt.

Der heutige kroatische Klerus versteht jedoch in seiner Majorität die alte glagolitische Schrift so wenig, daß der Bischof von Zengg sich um das Privilegium bewerben soll, das altslavische Missale mit lateinischen Lettern drucken lassen zu dürfen. Der Grund, warum man sich in den südslavischen Provinzen Oesterreichs so sehr um Einführung der altslavischen Liturgie und Sprache be- müht, liegt sicherlich hauptsächlich auf politischem Gebiete: man erstrebt die Einigung der verschiedenen Slavenstämme. Gute slavische Katholiken hoffen sogar, wie mir ein alter, erfahrener Priester in Fiume andeutete, durch Einführung der altslavischen Sprache in der Kirche die schismatischen Slaven wieder mit Rom zu verknüpfen. Inwieweit solche Hoffnungen in Erfüllung gehen oder ins Gegenteil ausschlagen, d. h. die katholischen Slaven dem Schisma zuführen werden, das vermag ich natürlich nicht zu beurteilen. Der alte Fiumaner Geistliche meinte, daß nicht ein einziger schismatischer Slave dadurch gewonnen würde; Juden und Protestanten habe er schon für die katholische Kirche gewonnen, aber noch keinen Schismatiker.

Doch kehren wir zum Gottesdienst im Dom zurück. Wie mich die ganze heilige Messe eigentümlich anmutete, so auch die

Passion, die natürlich ebenfalls kroatisch war. Der Evangelist sang von der Kanzel herab, Christus von den Stufen des Altares, der Chor von der Orgelbühne. Wenn mich nun jemand fragt, ob der liturgische kroatische Gesang den lateinischen an Schönheit übertreffe, dann muß ich entschieden mit Nein antworten. Die schönen Improperien z. B., die gleichfalls kroatisch gesungen wurden, waren als solche gar nicht zu erkennen. Die Schuld lag jedoch sicher nicht an der Sprache, sondern am Gesang; ich habe später gefunden, daß die südslavische Sprache eine ganz melodiöse ist. Selbst das „Vexilla regis prodeunt" bei Abholung des Sakramentes, welches in Fiume einzig und allein bei den ergreifenden Karfreitagsceremonien lateinisch gesungen wurde, lautete kläglich. In einer Stadt wie Fiume ließe sich wohl ein besserer Kirchengesang ins Leben rufen.

An Predigten fehlte es am Karfreitag im Dome nicht. Morgens wurde kroatisch gepredigt, und abends hielt ein Dominikanermönch mit echt südlicher Beredsamkeit die italienische Predigt. Bald sprach er in gemütlichem Plauderton und setzte sich dabei, bald donnerte er im höchsten Affekt, dessen diese schöne Sprache fähig ist. Zum Schluß kam sogar der Kreuzträger auf die geräumige Kanzel und setzte sich, das Kreuz vor sich haltend, ganz unverfroren hinter dem Prediger nieder. Uns Nordländer mutet so etwas kurios an, dem lebendigen Südländer fällt es nicht auf.

Der Dom und, wie ich mich später überzeugte, sämtliche Kirchen, waren am Karfreitag überfüllt. Das will freilich in Fiume nicht viel sagen, denn alle Gotteshäuser, auch der Dom, sind weitaus zu klein für die Einwohnerzahl, welche sich in wenigen Jahrzehnten verdoppelt hat, ohne daß neue Kirchen gebaut wären. Auch die vornehme Welt war vertreten, besonders die feinen Damen. Gern hätte ich übrigens gesehen, wenn viele derselben zu Hause geblieben wären: gereichten sie doch nur zum Aergernis. Wenn Kinder die Heiligkeit des Gotteshauses vergessen und zu plaudern anfangen, so ist das zu entschuldigen, weil es eben Kinder sind. Betragen sich jedoch Damen in der Kirche wie im Theater, fortwährend lachend und schwätzend und ihre Köpfe den Sängern zuwendend anstatt dem Altar, dann gebührt ihnen von Rechts wegen eine Züchtigung, etwa wie jener norddeutsche Landesvater sie seinen schlafenden Bauern mit der Fliegenklappe zu teil werden ließ.

Auch nachmittags wurden die Kirchen nie leer. Rührend war, wie das Volk, und hauptsächlich die armen Kroaten, welche als solche durch ihre Kleidung leicht kennbar waren, in beständiger Prozession um den Altar herumgingen und nicht nur das Kreuz zu den Füßen des Altars, sondern den Altar selbst küßten. Leider bestanden die heiligen Gräber überall aus Theatercoulissen. Nur im Dom war vor dem Hochaltare ein bizarres heiliges Grab in Form einer Urne oder eines kleinen Sarkophags unter einem hölzernen Baldachin aufgeschlagen. Das schönste heilige Grab fand ich in der griechisch-schismatischen Kirche, welche damals zufällig mit der römischen Ostern gemeinsam feierte. Inmitten der Kirche stand ein reich gestickter, roter Baldachin, unter welchem auf eine Art Altar das Kruzifix auf einem Kissen lag. Das Sakrament schien auf diesem Altar nicht vorhanden zu sein. Später erfuhr ich, daß in der griechischen Kirche der Kultus des allerheiligsten Sakramentes weit weniger ausgebildet ist als in der lateinischen. Auch in der griechischen Kirche standen, wie in allen übrigen Kirchen der Stadt, vor dem heiligen Grabe zwei österreichische Soldaten mit Gewehr bei Fuß unbeweglich Wache.

Oesterreich zeigt doch bei solchen Gelegenheiten noch, daß es katholisch sein will. Sonst sieht der Katholik augenblicklich in den habsburgischen Ländern leider gar viel, was ihn mit Betrübnis erfüllen muß. Fiume z. B. war in den Kartagen über-

Hafenpartie von Fiume.

schwemmt mit Fremden. Oesterreichische Beamte zumal hatten
die Ferien benützt, um einige Mußetage am sonnigen Quarnero
im dolce far niente zu verleben. Darum hörte man in diesen
Tagen auf allen Gassen und in allen Gasthäusern Deutsch und
zwar ausgesprochen Wienerisch sprechen. Allein diese guten Leutchen
genierten sich gar nicht, selbst am Karfreitag Fleisch zu essen.
Trostlos war es manchmal zu hören, wie sie mit sich selbst und
mit dem Kellner parlamentierten, ob Fisch oder Fleisch? Und
das Fleisch errang fast immer den Sieg, obwohl köstliche Fische
und Seekrebse in Hülle und Fülle zu haben waren. Vielleicht
waren die armen Leute nicht so schuldig, wie es den Anschein
hatte; vielleicht trug die liberale Schule, die ihre Jugend ver=
giftet hatte, die größere Schuld an ihrer Gleichgültigkeit in Sachen
der Religion.

Anfangs hatte ich sogar die Eingeborenen, selbst die Kroaten,
in gleichem Verdacht. Ich sah sie nämlich am Gründonnerstag
und Karfreitag überall mit einem Schinken oder einer Speckseite
in der Hand herumlaufen, sah ganze Buben dieser leckeren Fleisch=
waren. Später ließ ich mich besser unterrichten. Wo immer
nämlich Kroaten wohnen, müssen sie auf Ostern einen Schinken
oder mindestens eine Speckseite auf dem Tische haben: sonst
glauben sie gar nicht, daß Ostern sei. Sicherlich rührt das nicht
von Antisemitismus her; es ist vielmehr eine echt slavische
Eigentümlichkeit. Daß übrigens die Fiumaner allezeit treue Be=
obachter der Kirchengebote sind, will ich keineswegs behaupten.
Ich sah später genug Schuster und Schneider Sonntags ganz
offen am Fenster sitzen und arbeiten, auch andere Handwerker.
Darüber fällt in Fiume niemandem etwas ein, denn: „Das ist
so Sitte hier!" So wenigstens antwortete ein Sabbathschänder
in Fiume auf meine unwillige Frage.

Der Karsamstag sah mich wieder auf der Pilgerschaft zu den Kapuzinern. Der Südwind des vorhergegangenen herrlichen Abends hatte Regenwetter gebracht, und der Himmel machte ein Gesicht, als ob er nie wieder lächeln könne. Das Kirchlein dieser Ordensleute, das sich in nichts von anderen Kapuzinerkirchen unterscheidet, war voll von Gläubigen, was auf Karsamstag bei uns am Rhein selten der Fall ist. Alle Ceremonien wurden fromm und gewissenhaft beobachtet und in lateinischer Sprache gehalten. In den Ordenskirchen hat die kroatische Sprache beim liturgischen Gottesdienst kein Recht. Das Exultet wurde schön gesungen; der übrige Gesang war erträglich. Aber schon bei der Allerheiligen=Litanei fing die entsetzlich weichliche italienische Musik= weise an: sie wurde in einem Polkaton herabgeleiert, bei dem man sehr wohl hätte tanzen können. Geradezu schrecklich waren Gesang und Orgelspiel beim Auferstehungsamte, obwohl man sichtlich auf der Orgelbühne weit mehr Aufwand trieb als am Gründonnerstag. Schon beim Kyrie begann die Orgel gegen alle kirchliche Vorschrift zu spielen. In ganz ähnlicher Weise wurde die sonst so erbauliche Auferstehungsfeier, die am Abende des Karsamstags nach deutscher Art gehalten wurde, durch Orgel und Gesang ungenießbar gemacht. Wieviel Gutes könnte hier noch der Cäcilienverein schaffen!

Ostersonntag brach an; aber am Himmel schien noch Kar= freitag zu sein: langsam und sinnig fiel der Regen herab. In der Frühe ging ich zum Kapuzinerkirchlein, wo ich die Messe zu celebrieren versprochen hatte. Unterwegs begegneten mir in großer Zahl Mädchen und Frauen, welche einen Bündel, in weißes Tuch gehüllt, trugen; alle verfolgten den gleichen Weg wie ich. Später erfuhr ich, daß das Tuch Brot und Fleisch enthielt, die in der Kirche geweiht werden sollten. Als ich zur Kirche hinaufstieg, war ich wirklich überrascht. Eintritt in dieselbe zu gewinnen

war unmöglich: so umbrängten die Gläubigen die Kirchthüre.
Doch auch ins Kloster konnte ich kaum kommen. Der Kreuzgang, das abgeschlossene Chor der Ordensleute, selbst die Sakristei
waren gefüllt mit Menschen, welche nicht in die Kirche gelangen
konnten. Solch Gedränge war im Kreuzgange, daß Frauen ohn-
mächtig wurden, und ich selbst fast nur unter Lebensgefahr von
der Sakristei an den Altar bringen konnte. Aehnliches habe ich
nirgends erlebt, selbst nicht in Wallfahrtskirchen, und ich überzeugte mich später, daß es in allen Fiumaner Kirchen in gleicher
Weise herging. Da sah man augenscheinlich die große Kirchen-
not. Auf Ostern konnte man sich gleichfalls davon überzeugen,
daß die Fiumaner noch katholisch sind, wenn sie auch sonst vielfach leichtsinnig und leichtlebig sind. Vielleicht mögen jedoch die
Fiumaner an letzteren Eigenschaften weniger Schuld tragen wie die
Obrigkeit, welche z. B. ruhig duldet, daß der Sonntag in Fabriken,
auf Bauplätzen und im Hafen entheiligt wird.

Katholisch sind die österreichischen Küstenländer noch. Das
wird der fremde Geistliche gewahr, wenn er vom Altare kommt:
alles drängt sich an ihn, sucht ihn oder das Meßgewand zu be-
rühren. Wie der Glaube die Leute antreibt, den Altar zu be-
rühren und zu küssen, so sind sie auch überzeugt, daß eine Kraft
vom Priester ausgeht, welcher das heilige Meßopfer dargebracht
hat. Angenehm ist diese Sitte dem fremden Geistlichen keineswegs.

Um 10 Uhr wollte ich dem Hochamte im Dome beiwohnen.
Doch auch im Dome und vor demselben war ein lebensgefähr-
liches Gedränge, so daß der Eintritt einfach unmöglich war. Nur
einen Ohrenschmauß hatte ich noch vor dem Kirchenportal, denn im
Dome schmetterten Pauken und Trompeten zum feierlichen Credo.
Auch in San Vito, wo ich gerade zum letzten Teile der Messe
zurecht kam, fand ich wenig Erbauung; der weichliche Gesang eines
Mädchenchores ließ kaum einen frommen Gedanken aufkommen.

5*

Ich pilgerte dann zur griechischen Kirche, weil ich damals noch der Meinung war: dieselbe sei uniert, gehöre also zur katholischen Gemeinschaft. Der Gottesdienst war würdig, ergreifend sogar, als der bärtige Priester in feierlichem Zuge mit dem konsekrierten Brote und Kelch aus der einen Thüre der Ikonostasis in die Laienkirche zog, um durch die andere wiederum ins Heiligtum zurückzukehren. Diese Ceremonie vertritt unsere Elevation bei der Wandlung. Die Ikonostasis, eine reich mit Bildern geschmückte Wand, trennt nach Art unserer mittelalterlichen Lettner in der griechischen Kirche die Laienkirche vom Priesterchore. Gewöhnlich ist sie verschlossen. Hier waren während des ganzen Gottesdienstes die drei Thüren derselben geöffnet, so daß man durch die mittlere Thüre den celebrierenden Priester am Altare sehen konnte. Meistens bestand die Liturgie aus einem Wechselgesang zwischen Priester und Volk. Der serbische Volksgesang war recht feierlich, erinnerte manchmal an unsere alten Wallfahrtslieder. Sicherlich war dieser Gesang weit würdiger wie die Opernmusik im Dome. Das Betragen der Gläubigen, zum großen Teil Soldaten, war vorzüglich; nur einzelne Unteroffiziere machten davon eine unrühmliche Ausnahme. Wahrscheinlich wollten sie durch die sichtbaren Zeichen ihres Unglaubens ihre Bildung beweisen. Fast am Ausgang der Kirche war ein nicht unschönes Bild der heiligen drei Könige aufgestellt, welches viele Frauen beim Verlassen der Kirche küßten. Auch die Bilder der Ikonostasis waren im byzantinischen Stile gehalten, die Hände auf den Bildern stets von Silberplatten gebildet. Oberhalb der Ikonostasis prangte das Kruzifix. — Das Gotteshaus selbst, in modern italienischem Stil, ist kein hervorragendes Bauwerk. Zu meinem Bedauern vernahm ich später, daß es der griechisch=orthoboxen Gemeinschaft gehöre.

Die Ostermahlzeit, zu der mich die gastfreien Kapuziner ein=

geladen hatten, wird mir immer eine liebe Erinnerung sein. Vor dem Mittagmahl standen auf dem Gasttisch des Refektoriums ein Kreuz und brennende Kerzen, davor ein vollständig gebratenes Osterlamm, Schinken, Eier, grüne Gemüse und Osterkuchen. Alles wurde nach slavischer Sitte feierlich mit Weihwasser und Weih= rauch benediciert. Die würdigen Patres, welche den günstigsten Eindruck machten, waren ausnahmslos Slaven: Slovenen, Kroaten und Dalmatiner. Nur die älteren sprachen fließend deutsch; den jüngeren Patres merkte man an, daß sie Schulen besucht hatten, in denen die deutsche Sprache nicht mehr die Stellung wie ehe= dem einnahm.

Nachmittags schiffte ich mich wieder nach Ika ein. Bei herr= lichem Sonnenschein wand sich das Dampfboot aus dem Schiffs= gewühl am Molo Adamich. Der Fiumaner Hafen, den wir durchschnitten, übertrifft unstreitig an Schönheit und Sicherheit, wenn auch nicht an Größe den Triestiner Hafen, ja alle öster= reichischen Handelshäfen. Den Grund zur heutigen Hafenanlage hat Maria Theresia durch Erbauung eines mächtigen Wellen= brechers (Diga) gelegt; noch heute trägt derselbe den Namen der großen Kaiserin. Die ungarische Regierung hat in den letzten Jahrzehnten rüstig weiter gebaut. Von 1873—1888 hat sie nicht weniger als 13 Millionen Gulden für diese Bauten verausgabt, und noch ruht sie nicht, sondern sucht von Jahr zu Jahr diesen einzigen ungarischen Hafen größer und praktischer zu machen. Hinter dem Bahnhof hat sie einen besonderen Petroleumhafen angelegt, der mit einer bedeutenden Raffinerie in Verbindung steht. Dann kommt die Gasfabrik und hinter derselben die Tor= pedofabrik von Whitehead & Co., welche durch ihre mörderischen Fabrikate Weltruhm errungen, und deren jetziger Inhaber sogar mit dem Fürsten Bismarck in verwandtschaftliche Verhältnisse ge= treten ist. Unser Schifflein dampfte nicht weit von dem im Meere

verankerten Scheibenstande vorbei, der zum Probieren der Torpedos
benützt wird.

Alle diese interessanten Anlagen konnten mich jedoch an jenem
Osternachmittage nicht fesseln. Meine Augen wanderten beständig
rückwärts zu dem gastlichen Fiume, das immer kleiner und undeut-
licher wurde, und meine Gedanken verarbeiteten noch immer die
verschiedenen fremdartigen Eindrücke, welche ich dort in den schönen
Kartagen bei meist trübem Wetter gewonnen hatte.

---

8. Istrianische Studien beim Regenwetter.

Als ich am Ostermontage in meinem Zimmer in Jka er-
wachte und zum Fenster hinausschaute, sah ich ringsum die Berge
mit Schnee bedeckt. Ein rauher, unfreundlicher Wind wehte von
den Bergen herab: die Jkaner nannten ihn Tramontana, aber
nach unserer Meinung hatte er verzweifelte Aehnlichkeit mit der
gefürchteten Bora. Jeden Tag hofften wir auf Aenderung, und
jeder Tag war schlimmer als der vorhergehende. Natürlich war
ich meistens aufs Zimmer beschränkt und auf die Aussicht, welche
das Fenster und der Glaspavillon unseres Hauses bot.

Aber welche wunderbare Aussicht! Vor mir das bewegte
Meer, dessen Gischt fortwährend über den kleinen Hafendamm
unseres Hauses, selbst über das Badehäuschen auf dem Damm
hinwegschlägt. Dampfschiffe durchfurchen den Quarnero; denn
das bißchen Wind und Regen bringt die großen Schiffskolosse
nicht so aus der Fassung wie ein winziges Menschenkind. Manchmal streichen die Boote auf der Fahrt nach Lovrana dicht unter

meinem Fenster hin, so daß ich ihnen zurufen möchte. Auch kleine Segelschiffe, sogenannte Trabakel, und Fischernachen beleben die See. Das Trabakel ist ein bauchig gebautes Schiff mit rund ansteigendem Bug und alten lateinischen Quersegeln, wie es wahrscheinlich schon seit Jahrhunderten an den Küsten der Adria im Gebrauch ist.

Auch wenn das Meer sich beruhigte, wenn nicht der Kamm der Wogen mit Schaum gekrönt war, gewährte es beständige Abwechslung. Je nachdem die Wolken darüber hinwegstrichen, erschien es grün, ultramarin, ja violett. Rechts vom Sanatorium mündete ein Wildbach, ein Torrente. Für gewöhnlich war sein felsiges Bett wasserleer und ausgetrocknet; aber jetzt brausten die schmutzigen und rot gefärbten Gewässer dem Meere zu und färbten dasselbe eine nicht unbeträchtliche Strecke weit ebenfalls rot. Die Ursache war die fruchtbare rote Erde, welche die Felsen bedeckt, aber durch die Gebirgsbäche mehr und mehr abgespült und dem Meere zugeführt wird. Allmählich bleibt nur nacktes Karstgestein übrig. Oft habe ich bedauert, daß die Bewohner so wenig thun, um diese kostbare Erde festzuhalten.

Von der roten Erde heißt der Teil Istriens, in dem ich augenblicklich weilte, terra rossa, während ein anderer Teil, in welchem gelber Sandstein vorherrscht, terra gialla (gelbes Land) genannt wird. Es sind dies hauptsächlich die inneren Strecken von Istrien, während die terra rossa die Küstengegend umfaßt. Aber man spricht auch von einem „weißen Istrien", Istria bianca. Das ist nämlich jener Teil von Istrien, in welchem die fruchtbare Erde weggeschwemmt ist und das weiße Karstgestein zu Tage tritt. Besonders der Tschitschenboden, der sich vom Monte Maggiore zum Busen von Triest erstreckt, wird dazu gerechnet.

Die Grenze meines Gesichtskreises bildeten die große Kapella und der Velebit, zwei kroatische Gebirgszüge, welche sich in den

binarischen Alpen vereinigen. Letztere scheiden bekanntlich Bosnien und die Herzegowina von Dalmatien, während der Velebit
die Grenze zwischen Kroatien und Dalmatien bildet. Gerade vor
mir lag die Insel Veglia (kroatisch Krk), überragt von dem
Gebirge des Festlandes, das bei gewöhnlichem Wetter gar nicht
einmal sichtbar ist, jetzt aber sogar die Thäler und Schneelager
zeigt. Im blendenden Schmucke des Schnees gewährt dieses
Gebirge einen feenhaften Anblick, wie ihn die Istrianer nicht einmal im Winter gehabt hatten.

Rechts erhebt sich aus blauer Flut die Insel Cherso (kroatisch Cres) mit dem langgestreckten Bergrücken des Monte Syß.
Auch in Cherso kann mein Auge die schroff abfallenden Felswände
an der Küste, sowie die Felsschluchten, welche zum Meere hinabführen, deutlich erkennen.

Deutlich erkenne ich auch die drei Meeresstraßen, welche aus
dem Quarnero in die offene See führen. Rechts liegt zwischen
der kroatischen Küste und der Insel Veglia der wegen seiner
Stürme übelberüchtigte Maltempo — den Namen hat er gerade
von dieser seiner schlimmen Eigenschaft. Scharf geschnitten gleich
einem Thor präsentiert sich mir die eine Einfahrt in diesen Canale
di Maltempo, während die zweite Einfahrt zwischen dem Festland
und dem Eiland San Marco verschwindet. Der Meeresarm nimmt
später den Namen Canale di Morlacca an. — Zwischen Veglia
und der Insel Cherso führt der Canale di Mezzo ins Meer,
während zwischen Cherso und der istrianischen Küste der Canale
di Farasina die Straße bildet. Nur durch letztere konnte ich das
unbegrenzte Meer schauen.

Unmittelbar unter meinem Fenster am Meeresstrand grünte
und blühte alles; selbst die Feigen und Eichen fingen an ihre
Sprossen zu treiben. Aber der Wind zerzauste die Zweige der
Cypressen und Oelbäume gewaltig. Sogar dem Heere der Nach-

tigallen wurde es ungemütlich; nur hin und wieder ließen sie ihre klagende Stimme ertönen.

Auch auf der Rückseite des Hauses erblickte ich gar manches Schöne, wenn ich Ausschau hielt, obgleich der Gesichtskreis natürlich viel begrenzter war wie auf der Seeseite. Ziemlich schroff stiegen die Karstfelsen hinter dem Hause empor. Aber die weißen Felsen hoben sich gar schön aus dem Grün des Lorbeers (der „Lavrani") und später der Kastanien und Eichen hervor. Auf der Höhe rechts war die weiße Kirche des Dorfes St. Peter, einer Filiale von Veprinaz, sichtbar, während links der Berg sich höher und höher hinaufzog bis zur schneebekrönten Kuppe des Monte Maggiore, des Vela Utschka der Kroaten. Damals jedoch zog sich der Schnee bis zu St. Peter hinab, fast bis zur Grenze der Lorbeerpflanzungen. — So fand ich auf allen Seiten trotz Sturm und Regen neue Schönheiten, an denen ich mich selbst in meinem Stubenarrest laben konnte.

Gewaltige Wassermengen rauschten in jenen Tagen vom Monte Maggiore und den steilen Karsthöhen herab. Die engen Felsenbette, die man alle Augenblicke trifft und sonst gewöhnlich wasserlos sind, konnten damals das Wasser kaum fassen. Aber das war nur eine Ausnahme. In diesem Lande giebt es nämlich keine Quellen und Bäche, wie sie hundertfältig in Tirol und selbst im heimischen Odenwald von den Bergen unaufhaltsam rinnen und stürzen. Wenigstens sind sie überaus selten. In den Kalkfelsen des Karstes versickert alles Wasser, sammelt sich in unterirdischen Höhlen und bahnt sich dann unterirdisch einen Weg zum Meere. In der Höhe des Meeresspiegels, oftmals selbst unter dem Meere brechen erst die Quellen hervor. Manche kommen sogar mit einer Mächtigkeit hervor, daß sie sofort Schiffe tragen konnten, wie z. B. der Timavo, von dem noch später die Rede sein wird. Es scheint sogar, daß einzelne Bäche oder Flüsse meilen-

weit unter dem Meeresboden hinfließen, denn der nicht unbedeutende Vranasee auf der Insel Cherso, welcher keinen sichtbaren Zufluß und Abfluß hat, mag solch einem Karstgewässer sein Dasein
verdanken.

Die meisten Quellen nimmt man in den Meeresklippen wahr.
Wenn man am Meeresufer spazieren geht, kann man im Frühjahr
beständig das Sprudeln derselben hören; wenige von ihnen sind
jedoch benützbar, weil die meisten schon mit Salzwasser gesättigt
sind. Oft erkennt man auch an der Bewegung des Meeresspiegels unterirdische Quellen, welche aus dem Meeresboden hervorbrechen. Die Küstenbewohner müssen deshalb trotz des Wasser-
reichtums des Karstes durchgehends sich der Cisternen bedienen.
Jedes Haus und jede Hütte hat eine solche; je ansehnlicher
die „Casa" oder „Villa" ist, um so schöner die Cisterne. Sie
ähnelt unseren Ziehbrunnen; auf dem Rand ruht der kupferne
Kessel, der statt des Eimers zum Schöpfen benutzt wird. Selbst
Abbazia ist meistens auf Cisternen angewiesen, die gewöhnlich
sehr hübsch angelegt sind, jährlich gereinigt und mit frischen Holz-
kohlen zur Filtrierung versehen werden. Die Wasserleitung,
welche die Südbahngesellschaft mit schweren Kosten angelegt hat,
liefert nur ungenügendes und unschmackhaftes Wasser. Fiume
dagegen hat jetzt köstliches Wasser, das in einer vortrefflichen
unterirdischen Leitung von der Zwirquelle in der Fiumaraschlucht
durch die ganze Stadt geleitet wird. Gerade der Zwir, der bei
seinem Austritt aus dem Felsen ein natürliches Becken von
90 Fuß Tiefe bildet, ist ein echtes Karstgewässer.

Die unfreiwillige Gefangenschaft, welche ich den Sturm- und
Regentagen verdankte, gab mir auch Muße, mich ein wenig in
der Geschichte Istriens umzuthun. Die Istrianer, soweit ich sie

auf meinen kleinen Ausflügen und Spaziergängen hatte beobachten
können, mußten mein ganzes Interesse erregen. Die meisten waren
wohl der italienischen Sprache mächtig; am liebsten aber sprachen
sie doch kroatisch. Mit einzelnen alten Leuten, besonders mit
alten Seeleuten, konnte ich mich auch so ziemlich deutsch, ja öfter
noch englisch unterhalten. Der slavische Typus war bei der
Mehrzahl unverkennbar, zumal bei den Gebirgsbewohnern. Ihre
scharf geschnittenen Gesichter, ihre teilweise noch nationale Klei=
dung, ihre roten Kappen, die großen Ohrringe machten zwar an=
fangs einen fremdartigen Eindruck auf mich. Allgemach fand ich
jedoch, daß es ganz gemütvolle und zutrauliche Leute waren, die
noch von tiefer Frömmigkeit beseelt waren. Aehnlich wie in der
Heimat grüßen sie ihre Geistlichen mit dem schönen Gruß: „Hvalen
Isus i Marija!" „Gelobt sei Jesus und Maria!" Und die Ant=
wort lautet: „U vieke!" „In Ewigkeit!" Zum wenigsten grüßt
der Kroat den Geistlichen, aber auch den Freund mit „Hvalen
Bog!" „Gelobt sei Gott!" oder noch kürzer mit dem bloßen Worte:
„Bog!" Das prosaische „Dobro jutro!" „Dober dan!" „Dober
vecer!" nämlich: „Guten Morgen — guten Tag — guten Abend!"
hört man seltener. Wenn ich aber so grüßte, antwortete mir
jedenfalls das kroatische Mütterlein mit einem wunderbaren Aus=
druck von Güte: „Bog daj!" „Gott gebe es!" — Natürlich tritt
diese Kundgebung der religiösen Gesinnung an der Küste bei dem
seefahrenden Volke mehr oder weniger zurück.

Je mehr ich mich jedoch im Lande umschaute, je mehr ich
das Volk beobachtete, desto mehr drängte sich mir die Ueberzeugung
auf, daß die Istrianer ein Mischlingsvolk seien, ganz gleich, ob
sie heute italienisch oder slovenisch oder kroatisch sprechen. Das
bestätigen auch alle Geschichtsquellen, welche ich zu Rat ziehen
konnte.

Kein Land Europas weist vielleicht eine solche Musterkarte

von verschiedenen Nationalitäten auf wie Istrien. Nebeneinander
wohnen Kroaten und Italiener, Slovenen und Friauler, Serben
und Tschitschen, Deutsche und Griechen. Natürlich haben sich
auch die einzelnen Stämme nicht rein gehalten; die Istrianer
müssen vielmehr ihre Vorfahren unter allerlei Völkern suchen.
Die Ureinwohner, deren Ringwälle (Castellieri) jetzt noch wert=
volle Fundstätten von Altertümern sind*), wurden unter römischer
Herrschaft vollständig latinisiert. Dann aber kam die Völker=
wanderung. Viele deutsche Stämme berührten auf ihrem Zuge
zu dem Lande der Hesperiden Istrien, und wohl jeder Stamm
ließ Kolonien zurück. Die Longobarden hatten sich im nördlichen
Teil, in den Grafschaften Görz und Gradisca, ansässig gemacht.
Sie bemächtigten sich sogar des ganzen Landes, bevor sie von
Karl dem Großen besiegt wurden. In das durch Krieg ent=
völkerte Land rückten seit dem 7. Jahrhundert unaufhörlich slavische
Stämme. Nur die Seestädte an der istrianischen Westküste er=
hielten sich ihre alte eingesessene italische Bevölkerung.

Seit der Eroberung Istriens durch Karl den Großen gehörte
das Land dem Namen nach zu Deutschland und wurde von deut=
schen Markgrafen regiert. Der letzte derselben, Heinrich von
Andechs, wurde als Mitschuldiger an dem Morde Königs Philipp
von Schwaben des Landes beraubt und die Markgrafschaft 1209
als Lehen dem Patriarchen Volker von Aquileja übertragen.
Aber diese Markgrafschaft beschränkte sich nur noch auf die See=
städte, welche sich nach und nach von der Herrschaft des Patriarchen

---

*) Diese Castellieri sind wohl keine Burghügel, wie man früher
vielfach gemeint, sondern befestigte Opferstätten, welche in Kriegs=
zeiten den Ureinwohnern als Zufluchtsstätte und als Friedhof dienten.
Die christlichen Glaubensboten errichteten deswegen mit Vorliebe auf
diesen hochragenden Plätzen Gotteshäuser.

freizumachen suchten. Es gelang ihnen das auch wirklich mit Hilfe Venedigs. Dafür aber gerieten sie in die viel härtere Knechtschaft der Republik von San Marco, die allen Handel und Verkehr in ihre eigene herrliche Stadt leitete und sich ihrer Bundesgenossen und Untergebenen nur als Schemel der eigenen Größe bediente. Aber das Band mit Venedig, welches so viele Jahrhunderte überdauerte, machte diese istrianischen Küstenstädte zu italienischen nach Sprache und Sitte.

Eine weit andere Entwickelung nahm das Innere von Istrien, das im Gegensatz zur Markgrafschaft sich nach der Entsetzung Heinrichs von Andechs zu einer Grafschaft Istrien oder Isterreich (Histerreich) herausbildete, vielfach auch Grafschaft Mitterburg oder Pisino genannt. Deutsche Geschlechter waren Herren in dieser Grafschaft; auch ihre Lehensträger waren Deutsche. Noch stehen die Ruinen ihrer Schlösser, z. B. am Fuße des Monte Maggiore am Cepichsee. Die Bebauer des Landes aber waren Slaven, welche das veröbete Land in Besitz genommen hatten und den deutschen Edlen dienten. Diese Grafschaft fiel schon 1374 an Oesterreich, als ihr letzter Besitzer, Graf Albrecht von Görz, kinderlos starb. Die österreichischen Erzherzöge aber legten anfangs wenig Gewicht auf die neue Erwerbung; sie verpfändeten oder übertrugen sie als Lehen einzelnen edlen deutschen Familien. Mehr Interesse zeigten die Erzherzöge für die Freiheit der See, deren Herrschaft Venedig beanspruchte. Gerade deswegen begannen im 15. Jahrhundert langdauernde Kämpfe mit der Dogenstadt, Kämpfe, welche die Küstenstädte wie die Binnenstädte und mehr noch das Land entvölkerten, zumal die Pest im Gefolge des Krieges aufräumte.

Als der Friede ins Land zurückkehrte, zogen Oesterreich sowohl wie Venedig in ihre veröbeten Gebiete aufs neue slavische Einwanderer, die mit Freuden dem Rufe folgten, um dem Türken-

joche in der Heimat zu entgehen. Dadurch kamen selbst in die
Küstenstädte und deren Umgebung bedeutende slavische Elemente.
Die venetianischen Behörden lobten diese Kroaten als friedsame
und fleißige Arbeiter. Die meisten derselben stammten aus Bos=
nien und der Herzegowina. Noch 1657 wanderten Montenegriner
ein und ließen sich bei Pola in dem Dorfe Peroi nieder.

Istriens Geschichte giebt also das nötige Licht zu der That=
sache, daß die meisten Istrianer zweisprachig sind, ja nicht selten
das Italienische und Kroatische miteinander vermischen. Sind
doch drei Teile des Landes kroatisch und nur zwei Teile italienisch!
Früher wurde die deutsche Sprache sehr gepflegt; die höheren
Lehranstalten waren alle deutsch. Das hat aufgehört, seitdem
Oesterreich durch Blut und Eisen von Deutschland getrennt wurde.
Jetzt hat jedes Kronland, auch Istrien, seine Nationalitätenfrage,
und der Haber zwischen den italienisch und kroatisch redenden Istria=
nern treibt täglich neue Blüten. Die Schulen sind entweder italienisch
oder kroatisch, und nur noch Beamte und Kaufleute sprechen deutsch).

Merkwürdig kam mir anfangs in Istrien vor, daß die Deut=
schen vielfach auf seiten der Italiener und als Gegner der Kroaten
zu finden waren. Und doch ist das eigentlich kein Wunder. Das
gemeinsame Band ist eben der Liberalismus, die Feindschaft gegen
die Kirche, der die meisten Kroaten noch treu anhängen. Der
hier öfter genannte liberale Litterat Strabner bringt diese That=
sache in der gewohnten phrasenhaften Weise zum Ausdruck, wenn
er schreibt: „Freieren Geistes blicken wir (Liberale) auf das freie
italienische Land. Eingedämmt ist heute der gewaltige Strom
der Priesterherrschaft, dessen trübe Fluten damals (im ausgehen=
den Mittelalter) die fruchtbaren Gefilde der humanistischen Kultur
zerstörten"*). Bedauernswerter Mann, der so redet. Was wäre

---

*) Strabner, „Rund um die Adria". 168.

wohl aus den mittelalterlichen Völkern geworden ohne die Priester=
schaft, d. h. ohne die Kirche? ob sie wohl je der Barbarei der
Völkerwanderung entwachsen wären? Ich fürchte sehr, ohne die
verabscheute Priesterherrschaft würde selbst ein gewisser Joseph
Strabner heute noch in der grünen Steiermark im Bärenfell und
mit der Keule in der Hand herumlaufen. Zu dem Loblied vom
„freien italienischen Land“ aber haben jüngst erst die Sizilianer
und die Arbeiter von Massa=Carara eine schlimme Illustration
geliefert. Wenn Jungitalien Schiffbruch gelitten, wird die Priester=
schaft wieder retten und aufbauen müssen.

Ein merkwürdiges Beispiel des Herzensbündnisses zwischen
Jungitalien und Jungdeutschland, sowie die Folgen desselben
durfte ich während meines Aufenthalts in Ika aus nächster Nähe
beobachten. Die Ortschaften Icici und St. Peter, beide an Ika
angrenzend, bilden eine politische Gemeinde. St. Peter im Ge=
birge ist von Kroaten bewohnt, Icici am Meere von italisierten
Slaven und etlichen liberalen Deutschen. Bei den letzten Gemeinde=
wahlen siegten die Italiener hauptsächlich durch Hilfe der Deutschen,
deren Geld von großem Einfluß gewesen sein soll. St. Peter
war bis dahin im Besitz einer kroatischen Schule gewesen, welche
der alte, würdige Priester der Gemeinde für geringes Honorar
gehalten hatte. Der alte Herr hatte noch mehr gethan, als den
Kindern seiner Gemeinde die Elementarkenntnisse zu vermitteln:
er hatte die Befähigten weiter gebildet, so daß damals aus dem
kleinen, armen Gebirgsort eine stattliche Anzahl von Männern
als Schiffskapitäne die Meere befuhren. Doch er war alt ge=
worden und gebrechlich; seine Kräfte hatten abgenommen, und
deswegen mußte er auf die liebgewonnene Thätigkeit in der Schule
verzichten. Das benutzten die nun italienisch gesinnten Macht=
haber der Gemeinde, um der kroatischen Dorfschaft eine italienische
Schule aufzudrängen. Natürlich wehrten sich die Bauern von

St. Peter, wollten ihre Kinder nicht italifieren laffen. Die Folge war, daß das Dorf ohne Schule blieb, während die Deutfchen von Icici ihre Kinder in die italienifche Schule von Loprana fchickten. Ich weiß nicht, wie der Streit ausgegangen ift; aber ich hoffe, daß St. Peter feine kroatifche Schule wieder hat.

Intelligenz und Bildungsfähigkeit kann man den Iftrianern wahrlich nicht abfprechen. Wie alle Slaven haben fie befonders Talent für Sprachen. Franzöfifch, Englifch hört man oft, nicht felten fogar Arabifch. Das Pharaonenland zieht nämlich alljähr= lich eine bedeutende Schar von Iftriauern an. Dort verdienen fie ein kleines Kapital, und dann machen fich die meiften wieder in der Heimat feßhaft. Der junge Iwan z. B., der in der Kapelle unferes Haufes die Meffe diente, war in Suez geboren; dort hatten feine Eltern das Geld erfpart, womit fie in der Heimat, in Ika, eine kleine Ofteria anfingen. — Leider verlieren manche Iftrianer am Nil mehr, wie fie gewinnen, weil fie Schiffbruch am Glauben leiden.

9. Die „Sagra" der Lopranefen.

Die Tage des Sturmes gingen vorüber, und der Quarnero lächelte und ftrahlte im Sonnenglanz, als ob ewiger Frühling und unaufhörlicher Friede um ihn herum herrfchen müßten. Solch Wetter benötigten auch die Bewohner von Loprana, weil fie die „Sagra" feiern wollten, das Feft des hl. Ritters Georg, ihres Patrons.

Loprana, das römifche Laurana, die Lorbeerftadt, hat zwar heute keine Spur mehr von römifchen Villen; aber in feinem

Istrien. — Rovigno von Westen.

Aeußern trägt es noch immer den Charakter eines italienischen
Städtchens, wenn auch zumeist von Kroaten bewohnt. Die
Straßen sind eng gebaut; mit einigem guten Willen können sich
die Nachbarn die Hände über die Straße reichen. So baut man
immer im Süden, um im Sommer Schatten und Kühlung zu
haben. Chaisen können natürlich in solchen Straßen nicht fahren,
auch keine Mistwagen. Uebrigens bezweifle ich, ob in der ganzen
Stadt Lovrana ein einziges Pferd oder eine Kuh vorhanden ist.
Ihre Stelle vertreten die Weiber der Armen; sie tragen den
Dung auf dem Rücken in die Felder und Gärten.

Interessant ist die alte Podesteria (Rathaus), über deren
Thüre der hl. Georg, der Drachentöter, als Patron der Stadt
prangt. Die Treppen, welche zu dieser alten Podesteria führen,
bestehen aus uralten Leichensteinen, die man einfach gespalten
hat. Die Lovranesen haben Ueberfluß an herrlichen Steinen,
aber sie herzurichten, dazu waren sie sichtlich zu bequem. Viel=
leicht hat auch ehedem irgend ein kluger Podesta (Bürgermeister)
die Leichensteine der Ahnen gerade gut genug für solchen Zweck
gefunden. Auch bei uns hat es nie an solchen schlauen Leuten
gefehlt. — Lovrana hat auch ein neues Rathaus, das zugleich als
Schule dient. Natürlich ist das ganz modern, d. h. im Stile der
Langeweile gebaut. Zwischen der alten und neuen Podesteria
steht ein mächtiger quadratischer Turm mit Schießscharten, wohl
ein Teil des alten Kastells Lovrana oder des festen Hauses der
Fürsten von Auersperg, von welchem Valvasor in seiner kraineri=
schen Chronik sagt, daß „man von demselben einen verwunderlich
schönen Prospekt in das Meer habe". Lovrana gehörte nie zu
Castua, sondern zur Grafschaft Mitterburg oder Pisino, mit welcher
Ende des 17. Jahrhunderts das krainerische Geschlecht der Auers=
perg belehnt war.

In Valvasors Chronik findet sich noch ein Bild des alten

Leßler, Eine Fahrt an die Abria.   6

Lovrana mit seinen Mauern und Zinnen, welche jetzt großen=
teils verschwunden sind. Von dem Rundturm auf der Südseite
sieht man wenigstens keine Spur mehr *). Wahrscheinlich sind
die alten Befestigungen teilweise von den Venetianern zerstört
worden, als letztere auf ihren Rachezügen wegen der Einfälle der
Uskoken Lovrana eroberten. 1612 hatten die Venetianer Mosche=
nizze vergeblich belagert, aber „Schloß Lovrana“ geplündert und
verbrannt, „doch der Weibsbilder und aller, die in die Kirche
geflohen, verschont“. Zwei Jahre später erschienen die Venediger
wieder mit 3 Galeeren und 36 anderen armierten Schiffen vor
Lovrana. Das Städtchen wurde beschossen, geplündert und in
Brand gesteckt. Die Einwohner berechneten damals ihren Schaden
auf 20 000 Dukaten**).

Auf dem alten Bilde erblickt man am Hafen von Lovrana
drei Kapellen; eine derselben, die Friedhofskapelle, steht noch.
Ob die beiden anderen ebenfalls von den Venetianern zerstört
wurden oder später verfallen sind, konnte ich nicht erfahren.

Dem Rathause gegenüber steht die alte Kirche, auf Felsen
gebaut, der teilweise zu Tage tritt. Der Turm mit einem
Steinhelm ist noch romanisch, das Chor gotisch. Sorgfältig hat
man sich bemüht, die ehedem gotische Kirche in ein italienisches
Renaissance=Gotteshaus umzuwandeln. Die Marmoraltäre, die
Chorstühle mit Schnitzarbeiten künden von altem Reichtum, die
Löcher im Boden von der heutigen Armut.

Rund um das Städtlein führt eine enge Straße, auf der
einen Seite von der alten Stadtmauer begrenzt, die jetzt als
Gartenmauer dient. Aber niemand möge die Seitenpfade ein=

*) Valvasor 11, 346.

**) Valvasor 15, 553. 565.

schlagen, welche in die Weinberge und besonders in das Gebüsch neben den Kirchhof führen, denn er möchte für seine Neugierde an den Geruchsnerven arg gestraft werden.

Außer den engen Gassen, welche durch Weiber, Kinder und Papageien in großer Zahl belebt werden, ist wohl das Interessanteste der Friedhof; er liegt auf einer Landzunge und wird von drei Seiten vom Meer bespült. So ziemt es sich auch für die Lovranesen, für deren größere Zahl das Meer die eigentliche Heimat ist. Was sich aber nicht ziemte, war die schreckliche Wildnis, welche ich auf dem Friedhof fand. Wo eine Gemeinde Kirche und Friedhof verfallen läßt, sieht es gewöhnlich mit Religion und Frömmigkeit schlecht aus. Dicht neben dem Friedhof mit seiner alten Kapelle liegt der Schiffszimmerplatz, auf dem die ortsüblichen Trabakel und Barken gebaut werden, sowie der kleine Hafen, der gerade wie in Ika eine Reihe von Fischernachen und Trabakel birgt. Der Hafen von Ika ist jedoch weit geschützter wie der in Lovrana, wo bei hochgehenden Wellen der Küstendampfer nicht einmal landen kann. Am Hafen kann man den lieben langen Tag die alten Capitani und Matrosen herumlungern sehen; das Meer übt eben auf sie noch die alte Anziehungskraft aus. Von der Schiffahrt lebt ja der größte Teil der Bevölkerung in Ika und Lovrana; aber von dem schwunghaften Leinwandhandel des letzteren Ortes, von dem Valvasor berichtet*), habe ich nichts mehr bemerken können.

Etwas vom Orte entfernt, liegt der Kalvarienberg, hier Oelberg genannt. Ein schönes Kruzifix nebst den Kreuzen der Schächer zeugt von der Frömmigkeit der Vorfahren. Aber etliche Stationsbilder, welche zum Oelberg führen, sind verfallen und im allertraurigsten Zustand; sie klagen sichtlich die heutigen

---

*) Valvasor 11, 347.

Lovranesen an, weil sie vom alten frommen Geist der Vorfahren abgewichen sind.

Echt italienisch schaut das Städtlein drein, auch die vielfach schwarz verräucherten Häuser; dennoch wohnen in demselben neben fanatischen Italiani weit mehr Kroaten. Es kommt sogar vor, daß in einer und derselben Familie der eine zu den Italienern, der andere zu den Kroaten hält. Sicherlich ist dann nicht die Nationalität, sondern die religiöse und politische Gesinnung ausschlaggebend. Auf der Podesteria herrschen übrigens die Kroaten, welche bei den Wahlen mit Hilfe der zur Stadtgemeinde gehörigen Bergbewohner den Sieg errungen haben. Selbst eine kroatische Schule giebt es neben der italienischen, aber in ersterer wird auch Italienisch gelernt, weil das eben notwendig ist, während in der italienischen auch Deutsch betrieben wird.

Interessant ist der Sonntag sowohl in Lovrana wie in Ika. Vor den Osterien sind die Straßen fast gesperrt durch die vielen Tische, an denen Kartenspieler sitzen. Aber bei jedem Wirtshause — und deren sind nicht wenige, manchmal mit ganz merkwürdigen Schildern, z. B. „al manu amico" („zur Freundeshand"), „al Trovatore" („zum Troubadour") — findet man auch Männer und Jünglinge, welche mit Leidenschaft dem Borellespiel (italienisch: Birelli) obliegen. Kegel giebt es in diesem Spiele nicht; die Spieler bemühen sich vielmehr mit großer Kraft und Gewandtheit ihre Kugel so nahe wie möglich an die Kugel des Gegners zu schleudern. Kegel sah ich nur bei den Frauen; denn auch Frauen und Mädchen kegeln leidenschaftlich gerne, so daß man sich beim Spaziergang wohl vor ihrer Kugel in acht nehmen muß. Schon die Kinder üben das Spiel, aber mit Steinen. Zu diesem bunten Leben und Treiben muß der Leser noch hinzudenken die südliche Lebendigkeit der Leute, das Geschrei der Kinder und Gebell der Hunde, die Fremden aus Abbazia, welche allsonntäglich dieses frembartige Leben schauen wollen, durch ihre Gegenwart jedoch noch bunter und interessanter machen. Nicht selten kommt auch Sonntags Musik von Fiume auf Extrabooten. Fehlt jedoch die Musik, dann ersetzt sie das Rauschen des Meeres, auf dem die Schiffe sich wiegen; denn in Ika wenigstens spielt sich das alles im Hafen ab.

In Lovrana ist der größte Feiertag des Jahres die „Sagra", das Patronsfest. Ich wanderte gleich nach Tisch auf dem Strand= weg nach Lovrana, um die Herrlichkeit anzuschauen. Schon unter= wegs traf ich auf einer Wiese eine ziemliche Schar von jung und alt, Burschen und Mädeln, welche nach den Tönen der Harmonika lustig das Tanzbein schwangen.

In Lovrana war morgens kroatisches Hochamt gefeiert wor= den mit dem üblichen Musikspektakel, das jedem Nordländer die Kirche verleiden könnte. Nach der kroatischen Vesper begann der Tanz. Schon während der Vesper hatten die Burschen sehn= süchtig auf der Mauer vor der neuen Podesteria gesessen; in die Kirche zu gehen hielten sie wahrscheinlich am Patronsfeste für sündhaft. Im Schatten eines mächtigen, breitästigen Zürgel= baumes (Celtis australis, hier Lodogno genannt), der im Jahre 1782 gepflanzt worden, war der Tanzplatz, unmittelbar vor der neuen Podesteria. Einen schöneren Tanzplatz hätten die Lovra= nesen nicht wählen können, denn der Baum, der schon über und über mit Laub und Blüten geschmückt war, spendete Schatten, und das Rauschen des nahen Meeres machte die Musik. Mit solcher Musik war jedoch die kroatisch=italienische Jugend nicht zufrieden; es mußten vielmehr zwei klarinettähnliche Instrumente, Sopila genannt, zum Tanze aufspielen. Der sonst gebräuchliche Dudelsack fehlte hier. Arme Musikanten! Im Schweiße ihres Angesichts mühten sie sich ab, ihren Instrumenten Töne zu entlocken, wie man sie bei uns manchmal von Bärentreibern hört.

Dazu traten sie noch den Takt mit den Füßen. So groß waren ihre Anstrengungen, daß ihnen ordentlich die Augen hervorzuquellen schienen. Im Schweiße ihres Angesichts drehten sich auch Bursche und Mädel zur Musik; mir kam es sogar vor, als ob jedes Paar einen besonderen Tanz ausführe. Hier wäre wirklich das Wort Eberts am Platze gewesen:

> „Ich liebe jeden Tanz, in dem
> Sich malt der Freude Spur;
> Doch einen Tanz, den lieb' ich nicht,
> Den Tanz — der Unnatur."

Uebrigens ist der slavische Nationaltanz, der „Kolo", nicht überall so entartet wie in Lovran. Die Kroaten im Innern von Istrien sollen ihn vielmehr sehr schön und bei jeder feierlichen Gelegenheit tanzen. Ich erfuhr sogar bei einem Besuch in Tersatto, daß die Einwohner eines benachbarten Dorfes, dessen Pfarrer sein Jubiläum feierte, vor dem Pfarrhause, ihrem Seelenhirten zu Ehren, den Kolo getanzt hatten. Darin hat kein Mensch dort etwas gefunden.

Bei den istrianischen Tanzvergnügungen in Lovrana ging es übrigens nicht ganz in Ehren her. Wie in anderen zivilisierten Ländern bei der Bauernkirchweih ging's auch hier; abends gab es Rauferei und blutige Köpfe; die Gendarmen bekamen genug zu thun. Der Tanz unter dem lindenartigen Zürgelbaum war nämlich nur für die kroatischen Bergbewohner und die Matrosen: die Italiener oder vielmehr italisierten Bewohner der magnifica citta di Lovrana hatten abends ihren Ball im Gasthause, wobei Fiumaner Musik aufspielte. Mit solcher Exclusivität waren jedoch Bauern und Matrosen übel zufrieden. Sie suchten in den Ballsaal zu bringen, wurden jedoch zurückgeschlagen.

Weniger eifrig wie bei der Sagra erweisen sich die Bewohner von Lovrana und Ika beim Besuch des Gottesdienstes. Hochamt und Predigt können unmöglich alle besuchen, weil die Kirche für die große Gemeinde viel zu klein ist. Aber welch unkirchlicher Sinn bei vielen Bewohnern der Pfarrei Platz ge= griffen hat, konnte man deutlich bei der Mission sehen, welche während meines zweiten Aufenthalts auf bischöfliche Anordnung von zwei Jesuiten in kroatischer Sprache abgehalten wurde. Gar viele Männer nahmen nur an der Schlußandacht teil; gar viele empfingen nicht die Sakramente. Es läßt sich nicht verkennen, daß der lange Aufenthalt auf der See und in fremden Ländern nicht den heilsamsten Einfluß übt, und ebenso schädlich wirkt der starke Fremdenverkehr. So ist es jedoch, Gott sei Dank, nicht überall in Istrien.

10. Tersatto und die Madonna del' Mare.

An einem sonnigen Morgen trug mich das Dampfboot wieder nach Fiume. Die Sonne lachte, wie sie nur im Süden lachen kann, und ein Trovatore, wie die fahrenden Sänger von den Italienern genannt werden, sang an Bord des Schiffes zur Guitarre das bekannte Loblied zur hl. Lucia; „O dolce Napoli!" freilich mit recht ausgesungener und krächzender Stimme. Darob fing in Fiume der Himmel wieder an, seine Thränen zu ver= gießen. Fiume hielt mich diesesmal nicht. Oefter schon hatte ich bei meinen Spaziergängen in dieser Stadt von der Via della Fiumara und von Scoglietto, einem mit Platanen bepflanzten Platz unmittelbar an der Via, Tersatto bewundert; ragte es doch mit seiner Burg und seiner Wallfahrtskirche hoch über Fiume hinweg. Heute wollte ich meine Pilgerfahrt auf den heiligen Berg machen. Aber ich fuhr auf langem Umweg hinauf, während ein weit kürzerer Weg auf Treppen von Susak aus, der kroatischen Vorstadt Fiumes, jenseits der Fiumara, steil hinaufführt.

Tersatto (kroatisch Trozat), das schon zum Königreich Kroatien gehört, ist heiliger Boden. Die Legende erzählt, daß Engel das Haus von Nazareth, in welchem Jesus, Maria und Joseph gelebt hätten, 1291 nach Tersatto trugen, um es vor der Wut der Türken zu retten. Wenige Jahre später verschwand es freilich wieder, nämlich 1294: Engel hatten es nach Loreto in Italien getragen. In Italien und Deutschland rüstet man sich ja augenblicklich, den sechshundertjährigen Gedenktag der Uebertragung feierlich zu begehen. Der Burgherr von Tersatto, Nikolaus von Frangepan (oder Frankopan, wie die Kroaten sagen), der Banus von Kroatien, baute als Ersatz eine Kapelle, die der verschwundenen so ähnlich wie möglich war. 1453 erhielt diese Kapelle durch Martin von Frangepan einen Anbau; zugleich errichtete derselbe das Franziskanerkloster. Die heutige Kirche stammt erst aus dem Jahre 1644*). Papst Urban V. hatte 1362 dieser Kapelle, um das Volk einigermaßen für den Verlust des heiligen Hauses zu entschädigen, ein kleines Madonnabild geschenkt, das angeblich von dem Evangelisten Lukas auf Cypressenholz gemalt war. Dieses Bild, oder vielmehr die Gottesmutter mit dem Jesukinde auf dem Bilde, wurde im vorigen Jahrhundert mit goldenen Kronen geschmückt, welche das Kapitel des Vatikans zu Rom widmete.

Zufrieden sind übrigens die Kroaten und Dalmatiner noch

---

*) Valvasor, 12, 105 ff.

immer nicht mit dem Verlust des heiligen Hauses. Alljährlich bitten sie die seligste Jungfrau in Loreto, wohin sie zu Schiff wallfahren, doch nebst ihrem Hause wieder zur alten Stätte zurück= kehren zu wollen.

In dem kirchlichen Offizium von der Translation des Laure= tanischen Hauses wird erzählt, daß die Engel dasselbe zuerst nach Dalmatien versetzt hätten. Das erklärt sich leicht daraus, daß das Gebiet von Tersatto im Altertum zu Dalmatien ge= rechnet wurde; jetzt gehört es, wie bereits bemerkt, zum König= reich Kroatien.

Die Wallfahrtskirche in Tersatto ist jetzt eine Doppelkirche. Vielleicht drücke ich mich genauer aus, wenn ich sage: sie besteht aus zwei nebeneinanderliegenden Kirchen. Das Chor der Haupt= kirche, durch ein prächtiges, schmiedeisernes Gitterthor abgeschlossen, bildet die Gnadenkapelle. Der Altar ist aus verschiedenen Marmor= sorten zusammengefügt. Oberhalb des Tabernakels thront das Madonnenbild des hl. Lukas, für gewöhnlich verhüllt, von einem Kranz von Votivgeschenken umgeben. In den steinernen Altar= tisch ist wiederum mosaikartig ein liebliches Muttergottesbild von verschiedenen Marmorsorten gefügt. An der Wand der Kapelle erzählen Fresken von dem wunderbaren Ursprung der Kirche. Hinter dem Gnadenaltar befindet sich ein Kamin. Die Grund= mauern desselben sollen noch dem Hause von Nazareth angehören.

Ich war gerade recht gekommen, um das Fest der Ueber= tragung des heiligen Hauses mitzufeiern, und innig erbaute ich mich an der Frömmigkeit des kroatischen Volkes. Viele Pilger hatten die 504 Stufen, welche von Susak auf diesen heiligen Berg führen, auf den Knien zurückgelegt; viele rutschten auch auf den Knien in die Kirche hinein und um den Altar herum. Noch größeren Eindruck machten auf mich die zahlreichen Kom= munionen und die sichtbare Andacht bei dem Anhören der Predigt,

welche mit südlichem Feuer und in ganz italienischer Weise, natürlich in kroatischer Sprache, vorgetragen wurde.

Meine lieben Freunde in der Heimat mögen ungläubig den
Kopf schütteln, wenn ich hier das Lob der Kroaten oder Hor-
waten, wie sie sich selber nennen, singe. Die Kroaten stehen
ja in Deutschland noch vom Dreißigjährigen Kriege und vom
österreichischen Erbfolgekriege her, oder mehr noch durch Schillers
„Wallenstein", in etwas üblem Geruch. Läßt doch Schiller den
kaiserlichen Rat Questenberg sagen:

> „Gottlob! noch etwas Weniges hat man
> Geflüchtet — vor den Fingern der Kroaten."

Aber die Kroaten, welche in jenen Kriegen in unserem Vaterland
schlimm hausten, waren Schismatiker aus der Militärgrenze, die
durch beständigen Kampf mit den Türken verwildert und wenig
besser wie Räuber waren. Mit den eigentlichen katholischen
Kroaten, einem friedlichen und gemütvollen Volke, hatten sie
höchstens Sprache und Ursprung gemein.

Hohe Verehrung genießt die Muttergottes von Terjat als
Madonna del' Mare bei den Seeleuten des Quarnero. Die
Wände der Kirche sind voll von Votivbildern, Bildern von Schiffbrüchen u. s. w., welche die Seeleute nach überstandener Gefahr
hierher brachten. Selbst ein Bild aus der Weitprechtschen Nord-
polexpedition befindet sich darunter. Auch sogenannte Jungfern-
kränze hängen genug an den Wänden; es sind das Kränze, mit
denen das Schiff bei der Taufe und beim Stapellauf geschmückt war.

Neben der Kirche liegt das Franziskanerkloster, ein weit-
läufiger alter Bau mit zahlreichen Zellen, Korridoren und Kreuz-
gängen, in denen der Fremdling sich wohl verirren kann. Die
Thüre jeder einzelnen Klosterzelle ist mit einem frommen Spruch

aus der Heiligen Schrift oder aus den Werken der Heiligen ge=
schmückt, sogar die Thüre des geheimen Gemaches; letztere mahnt
den Besucher:

„Foetorem hic intrabis,
Post mortem majorem ipse dubis.“

Prachtvoll ist der große Klostergarten, einem Parke ähnlich.
Da sieht man deutlich, was Fleiß und Geschick aus ödem Karst=
lande machen können. Denn Karstland ist der ganze Garten;
davon zeugen die mächtigen Steinhügel, welche die Novizen in
den Erholungsstunden zusammengelesen, aber auch mit fruchtbarer
Erde bedeckt und angepflanzt haben. Karstland ist auch die ganze
Umgebung; das zeigt ein Spaziergang außerhalb des sauberen
Ortes, der gar keine Aehnlichkeit mit den engen und schmutzigen
Städtlein an der istrianischen Küste hat. Der Weg führt näm=
lich zwischen lauter kolossalen Steinwällen hindurch, von denen
die fruchtbaren Aecker umgeben sind. Nur mit großer Mühe
sind diese Aecker urbar gemacht worden. Tersatto, und natürlich
auch das Kloster, hat im Winter schwer von der Bora zu leiden.
Ehedem war das sicherlich anders, als noch die Höhen des
Karstes ringsum mit Eichen und Buchen bewachsen waren.

In den weiten Räumen des Klosters wohnen außer den
Novizen und Klerikern des Ordens, welche hier wenigstens teil=
weise ihre Studien machen, nur wenige Ordenspriester. Dieselben
müssen in Tersatto und Umgebung seelsorglich Aushilfe leisten
und zugleich als Lehrer für die jungen Brüder wirken. An
Arbeit fehlt es ihnen also nicht, zumal das heranwachsende Susak,
die Vorstadt von Fiume, zur Pfarrei Tersatto gehört. Schätze
haben sie dabei noch nicht erworben. Was die Frömmigkeit der
alten Frangepani und anderer Edlen ihnen geschenkt, ist meistens
alles wieder dem Volke zu gute gekommen. Ohne das Kloster

und die Wallfahrtskirche würde Terjat nichts sein als ein armes
Karstdorf. Trotzdem wird es nicht an liberalen Verleumdern
fehlen, welche heuchlerisch das arme Volk bedauern, als ob es
durch die Ordensleute verarmen müsse. Stradner z. B. weiß
von den Kapuzinern in Pisino zu erzählen: „Zu allen Zeiten
liefen viele Leute zusammen in Pisino, und so lange das fromme
Volk etwas besaß, brauchten sich auch die Mönche nichts abgehen zu lassen"*). Wer bemerkt da nicht den Fuchsschwanz?

An Wallfahrtstagen, wie ich gerade in Terjat einen solchen
mitmachte, reichen die Kräfte der wenigen Ordenspriester nicht aus;
sie bedürfen dann der Aushilfe der benachbarten Pfarrer und
Kapläne. Nie werde ich die schönen Stunden vergessen, welche
ich in Mitte der Ordensbrüder verlebte; fast alle sprechen fließend
deutsch, obwohl sie meistens Slaven waren. In der Retreation
holte einer derselben, ein Slovene, der bereits als Missionar
in Südamerika gewirkt hatte, die Zither herbei und sang dazu
die prächtigsten deutschen Volkslieder, unter anderen das Lied von
Andreas Hofer, dessen Schlußvers lautet:

> „Und wenn ich für dich sterben muß,
> So füg' ich mich in Gottes Schluß:
> Auf meinem Grab soll hoch und schön
> Die Eiche deutscher Freiheit steh'n!"

Heiteren Sinnes und kindlich fröhlich waren die Kloster-
bewohner, aber von üppigem Leben habe ich nichts bemerkt. Das
Mahl, das die Franziskaner ihren Gästen bereitet hatten, war
anständig, nicht opulent, der steirische Tischwein sogar herzlich
sauer; aber gewürzt wurde alles durch die liebenswürdige Zuvorkommenheit der Gastgeber.

*) Stradner, „Rund um die Adria". 44.

Besondere Freude bereitete mir auch das Zusammensein mit einer größeren Schar von kroatischen Weltpriestern im Kloster. Es waren liebe und feine Herren; auch von ihnen sprechen die meisten trefflich deutsch; fast jeder konnte sogar drei Sprachen: Kroatisch, Italienisch und Deutsch. Auch in der Theologie zeigten sie tüchtige Kenntnisse; aber in der Politik schienen die Herren doch noch in den Kinderschuhen zu stecken. Das fand ich schon am nämlichen Nachmittag heraus, als ich die „Hrvatska Citaonica" (sprich: Horwatska Schitaoniza), die kroatische Lesehalle, in Tersatto besuchte. Solche Lesehallen sind in fast allen größeren und kleineren Ortschaften eingerichtet; selbst in Triest fand ich sie. Sie bieten dem Volke Lektüre, auch eine Stätte, wo Versammlungen gehalten, Deklamationen eingeübt und volkstümliche Theaterstücke gespielt werden. Ich fand in dieser Lesehalle eine Reihe von Blättern und Zeitschriften aufliegen, auch deutsche und italienische; doch weit mehr wie die Hälfte war liberales Lesefutter. Die geistlichen Herren, welche ich deswegen interpellierte, meinten: man kenne in Kroatien den Unterschied zwischen liberal und konservativ oder katholisch nicht.

Es steht jedoch sehr zu befürchten, daß diese liberalen Blätter, welche jetzt nur ihre billigen Witze über die Geistlichen machen, gar bald als echte Wölfe im Schafskleid das noch durchweg fromme kroatische Volk mit Vorurteil und Feindschaft gegen die Religion erfüllen werden, wie sie das in anderen Ländern, besonders in dem benachbarten Italien, leider fertig gebracht haben. Schon jetzt soll es sogar recht übel in dieser Hinsicht in Kroatien aussehen; und wenn das die Geistlichen noch immer nicht völlig erkennen, so mag wohl übertriebene Vaterlandsliebe Schuld daran tragen. Ein urteilsfähiger deutscher Geistlicher, welcher lange in Kroatien gelebt hatte und Land und Leute wohl kannte, versicherte mir, daß die moderne Schule neben der Presse den ungünstigsten

Einfluß auf die religiöse Richtung des kroatischen Volkes ausübe. Die alten Leute, welche keine oder ganz geringe Schulbildung genossen, halten die Religion noch hoch, während die jungen Leute vielfach die Gebote der Kirche verachten, den Gottesdienst versäumen, die Fasttage übertreten. Mich wundert das nicht, denn allzu eng ist augenblicklich Kroatien mit dem liberalen Ungarn verbunden, als daß nicht auch in der modernen kroatischen Schule sich der Liberalismus breit machen sollte. Für die Zukunft des kroatischen Volkes kann das aber verhängnisvoll werden. Magyaren werden die Kroaten freilich nicht durch den Liberalismus. Wenn sie jedoch ihre alte katholische Religion geringschätzen lernen, dann hindert sie nichts mehr, Rußland als ihren kommenden Erlöser zu begrüßen. Mir war die Vorliebe für Rußland, die ich überall heraus merkte, überaus merkwürdig — für Rußland, das doch mit eherner Faust jede Regung der Freiheit unterdrückt, mit der Knute die Katholiken und Uniten in Polen zur Orthodoxie bekehrt. Aber „die Polen", so hörte ich selbst aus dem Munde von kroatischen Geistlichen, „verstehen die Russen nicht zu behandeln; Rußland ist das freieste Land der Welt!" Trauriger Irrtum, der sicher schlimme Folgen haben wird!

Wie sehr das Gift des Liberalismus in Schule und Presse bereits seine Wirkung thut, kann man auch aus dem Ausspruch eines kroatischen Geistlichen entnehmen, der ruhig von der Kanzel herab verkündete: „Für mich ist die größte Sünde der Mangel an Vaterlandsliebe!" Weiter kann man die Verirrung wohl kaum treiben, denn da tritt der Kultus des Vaterlandes an die Stelle der Verehrung Gottes. Als Entschuldigungsgrund mag übrigens die tiefe Verstimmung gelten, welche unter den Kroaten gegen Oesterreich herrscht. Waren es doch die Kroaten, welche bei der ungarischen Revolution 1848 die schwarzgelbe Fahne hochhielten, und zum Dank dafür hat das liberale Oesterreich sie an ihre Todfeinde, die Ungarn, ausgeliefert. Das muß freilich schmerzen!

Die Wallfahrtskirche in Tersatto ist ein interessanter, aber kein schöner Bau; die Fassade erinnert an so viele andere slavische Kirchen. Schön und interessant ist dagegen die alte Burg, die ich natürlich auch aufsuchte und später noch öfter besuchte. Was muß das für ein mächtiges und trotziges Geschlecht gewesen sein, das solch ein gewaltiges Felsennest baute! Aber die Frangepani, welche die alte Burg seit 1223 von Andreas II. von Ungarn als Lehen innehatten, und von denen so viele in der Wallfahrtskirche den letzten Schlaf schlafen, sind längst ausgestorben; nur noch Trümmer sind von ihrem stolzen Schlosse übrig geblieben, das einst von sieben Rundtürmen verteidigt wurde. Heute gehören die Ruinen dem gräflichen Hause Nugent.

Ich bestieg den in seinen Mauern noch wohl erhaltenen runden Burgturm mit seinen Ghibellinenzinnen. Welch eine Rundsicht! Auf der einen Seite übersieht man ganz Fiume mit dem Quarnero und seinen Inseln, die istrianische Küste mit dem Monte Maggiore; nach Süden erblickt man das zerklüftete kroatische Karstgebirge, rechts davon noch einen Teil des Quarnero mit dem Canale di Maltempo — die Karsthöhe, auf welcher der Klostergarten liegt, verdeckt nämlich einen Teil des Meeresspiegels und teilt so den Quarnero in zwei Teile. Gegen Norden schaute ich in die tiefe Fiumaraschlucht, in welcher ein wilder Bergfluß, die Retina, von kühner Brücke überspannt, in engen Kalkstein= wänden braust und tobt. Weiter unten in der engen Schlucht sieht man Fabriken, die der gezähmte Fluß treiben muß. Dort kann man auch die Zwirquelle mit ihrem grünlichen Wasser sehen. Fiumaraschlucht wird diese Felsenenge gewöhnlich genannt, weil die Recina an ihrer Mündung den italienischen Namen Fiumara, der ausgebreitete Fluß, erhält.

Dieses ganze Panorama ist so herrlich, daß ich mich nicht satt sehen konnte, und herzlich bedauerte ich meinen Reisegefährten, den der Schwindel ergriff, und der mit Not und Mühe die Wendeltreppe hinabkam. Alle Schönheiten der Burgruine — die Altertümer von Minturnum, die dort gezeigt werden; das moderne Mausoleum, in welchem der Feldmarschall Graf Nugent mit seiner Gemahlin, der Herzogin von Riario-Sforza, ruht; die von der Bora zerbrochenen ehernen Basilisken, welche als Grabwächter vor dem Mausoleum inmitten der Burgtrümmer stehen; endlich die Siegessäule, welche einst die Italiener dem großen Napoleon auf dem Schlachtfelde von Marengo setzten, und welche Feldmarschall Nugent später hierher verpflanzte — alle diese menschlichen Herrlichkeiten verschwanden mir vor der Herrlichkeit, welche der Finger Gottes hier dem Sterblichen entrollte.

Es wurde mir schwer, mich von dem Kastell zu trennen, mich von der Betrachtung der Werke Gottes loszureißen. Nach einem kurzen Besuch in der kleinen, unbedeutenden Pfarrkirche, welche im Schatten der Burg steht, kehrte ich nochmals in der Wallfahrtskirche ein, um dem Schöpfer aller der herrlichen Werke der Natur Dank zu sagen und mich der Fürbitte der Gnadenvollen zu empfehlen. Dann aber hieß es: Lebe wohl, Tersatto, du Gnadenstätte! In meinem Innern tönten die Strophen, welche einst der selige P. Diel zum Abschied von Lourdes gesungen:

„O, scheiden möcht' ich nie von dir,
Du Gnadenreiche, Milde,
Möcht' Tag und Nacht als Bettler steh'n
Vor deinem lieben Bilde.

Doch weil ich einmal wandern soll,
So nimm die letzten Grüße;
Ich scheide, doch du bleibst bei mir,
Ins Herz ich dich verschließe."

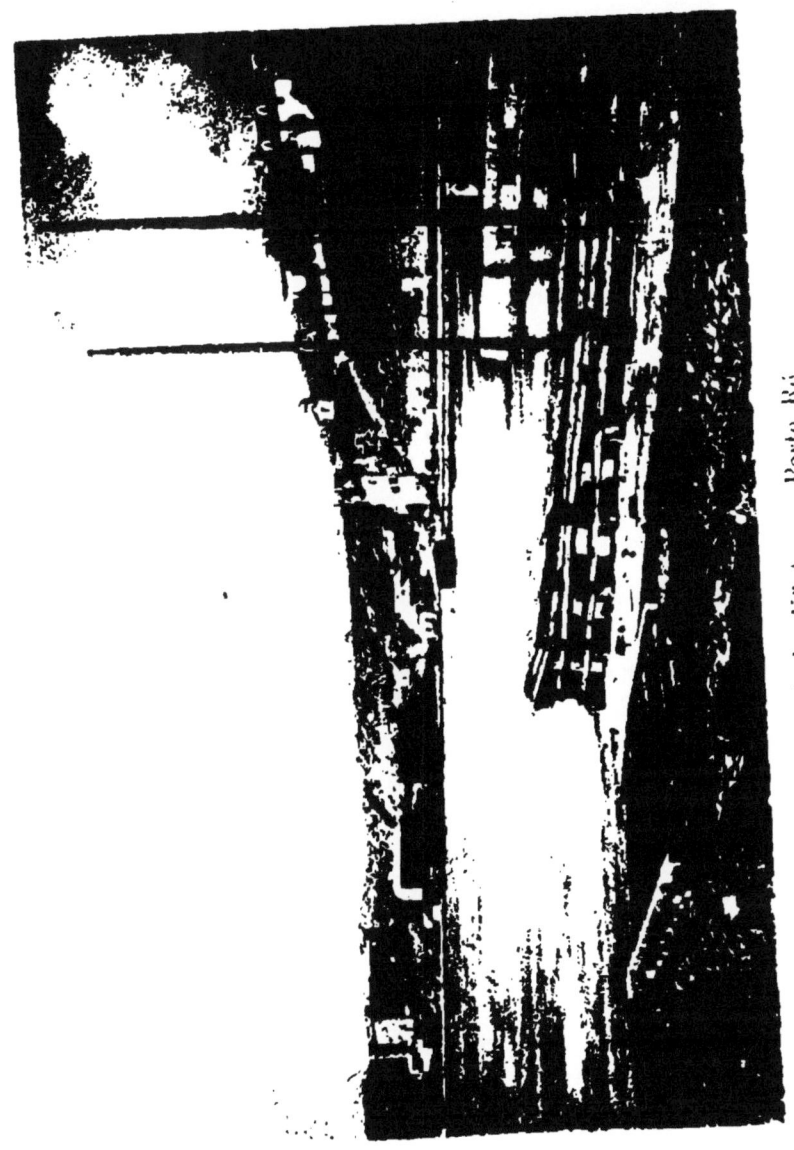

Kroatische Küste. — Porto Ré.

11. An der kroatischen Küste.

Voll Dankbarkeit hatte ich Tersatto verlassen. Zum erstenmal nach langer Zeit hatte ich daselbst wieder laut und deutlich sprechen können. Es war das sicherlich kein Wunder, sondern die natürliche Wirkung der balsamischen südlichen Luft, der wohlthuenden Ruhe. Doch auch dafür mußte ich ja von Herzen dankbar sein.

Wir befanden uns gerade im lieben Maimonat, und darum konnte ich noch am nämlichen Abend in Fiume, wo ich übernachtete, die gewaltige Predigt eines italienischen Kapuziners, des Guardians von Fermo bei Ancona, hören, der den Fiumanern auseinandersetzte, wie der Weg zur Hölle noch viel breiter sei als der Fiumaner Corso. Am nächsten Morgen hörte ich wieder eine kroatische Predigt des Fiumaner Guardians, wobei ich aufs neue die Bemerkung machte, wie vokalreich und wohllautend die südslavische Sprache ist. In der Domkirche predigte gleichzeitig ein italienischer Jesuit aus der venetianischen Provinz. Täglich drei Maipredigten in einer Stadt von 30 000 Seelen, und dabei die Kirchen stets gefüllt: das ist doch noch immerhin ein Zeichen, daß die Frömmigkeit in Fiume nicht ganz am Ablöschen ist, und daß der Liberalismus dort, wo eifrige Priester walten, noch manche Nuß knacken muß, bevor er den Sieg erringt.

Von Fiume machte ich einen kleinen Ausflug an die kroatische Küste. Auf dem Dampfer traf ich denselben italienischen Pater aus der Gesellschaft Jesu, welcher im Dome zu Fiume gepredigt hatte. Die Fahrt war köstlich. Da wir nach Süden fuhren, präsentierten sich Fiume und Susak, sowie das traulich vom Berge herabschauende Tersatto ganz anders wie bisher. Gar bald öffnete

sich uns das Felsenthor des Canale di Maltempo. Auch Castell-
muschio, das altehrwürdige und malerische Städtlein mit der
Stammburg der aus dem Blute der römischen Anicier hervor-
gegangenen Frangepani auf der Insel Veglia, wurde sichtbar.
Einst hatte König Vela IV. hier vor den Mongolen einen Zufluchtsort und tapfern Helfer gefunden*) (1241).

Der Dampfer wendete sich jedoch nach Westen, und gar bald
war der Königshafen, Portoré oder slavisch Kraljevice erreicht.
Portoré ist ein stattliches Städtchen von 5—6000 Einwohnern.
Der Hafen war zufällig bei Ankunft unseres Dampfers ziemlich
belebt; für gewöhnlich soll er den Eindruck des Verfalles und
der Oede machen. Unter Kaiser Karl VI. war er zu Oesterreichs
Kriegshafen bestimmt, und die damals aufgeführten Bauten stehen
noch, wenn auch vom Zahne der Zeit arg benagt. Das Städtlein wird flankiert durch das hochragende Kastell der Frangepani;
mit seinen schlichten Mauern und den vier runden Ecktürmen
macht es einen düsteren, kriegerischen Eindruck, wie es aus den
Klippen aufsteigt. Die Geschichte erzählt, wie in dieser Burg
Markgraf Franz von Frangepan die Verschworenen gegen Kaiser
Leopold I. versammelte, nämlich die Grafen Peter Zriny, Franz
Nadasti und Johann Erasmus von Tettenbach. Mit türkischer
Hilfe wollten sie das Haus Habsburg stürzen. Ihr Unterfangen
mißlang, und der letzte Sproß aus dem edlen Hause Frangepan
mußte mit Peter Zriny das Leben in Wiener-Neustadt unter dem
Beile des Henkers lassen**). Die Burg Portoré diente dann,
nach Einziehung der Güter, als Kaserne, später als Lazaret, bis
sie endlich die Jesuiten der venetianischen Provinz erwarben.

---

*) Vgl. Valvasor 12, 119.

**) Valvasor 12, 129 ff.

Jetzt haben diese edlen und viel verleumdeten Väter aus dem alten Kastell eine Burg der Wissenschaft gemacht. Sie bilden in derselben ihre jungen Kleriker für die Missionen in Asien aus und machen sie geschickt, Eroberungen für Christentum und Civilisation zu machen.

Im Hafen von Portoré folgte ich der freundlichen Einladung des uns begleitenden Paters und stieg mit ihm zum Kastell empor. Im Burghofe betrachteten wir zunächst das alte Wahrzeichen, die vereinigten Wappen der Frangepani und Zriny, welche auf dem Rande der Cisterne von alten Zeiten künden, durchwanderten dann die weiten Gänge, die Studien= und Arbeitssäle, nahmen Einsicht von den reichen Sammlungen, in denen die künftigen Missionare die Pflanzen= und Tierwelt ihres Wirkungskreises kennen lernen sollen. Zum Schlusse kosteten wir noch feurigen Wein von der Insel Lissa und verließen dann das gastliche Haus, das sicherlich der Welt jetzt weit mehr Nutzen bringt als ehemals, da fürst= licher Glanz und Waffengeräusch seine Hallen füllten.

Von der Terrasse des Schlosses genoß ich noch einen wunder= samen Ausblick auf den Meerbusen von Fiume, den Leuchtturm des Hafens von Portoré und die Ruinen eines zweiten Kastells, welches, Portoré gegenüber, ehedem wohl die enge Einfahrt in die Bucht von Buccari gesperrt hatte. Die alten Ruinen waren kaum von dem grauen, öden Karstgestein zu unterscheiden. Die Abhänge der Burg der Frangepani waren erst jüngst von den Jesuiten kultiviert und mit edlen Reben angelegt worden. Wenn in späteren Jahren dort köstliche Trauben reifen, werden vielleicht wieder andere kommen, um zu ernten, was sie nicht ge= pflanzt haben, und zum Dank dafür die Jesuiten verleumben.

Ein Spaziergang in die Stadt führte mich und meine Be= gleiter zu dem alten verfallenen Schlosse der Zriny. Die Stadt selbst machte mit ihren breiten Gassen einen recht freundlichen Ein=

7*

druck; wie alle kroatischen Städtlein, welche ich besuchte, unterschied sie sich vorteilhaft von den engen und unreinlichen italienischen Küstenstädten. Auch die leider allzu kleine Pfarrkirche übertraf an frommem Schmuck und Sauberkeit viele Kirchen, welche ich bisher gesehen.

Von Portoré führte uns der Dampfer in den Maltempo hinein. Die Stadt war bald verschwunden, denn das Schiff machte eine entschiedene Wendung und bog in die enge Wasserstraße zwischen dem kroatischen Festlande und dem kleinen Felsenriff San Marco vor der Insel Veglia. Das Festland war noch einigermaßen grün und zeigte einige Kultur, aber auf San Marco und später auf der Küste von Veglia gab es nur kahle Felsen. Da kann man deutlich die Gewalt der Bora wahrnehmen, welche nirgends so bösartig auftritt wie im Canale di Maltempo. Weder Baum noch Strauch läßt sie dort aufkommen, höchstens Ginster. — Die nackten Felsen von San Marco bieten wenigen Ziegen dürftiges Futter; Menschen haben sich dort nicht angebaut, aber giftige Schlangen sollen in Menge vorkommen.

Bald weitete sich die Meerenge; aber immer bewahrte sie den Charakter eines mächtigen Flusses, wenigstens so weit ich sie befuhr. Freilich, im Sturm habe ich sie nie gesehen: spiegelglatt war vielmehr die Wasserfläche, welche unser Boot durchschnitt. Am Horizont tauchte allgemach ein alter Bekannter auf: der breite, langgestreckte Rücken des Velebit, teilweise noch mit Schnee bedeckt. Nach etwa zweistündiger angenehmer Fahrt hatten wir unser Ziel, die Stadt Crkvenica, welche die Italiener in Cirquenizze umgetauft haben, erreicht.

Während der Fahrt hatte sich von den übrigen Passagieren ein Herr abgesondert und uns gegenübergesetzt. Nachdem er uns lange genug beobachtet hatte, begann er uns über das Ziel unserer Reise zu examinieren. Dann stellte er sich uns als den

Besitzer des besten Gasthofs in Crkvenica vor, des „Narobna Gostiona" — ein kroatisches Wort, das genau unserem „deutschen" National=Hotel entspricht. Wir folgten seiner Einladung und hatten es nicht zu bereuen: Küche und Keller waren gut bestellt. Ja, die Küchenfeen richteten sogar ein Diner für den Erzherzog Joseph und dessen Gefolge her, welcher folgenden Tages den kroatischen Badeort mit seinem Besuche beehren wollte. Zimmer fanden wir jedoch in diesem neugebauten Narobna Gostiona nicht, weil alle bereits von Fremden besetzt waren. Doch in unmittel= barer Nähe gewährte uns ein Privathaus eine prächtige, be= queme und billige Unterkunft, wo wir wie Prinzen schliefen.

Crkvenica (sprich: Scherkveniza) ist ein aufblühender Bade= ort, für welchen Ungarn und Kroatien große Opfer bringen. Die Küste läuft hier flach ins Meer hinein, und der Seeboden ist mit feinem Sand bedeckt, was an der felsigen istrianischen Küste selten vorkommt. Dabei rühmt sich das Städtchen seiner ge= sunden Lage; Influenza und andere ansteckende Krankheiten sollen hier ganz unbekannt sein. Auch vor der gefürchteten Bora soll es durch die Ausläufer der großen Kapella, des kroatischen Gebirges, geschützt sein. Crkvenica ist deswegen auch zum Badeort für die kranken Honveds bestimmt; denn Abbazia ist ja österreichisch, nicht ungarisch, also für ungarische Soldaten nach magyarischer Ansicht kein passender Aufenthaltsort. Uebrigens hofft man auch mit der Zeit hier einen Zufluchtsort für Kranke aus bürgerlichen Kreisen zu schaffen, während Abbazia nur Reiche willkommen heißt. Große Anstrengungen werden zu dem Zweck gemacht. Prächtige Uferbauten, mit Baumreihen bepflanzt, sind z. B. schon fertig. Einstweilen sieht der Strand jedoch noch ziemlich kahl aus, und Jahre eifrigen Schaffens und Pflanzens werden dar= über hingehen, bis er so schattenspendend wird wie Abbazia. Wir trafen zufällig am Strand den Pfarrer des Städtchens und in seiner

Begleitung einen hohen kroatischen Beamten, welcher vom Pfarrer
nur „Illustrissime" angeredet wurde. Der Beamte, welcher das
Deutsche wie seine Muttersprache handhabte, ließ es sich nicht
nehmen, alle die Herrlichkeiten, die zum großen Teil durch seine
Initiative ins Leben gerufen worden, den Fremdlingen aus
Deutschland zu zeigen. Wir verbrachten in seiner Gesellschaft
einige angenehme und lehrreiche Stunden, denn er gab über gar
viele kroatische Verhältnisse trefflichen Aufschluß.

Ein Spaziergang führte uns dann durch die engen steilen
Gassen der Stadt, die sichtlich einmal eine Blütezeit, aber dann
auch eine Zeit des Verfalles durchgemacht hatte. Vor den Thüren
saßen Weiber, eifrig spinnend und strickend; alle erhoben sich ehr-
erbietig, als geistliche Herren nahten. Gerade so machten es auch
die Fischer, welche von den Strapazen der Nachtarbeit ruhten.
Die Fenster der kleinen Häuser waren belebt von Blumen und
Vögeln. Eine Amsel in ihrem engen Käfig ließ es sich nicht
nehmen, uns Deutschen das schöne heimische Lied: „O du lieber
Augustin!" vorzupfeifen, so daß wir unwillkürlich stehen blieben
und herzlich lachten.

Nachdem wir die engen Gassen hinter uns hatten, lenkten
wir unsere Schritte zur wohlbebauten Schlucht Vinodol. Sie
wird von einem ausgetrockneten Flußbett durchzogen, das zur
Regenzeit sichtlich kaum alles Wasser fassen kann, und wird durch
kahle Karsthänge eingeengt. Der bewaldete Kegel Gottor mit
einem Kirchlein bildete den Abschluß des lieblichen Bildes. Das
Kirchlein auf dem Bergkegel, welches an die Stelle eines uralten
Gotteshauses getreten ist, hat der Stadt den Namen gegeben,
denn Crkvenica heißt auf Deutsch nichts anderes als „Kirchlein".

Unweit der Stadt trafen wir in dieser Schlucht einen
Brunnen lebendigen Wassers, eine Seltenheit in diesem stein-
reichen und wasserarmen Küstenlande. Der Brunnen mahnte

unwillkürlich an jenen Brunnen, an welchem einst Rebekka die Kamele tränkte. Unabläſſig ſtrömten die Weiber und Mädchen der Stadt jetzt zur Abendzeit hierher, füllten ihre langen Bütten, welche ſie in Tragriemen auf dem Rücken trugen, und tauſchten unter fröhlichem Gekicher unter den mächtigen Bäumen, welche den Brunnen beſchatteten, ihre kleinen Neuigkeiten aus. Vielleicht waren auch wir Fremblinge der Gegenſtand ihres fröhlichen Ge= plauders, denn wir hatten uns auf einer ſchattigen Bank nieder= gelaſſen und betrachteten lange das intereſſante Schauspiel. Die Weiber zogen beſtändig in langen Reihen, gleichſam wie in Prozeſſion, mit ihren Waſſerbütten zur Stadt.

Was uns in dem Städtlein beſonders auffiel, waren nicht wenige leerſtehende, ja verfallene Häuſer. Der kroatiſche Be= amte belehrte uns, daß die Beſitzer derſelben gleich vielen jungen Leuten des kroatiſchen Küſtenlandes im fernen Amerika weilten, weil es in der Heimat für ſie an Arbeit fehle. So groß ſei jedoch ihre Anhänglichkeit ans Vaterhaus, daß ſie die heimiſche Scholle um keinen Preis verkauften, vielfach ſogar, wenn das Glück ihnen hold geweſen, wieder zurückkehrten, um an der Stätte ihrer Geburt auch ihre Tage zu beſchließen. Möchten doch dieſe guten Kroaten als größten Schatz auch den Glauben und die fromme Sitte der Väter aus der Ferne heimbringen!

Am nächſten Morgen beſuchten wir frühzeitig die Kirche, welche während des Tages verſchloſſen war — vielleicht damit ja kein Menſchenkind ſich in der Gegenwart des Heilands Troſt und Stärkung hole. Die Kirche iſt zuſammengebaut mit dem alten, veröbeten und verfallenen Pauliſtenkloſter. Wertvolles und Erbauliches war übrigens in dem verwahrloſten Gotteshauſe nicht viel zu finden; wie ſo oftmals war es auch für die Ge= meinde viel zu klein. Das alte Kloſter, welches teilweiſe in Ruinen lag, war unter Kaiſer Joſeph der Säkulariſation ver=

fallen. Der Staat hatte keine Verwendung für die weitläufigen Bauten und überließ sie der Kommune. Aber dieser, die bis dahin hauptsächlich vom Kloster gelebt hatte, fehlten die Mittel zum Unterhalt. Jetzt hat die Stadt das Kloster, welches eine Strecke vom Ort entfernt und gar reizend am Meere liegt, dem Erzherzog Joseph zur Erbauung eines Schlosses überlassen.

Wir wandten unsere Schritte von der Kirche zum Hafen, wo wir die Ankunft des Dampfers abwarteten. Zahlreiche Bauern mit Lämmern, Fischen, Gemüsen u. s. w. fanden sich nach und nach ein, die gleich uns das Boot benützen wollten. Man sah recht deutlich, daß die Bewohner von Crkvenica auf den Markt von Fiume angewiesen waren. Wir zweifelten sogar, ob alle die Leute mit dem vielen Gepäck Platz finden würden, und wurden erst beruhigt, als wir hörten, daß sogar zwei Boote kommen würden.

Auf der gegenüberliegenden nahen Insel Veglia sahen wir in der Entfernung von etwa anderthalb Stunden die Stadt Verbenico schattenhaft und grau auf der Höhe des felsigen Ufers. Auch Novi, eine Stadt auf der kroatischen Seite, sahen wir deutlich. Von Novi weitet sich die Meeresenge und wird zum Canale di Morlacca. Am meisten fesselte uns der schnee= gekrönte Velebit. Gerne hätten wir noch einen Ausflug zum nahen Bischofssitz Zengg (italienisch: Segna) gemacht. Aber man hatte uns versichert, daß der Besuch des alten, verfallenen Städt= leins uns nicht befriedigen würde.

An dieser ganzen Küste und besonders in Zengg wohnten ehedem die Uskoken, ein kriegerischer Slavenstamm, der sich 1537 vor den Türken hierher gewendet hatte. Die Uskoken waren fast ein Jahrhundert lang die kühnsten Seeräuber und der Schrecken der Venetianer. Auf allen Inseln hatten sie ihre Schlupfwinkel. Bei einem Madonnenfest in Venedig raubten sie vom Lido

300 venetianische Mädchen und führten sie in ihre Gebirgsdörfer;
sie ließen dieselben auch nicht eher los, als bis Venedig ein
großes Lösegeld zahlte. Alle Städte der istrianischen Küste und
Inseln wurden von ihnen gebrandschatzt, so Rovigno, Albona,
Fianona, Offero. Oesterreich, unter deren Herrschaft die Uskoken
standen, sah ihrem Treiben kühl zu, weil es beständig mit Venedig
im Haber lag. Erst als 1617 mit der Republik Frieden geschlossen
worden, wurde auch den kühnen Piraten das Handwerk gelegt:
sie wurden in das Innere des Landes verwiesen.

Wir hatten ruhig das erste Boot, welches den größten Teil
der Reisenden aufnahm, abgehen lassen und bestiegen erst das
zweite, das mehr Raum bot. Bald winkten wir dem netten,
freundlichen Crkvenica unsere Abschiedsgrüße zu und fuhren wieder die alte Straße nach Portoré.

Im „Königshafen" mieteten wir durch die Vermittlung eines
freundlichen Zollbeamten eine Barke. Der „Finanzer" (so nennt
man diese Art Leute in Oesterreich) war gerade am Fischen,
wahrscheinlich weil er in dem stillen Portoré nichts anderes zu
thun hatte. Wir fuhren durch den engen Meeresarm in die
Bucht von Buccari hinein, welche gar gern mit einem nordischen
Fjord verglichen wird. Die Nachenfahrt bei stillem Wetter
war wunderbar schön, das Meer violettfarbig und durchsichtig
bis auf den Boden. Die Küste bestand aus nacktem Karstgestein; nur in den einzelnen Schluchten sah man junge Wald-
pflanzungen. Die Regierung giebt sich sichtlich unendliche Mühe,
das öde Karstland in Wald anzulegen; aber gar langsam geht
es mit diesem guten Werke voran, von dem die Zukunft des
Landes abhängt.

Als der Nachen sich durch den engen Meeresarm, der gleichsam ein Thor bildet, hindurchgewunden hatte, war der Quarnero
auch den Blicken vollständig entschwunden; aber welch herrliches

Bild entrollte sich dafür dem staunenden Auge! Langgestreckt lag vor uns die Bucht von Buccari wie ein Alpensee. Ringsum erhoben sich hohe Berge, in Terrassen angelegt und mit Reben bedeckt, gleichsam ein ungeheures, mit Wasser gefülltes Amphitheater, an dessen einem Ende das Städtlein Buccari prangte, während am entgegengesetzten Ende das kleine Buccariza weiß schimmerte.

Bei der Einfahrt in diesen liebreizenden Meerbusen hatte ich aufs neue Gelegenheit, die Thunfischerei näher zu beobachten. Auf einer mächtigen Leiter, die von der Klippe ins Meer überhängt, saß der Wächter auf hohem Posten und beobachtete die Schwärme der Thunfische in der klaren, durchsichtigen See. Unten aber auf dem Meeresspiegel lagen wohl zwanzig Fischernachen fast unbeweglich, auf das Signal des Wächters wartend, um dann die Netze schnell zu schließen.

Immer schöner entfaltete sich Buccari, das sich vom Ufer malerisch den Berg hinaufzieht. Mächtige Befestigungen, jetzt in Trümmer zerfallen, umgeben die Stadt. Eine kleine Burg der Frangepani überragt es, ist jedoch im dichten Laubschmuck kaum sichtbar. Ein Festungsturm daneben soll vor 400 Jahren von dem damaligen Banus von Kroatien, Peter Zriny, zum Schutze der Stadt vor den Türken erbaut worden sein. Gar stattlich erhebt sich inmitten der Gassen die alte, ehrwürdige Stiftskirche, welche aus dem 11. Jahrhundert stammen soll, mit dem freistehenden Campanile.

Buccari, das alte römische Volcera, ist jetzt kroatische Freistadt. Die Einwohner meinen, daß ihre Stadt von palästinensischen Flüchtlingen im Jahre 74 nach Christus gegründet sei; sie meinen auch, daß diese ihre Stadt Nazareth ganz ähnlich sehe. Einst war es ein reicher Hafenort voll Handel und Schiffahrt. Der köstliche Costrenawein und seine Abart, der weiße Schaumwein

„Bodice", wuchsen im Ueberfluß. Auf der Werfte wurden alljähr=
lich 9—12 große Schiffe gebaut. Der Hafen übertraf an Sicher=
heit alle anderen der Abria. So war es bis zur Mitte dieses
Jahrhunderts. Dann aber wurde es von dem nahen Fiume über=
flügelt. Die Eisenbahn, welche Fiume mit Kroatien verband,
wurde hoch oben an Buccari vorübergeführt. Dazu kam noch die
Perenospera, welche die Weinberge der Stadt verwüstete. So
sank Buccari von seiner Höhe und seinem Wohlstand herab, und
heute steht der schönste Hafen des österreich=ungarischen Küsten=
landes fast leer. Nur noch zwei kleine Dampfer lagen in dem=
selben, die Lustjacht des Fürsten Liechtenstein, die hier ihren
Standort hat, und noch ein kleiner Privatdampfer, welcher den
Verkehr mit Fiume vermittelt.

Interessant ist ein Spaziergang an der Riva bis zu der
Badeanstalt. An dieser Riva erhebt sich auch das „Narodna Dom",
das „Volkshaus", eine Art kroatisches Kasino, das erst jüngst zur
Hebung des gesellschaftlichen und politischen Lebens der Kroaten
in Buccari gebaut wurde. Unmittelbar am Ufer quillt auch das
schönste Trinkwasser aus dem Felsen hervor. Malerischer wie
die neuen und doch so einsamen Anlagen am Meere sind die
engen, steilen Gassen, die fast alle bergauf führen. Nahe an der
Stiftskirche ist ein seltsam gebautes Haus, die „Casa turca", das
„türkische Haus", über dessen Ursprung ich nichts erfahren konnte.

In der Nähe der Riva kehrten wir in eine Osteria ein.
Gemütlich saßen wir in einer Weinlaube und aßen in Oel ge=
backene Makrelen, an der Abria Scombri genannt, und tranken
dazu einheimischen Bodice. Das genügte vollständig, aber viel mehr
wäre auch wohl in Buccari nicht zu bekommen gewesen. Uns
schmeckte es jedenfalls nach so langer Meeresfahrt köstlich in der
dichten Weinlaube, wo ein Papagei uns kroatisch begrüßte und
die Katzen und Hunde sich um die Fischköpfe zankten. Während

wir noch dasaßen, kam ein Vetturino, der uns übers Gebirg nach
Fiume fahren sollte. Ein ergötzlicher Handel begann, und erst
nach langem Feilschen wurden wir handelseins; der gute Vetturino
wollte uns sichtlich übers Ohr hauen. Später bereute ich, nicht
die Nacht in Buccari verbracht zu haben; denn gerade der Abend
soll unter den heiteren und lebenslustigen Kroaten höchst interessant sein. Da macht das ganze Städtlein seinen Spaziergang
an der Riva; da kann man sich am Gesang der Jugend, vielleicht
an den melancholischen Tönen des Dudelsacks erfreuen, vielleicht
sogar an einem regelrechten „Kolo" der tanzlustigen Bewohner.

Statt des gewöhnlichen Weges über Draga schlugen wir
den weit malerischen in die Costrenalandschaft ein. Jäh stieg die
Straße in die Höhe; aber je höher wir kamen, um so wunderbarer wurde die Aussicht auf den Meerbusen von Buccari, die
Stadt selbst und die umliegenden Höhen. Nachdem die Höhe er-
klommen war, fuhren wir zwischen steilen Felsen, die anfangs nur
mit Ginster bekleidet waren, sich aber allgemach mit Eichen, Feigen,
Oelbäumen und Wein schmückten, nach Santa Barbara in Costrena,
wo die Gegend noch völligen Karstcharakter trug. Die Bora soll
auf der ganzen Strecke sehr schlimm wüten, so schlimm, daß der
Pfarrer von Santa Barbara, wie er selbst erzählte, den Weg vom
Pfarrhause zur höher gelegenen Kirche oft nur zurücklegen kann,
indem er sich mit den Händen an Mauern und Treppen festhält.
Reicher und üppiger wurde die Costrenalandschaft, je näher wir
Santa Lucia kamen. Die ganze Fahrt war besonders deswegen
schön, weil wir von der Höhe herab beständig auf das Meer mit
seinen Inseln, auf den Maltempo und den Quarnero schauen
konnten.

Bald hinter Santa Lucia senkte sich jedoch der Weg zur
Bucht von Martinschizza hinab. Tief schneidet dieser azurblaue
Meerbusen ins Land, von mächtigen Felsen und Bergen umgeben

und geschützt. Aber trotz aller Schönheit mögen die Seeleute nicht gern von diesem natürlichen Hafen hören, denn in demselben müssen sie, abgeschlossen von der übrigen Welt, Quarantäne halten, wenn sie aus verseuchten Ländern kommen oder Cholera und gelbes Fieber an Bord haben. Darum sieht man auch, wenn man von der Höhe herabkommt, am Strande eine einsame Rotunde mit Friedhof und einer ganzen Anzahl von Gebäuden und Loggien. Die Anstalt soll eine der vorzüglichsten ihrer Art sein; doch das Hineinkommen war für uns unmöglich, denn sie war durch mächtige Mauern von der Außenwelt abgeschlossen.

Als wir endlich Susak und Fiume erreichten, hatten wir noch zwei Stunden Zeit, bis der letzte Dampfer nach Abbazia und Ika abging.

---

12. Durch den Canale di Farasina nach der Insel Lussin.

Auf der welteinsamen Insel Lussin sitze ich hoch oben auf den Trümmern eines Forts, das vom ersten Napoleon zur Befestigung erbaut sein soll. Nur noch die Ueberreste eines einzigen Turmes stehen aufrecht, und auch diese nebst der steinernen Wendeltreppe im Innern werden bald verschwunden sein, denn die ehemalige Zwingburg dient den Lussignanern sichtlich als billiger Steinbruch. Aber von diesem Trümmerhaufen herab genießt man eine Aussicht, welche sich mit nichts anderem vergleichen läßt, als mit dem Vierwaldstädter See — nur weit gewaltiger ist sie. Vor mir, teilweise auch rückwärts breitet sich das Meer in drei ver-

schiedene Buchten und zu beiden Seiten der schmalen Landenge
von Privlafa aus. Rückwärts erhebt sich der Monte Offero wie
ein ehemaliger Krater. Zu meinen Füßen liegt der Porto
San Martino mit der gleichnamigen Kirche und dem Friedhofe;
hinter mir die Stadt Lussinpiccolo.

Lange saß ich hier inmitten der Steintrümmer mit meinem
Begleiter, einem jungen Geistlichen aus Steiermark, dessen Gebeine
nun schon längst in Aegypten ruhen; wir konnten uns nicht satt
sehen an dem gewaltigen Panorama. Die Jungen, welche uns
auf dem letzten Teile des Weges als freiwillige Ciceroni gedient
und im Triumphzuge zum Castello hinaufbegleitet hatten, spielten
anfangs mit südlicher Unbefangenheit um uns herum: sie hatten
uns sicherlich einen zweiten Triumphzug in die Stadt zugedacht.
Aber allmählich verdufteten sie — unser Verweilen an so öder
Stätte schien ihnen wohl langweilig und unbegreiflich.

Oede war freilich der Trümmerhaufen und seine nächste Umgebung, wenn man von der Aussicht absah, das reinste Karstland.
Ich hatte mir die vielgepriesene Insel Lussin oder Lošinj (Loschini,
wie die Kroaten sagen), die jetzt so häufig von Brustkranken auf-
gesucht wird, ganz anders vorgestellt. Mit großer Mühe haben die
Insulaner kleine Gärtchen angelegt; aber diese kleinen Pflanzungen
verschwinden fast hinter Mauern von 5—6 Fuß Dicke. Gerade
wie im Karstgebiete haben sie die Steine ablesen, herausbrechen
und damit die kleinen, so gewonnenen Flecklein Kulturland um-
wallen müssen. Dadurch schützen sie die fruchtbare Erde, damit
nicht Wind und Regen sie ihnen wieder nehmen. Das schien der
Charakter der ganzen Insel zu sein, wenigstens so weit wir sie
überschauen konnten. Freilich, im Mittelalter war die Insel, wie
wahrscheinlich alle Inseln des Quarnero, mit Wald und Weide
bedeckt, und die Insulaner lebten von Viehzucht und Holzhandel.
Aber die Venetianer haben den Wald ausgerottet, und übrigge-

blieben ist dies öde Karstland, welches jetzt wieder so mühsam an=
gepflanzt wird.

Das Städtchen Lussingrande, das wir von unserm Stand=
ort ebenfalls wahrnehmen konnten, hat genau dieselbe graue, öde
Umgebung wie Lussinpiccolo. Doch soll Lussingrande noch einige
Reste aus besserer Zeit, venetianische Häuser und Loggien, bewahrt
haben. Auch seine Kirche wird gerühmt.

Noch einen langen Blick warfen wir auf die Meeresherr=
lichkeit um uns herum, auf den schönen Hafen, auf den Monte
Maggiore, den wir verlassen, und auf das ferne Velebitgebirge,
dem wir zustrebten, und dann stiegen wir wieder zur Stadt zurück.
Der Aufstieg durch enge Gassen und auf holperigen Treppen war
mühselig genug gewesen; aber wir hatten uns nicht abschrecken
lassen, denn man hatte uns im Hotel das Kastell als schönsten
Aussichtspunkt genannt. Selbst das hatte uns nicht zurückhalten
können, daß nicht einmal die Bewohner der steilen Gäßchen, durch
welche wir kamen, von der Existenz des Kastells Kenntnis haben
wollten. Unsere Ausdauer war reichlich belohnt worden.

Leichter ging's zur Stadt zurück, zur Hauptkirche, die natür=
lich hier wieder Duomo heißt. Diese Domkirche ist weder alt,
noch bemerkenswert. Wir besuchten sie nur, um den Heiland
zu begrüßen. Aber weiter fanden wir nichts wirklich Schönes, auch
nicht in den übrigen Kirchlein der Stadt. Nur etwas fiel uns
in allen Kirchen auf, nämlich ein gewaltiger, bunter Seiden=
schirm, der zusammengeklappt gleich einer Fahne an der Kom=
munionbank steckte. Derselbe soll als Baldachin dienen, wenn das
Allerheiligste zum Sterbenden getragen wird.

Von der Terrasse des Domes schauten wir nochmals auf
das Häusergewirr und besonders auf den schönen Hafen herab.
Lussin soll überaus rührige Reeder besitzen und, obwohl die Holz=
schiffe nicht mehr recht konkurrenzfähig sind, bemerkte ich doch die

Schiffswerfte in voller Thätigkeit. Man sagt sogar: die Lus=
signaner seien zu viel auf der See und vernachlässigen deswegen
den Landbau. Daß das in der letzten Zeit wenigstens besser
geworden, davon überzeugte mich sofort der Augenschein. Denn
als ich vom Dome Steintreppe für Steintreppe hinabstieg zur
Riva, erfreute ich mich an stattlichen Dattelpalmen, so schön,
wie Abbazia sie nicht aufweisen kann. Auch blühende Johannis=
brotbäume sah ich zum erstenmal. In der Riva hatte man mit
Anpflanzung einer Baumallee begonnen. Im schönsten Grün
aber prangten zwei kleine Squares an der Riva, deren eine eine
wunderbar schöne Andentanne (Araucaria) aufwies. Da konnte
man deutlich sehen, welch kleines Paradies aus der Insel bei
richtiger Bewirtschaftung zu machen wäre.

Die Lussignaner haben, soweit ich mit ihnen in Berührung
kam, einen recht angenehmen Eindruck gemacht. Höflichkeit und
Zuvorkommenheit gegen Fremde kann man ihnen nicht absprechen.
Auch die Buben sind äußerst dienstfertig, verlangen aber dafür
auch ihren „Kreuzer". Besondere Aufmerksamkeit erregten etliche
Dienstmägde in kleidsamer Volkstracht. Ein kurzer, dunkler Wollen=
rock, ein helles, verziertes Mieder, ein Kopftuch, nach Art eines
Turban drapiert — das alles gab ihrer Erscheinung etwas Fremd=
artiges. Ich erfuhr später, daß die Mädchen von der nahen Insel
Ulbo stammten.

„Aber wie kommen Sie nach der Insel Lussin?" mag mancher
kopfschüttelnd fragen. Nichts einfacher als das. Der Arzt hatte
mir Seeluft, besonders Seefahrten empfohlen, und darum hatte
ich mich in Lovrana in ein Ruderboot gesetzt und war zu
dem stattlichen Dampfer gefahren, welcher uns zu Gefallen auf
offener See hielt. Auf steiler Treppe kletterten wir, d. h. ich

Litorale. – Kastello e porto di

und mein Reisegefährte, auf das Verdeck, und dann ging's
mit voller Kraft und bei herrlichstem Wetter weiter in die See
hinein.

In derselben Zeit hielt die Pfarrgemeinde von Lovrana
ihren Bittgang durch die engen Gassen des Städtleins und
am Meeresufer entlang. Es war eine ansehnliche Prozession, die
ich noch beobachtete, ansehnlich besonders durch die Menge der
betenden Männer. Alle beteten in kroatischer Sprache. Eins
fehlte dabei, was unsere Prozessionen so farbenreich und schön
macht, nämlich die Fahnen und Standarten.

Wir fuhren durch den Canale di Farasina. Auf der einen
Seite überschauen wir die istrianische Küste, die oft so schroff abfällt, daß sie unwillkürlich an das Rheinufer in der Nähe des
Loreleifelsens erinnert. Doch die Felsen sind viel großartiger,
viel zerrissener, oft sogar voll Höhlenbildungen, in die der Gischt
der Brandung hineinschlägt. Auf der anderen Seite erheben sich
die jähen, unwirtlichen Ufer der Insel Cherso. Dazwischen das
Meer so ruhig und friedvoll, wie ich es selten gesehen. Alles
mahnte mich an die Scenerie des Rheines bei Bacharach und
Oberwesel; nur gewaltiger ist hier die Wasserfläche, gewaltiger sind
die Felsbildungen der Küste. Welch mächtigen Eindruck macht
gleich hinter Lovrana die Medvea (d. h. Bärenschlucht), eine enge,
finstere Felsspalte, welche das Wasser Jahrhunderte hindurch in
dem Gestein gerissen, und über die in wahrhaft majestätischer Weise
die Kuppen des Monte Maggiore hinwegragen! Am Rhein fehlt
dieser mächtige Berg, der hier das Meer so schön macht. Hier
dagegen fehlen die reichen Städte, die schönen Burgen und Ruinen
des Rheines. Die kleinen Städte Moschienizza und Bersez,
wahre Felsennester, hoch oben gelegen, weil unten in den Klippen
kaum Raum für größere Ortschaften war, vielleicht auch zum
Schutze gegen Feinde so gebaut, können doch nicht mit den blühen-

den Städten des Rheines verglichen werden. Ebensowenig das
kleine Draga Santa Marina, das aus einigen weißen Häusern
besteht und den kleinen Meerbusen umlagert, den Ausgangspunkt
der romantischen Dragaschlucht, welche wie die Medvea zum
Monte Maggiore hinaufzieht.

An feindlichen Ueberfällen hat es an dieser Küste nie gefehlt. Zuletzt wurde Moschienizza mehrmals von den Venetianern
heimgesucht, so am Christtage 1615; aber stets wehrte sich die
Stadt, damals zur Hauptmannschaft Castua gehörig, ritterlich*).

Bald hinter Berfez verließ das Schiff die klippenreiche und
vielfach unterspülte istrianische Küste, um nach der Insel Cherso
zu steuern. Nach anderthalbstündiger Fahrt an der öden Inselküste fuhren wir in den geräumigen Hafen der Stadt Cherso.
Es ist eine alte befestigte Stadt, überragt durch ein zerfallenes
venetianisches Kastell. Rings um die Stadt breiten sich Wein-
und Oelgärten aus. Die Gebäude im Hafen schauen ganz modern
und langweilig drein und werden von dem mit flachem Dache
bedeckten Turm des Domes überragt. Während unserer Einfahrt in den Hafen kam uns eine Barke entgegen. Unwillkürlich
stimmten wir ein Gelächter an, denn der Ruderer hatte es sich
bequem gemacht unter einem aufgespannten mächtigen Schirm.
Aber praktisch war das Ding.

Nach der Landung durchstreiften wir die engen und schmutzigen
Gassen. Fast in jeder fanden wir herrliche, aber verfallene Häuser,
teilweise mit Loggien und reizenden Erkern, aus denen jedoch die
Armut hervorlugt — prächtige, ursprünglich gotische Kirchen,
welche aber im Laufe der Jahre ihren gotischen Charakter eingebüßt hatten. Ueberall thront noch der St. Markus-Löwe und

---

*) Vgl. Valvasor 15, 570.

kündet, daß die Stadt Jahrhunderte unter der stolzen Meeres-
beherrscherin geblüht hatte. Unser Weg führte zum einsam gelegenen Franziskanerkloster und zum Cimitero (Friedhof). Plötzlich jedoch mahnte uns die Dampfpfeife des Schiffes zur Eile. Wir
hatten noch das Mißgeschick zu verirren, und schweißtriefend langten
wir an Bord an, gerade da das Schiff abzustoßen im Begriffe war.

Cherso ist die längste der istrianischen Inseln, fast 70 Kilometer lang, aber auch die ödeste. Sie hat auf 6 Quadratmeilen nur etwa 10 000 Einwohner, von denen fast die Hälfte
in der Stadt Cherso wohnt. Wie alle istrianischen Inseln
trägt sie völlig den Charakter des Karstgebirges. Der größere
Teil des Innern ist durch Entwaldung veröder, so öde, daß die
Einwohner selbst es das steinige Arabien (Arabia petraea) nennen.
Nur Schafen gewährt es dürftige Weide; gerade die Schafe ver-
eiteln bis jetzt die Versuche der Regierung zur Aufforstung dieser
Oedländereien. Eine der größten Merkwürdigkeiten der Insel ist
der Pranasee, der schon an einer anderen Stelle erwähnt wurde.
Von Cherso aus ist der See nur durch einen beschwerlichen Ritt
zu erreichen. Dieser ansehnliche See von 5 Kilometer Länge
und 1,5 Kilometer Breite hat keinen sichtbaren Zufluß als den
der Torrenti in der Regenzeit, aber auch keinen sichtbaren Abfluß. Er liegt 16 Meter höher als der Quarnero und ist so
tief wie dieser, nämlich 70 Meter. Man vermutet, daß er sein
süßes Wasser aus dem Karstgebirge empfängt, und zwar vermittelst Höhlen, welche unter dem Meer sich hinziehen, bis es in
Cherso emporquillt. Daß auch die Insel Höhlenbildungen besitzt,
beweist der „Dirupo di Smergo (Meragska jama)". Am Canale
di Mezzo nämlich, nahe dem Dorfe Smergo, befindet sich eine
domähnliche Karsthöhle, deren eine Wand, die dem Meere zu-
gekehrte, eingestürzt ist. Wie ein riesiges Amphitheater liegt
jetzt die ehemalige Höhle den Blicken offen.

Nicht lange nach der Abfahrt von Cherso kam ein strauch- und baumloses Felsenriff in Sicht, auf welchem ein Leuchthaus steht. Dann erschien der Monte Ossero und damit die Insel Lussin, welche mit Cherso durch eine Drehbrücke verbunden ist. Lussin und Cherso hingen nämlich ehemals vermittelst einer Land- zunge zusammen. Ob ein Naturereignis oder Kunst die Landzunge durchschnitten hat, ist ungewiß; aber jetzt fließt ein schmaler, schiff- barer Kanal zwischen beiden Inseln, die sogenannte Cavanella von Ossero. Die Drehbrücke führt von Lussin nach letzterem Orte. Ossero war ehemals die bedeutendste Stadt der Insel Cherso, der Sitz eines Bischofs. Noch sind die Ruinen einer schönen sechs- schiffigen Basilika mit drei Absiden vorhanden; noch steht der stattliche Dom, ein Frührenaissance-Bau; noch zeugen viele Bauten und die verhältnismäßig breiten Gassen von ehemaliger Wohl- habenheit. Aber das Bistum ist längst eingegangen, die Ein- wohner haben ihre Stadt großenteils verlassen, in der die Malaria ihren Sitz aufgeschlagen hat. Ein versumpfter Meerbusen, eine sogenannte Maremme, ist es, welcher Fieberdünste aushaucht und das ehemals blühende Ossero zur Totenstadt gemacht hat. — Vielleicht, wenn man opferwillige Trappisten herberufen würde, möchten Ossero und die ganze Insel Cherso ein anderes Angesicht gewinnen!

Unser Dampfer steuerte nun aus der hohen See in eine kleine Inselwelt: auf der einen Seite Lussin, auf der anderen Unie und die beiden Canidole, etwas ferner Sansego — alles niedrige, aber reich bebaute Eilande. Sansego war lange Zeit unbewohnt und unbebaut. Erst seit etwa hundert Jahren haben sich Menschen auf der verrufenen Insel niedergelassen, und jetzt besteht daselbst eine blühende Gemeinde von kräftigen Leuten. Die Männer nähren sich durch Fischfang, während die Weiber ihre sandige Insel terrassenförmig wie einen Garten bestellen.

Es war nahezu zwei Uhr nachmittags geworden, als wir durch eine schmale Meeresstraße in den natürlichen Hafen einfuhren, an welchem die Hauptstadt der Insel Lussin, nämlich Lussinpiccolo, liegt. Ein herrliches Becken, das bereits in der alten Geschichte eine Rolle spielte; denn in demselben überwinterte schon der römische Kaiser Augustus mit der Flotte. Borastürme hatten während des Krieges mit den Liburnern ihn gezwungen, sich hierher in Sicherheit zu bringen. Seitdem heißt das Becken sogar im Volksmunde Val d'Augusto.

Auch dieses Meeresbecken hat Aehnlichkeit mit einem Landsee, der rings von nicht allzu steilen Bergen umgeben ist. Die Einfahrt wird durch die drohenden Schießscharten eines Forts beherrscht, das seit dem letzten Kriege Oesterreichs mit Italien gebaut worden. Nochmals drehte sich das Schiff, und strahlend im Sonnenglanze lag Lussinpiccolo vor uns. Malerisch zieht es sich den Berg hinauf. Von alten Befestigungen, von den sogenannten Uskokentürmen, welche die Lussignaner ehedem aus Furcht vor den Piraten erbauten, konnte das Auge nichts entdecken. Ihre Trümmer mögen wohl andere exponierte Plätze der Insel verschönern. Gar bald liefen wir auch in den gemütlichen Hafen einer deutschen Wirtschaft ein, deren freundlicher Inhaber den nicht seltenen Namen Hofmann führte.

13. Zara in Dalmatien.

Am Vorabende vor Christi Himmelfahrt sagten wir Lussinpiccolo lebewohl, trotzdem es als klimatischer Kurort gerühmt

wird und eine stattliche Fremdenkolonie beherbergt. Wir be=
suchten vor der Abfahrt noch ein Kirchlein am Strande, in
welchem gerade Maiandacht gehalten wurde, um uns der Meeres=
königin zu empfehlen. Gar seltsam mutete uns der Rosenkranz
an, der in dem Kirchlein in kroatischer Sprache gesungen
wurde. Der Gesang hatte uns in die Kirche gelockt: wähnten
wir doch in der Ferne, den Choralgesang von Nonnen zu hören.
Ich hatte bis dahin gemeint, daß auf Lussin Italienisch herrschend
sei; hier überzeugte ich mich, daß das keineswegs der Fall: die
Sprache des Gebetes ist sicherlich die Muttersprache.

Ave maris stella! Unter dem Schutze der Gottesmutter,
welche die Kirche auch als Stern des Meeres verehrt, schifften
wir uns auf einem Triestiner Dampfer nach Dalmatien ein —
ein Schiff der ungarisch=kroatischen Linie hatte uns nach Lussin
gebracht. Links lag die endlose See; rechts schaute man nur
die kleine Insel Asinello, auf Deutsch: „Eselein". Allgemach sank
die Sonne ins Meer, und die Sterne begannen den Himmel
mit aller Pracht zu schmücken.

„Sei mir gegrüßt, du ewiges Meer!
Wie Sprache der Heimat rauscht mir dein Wasser,
Wie Träume der Kindheit seh' ich es flimmern
Auf deinem wogenden Wellengebiet."   (Heine.)

Das mächtige Schiff ließ eine breite Wasserfurche hinter sich,
welche in der Dunkelheit blitzte und funkelte. Es war eine Nacht,
so ruhig, so feierlich, wie man sie selten auf dem Meere trifft,
zu schön, als daß man in die dumpfe Kajüte hinabsteigen und
schlafen sollte. Eine ganz ähnliche Nacht hatte ich vor vielen,
vielen Jahren in der irischen See erlebt. Wie damals, so tauch=
ten auch jetzt von Zeit zu Zeit in der Ferne die Feuer der

Leuchttürme auf, so erschien und verschwand schattenhaft die
Inselküste, vom Sternenlicht beleuchtet. Wie damals, so tönte
auch jetzt in meinem Innern das Lob des Allerhöchsten, welcher die
Länder und Meere erschaffen und das Schönste, die Menschenseele,
die Land und Meer beherrscht.

Gegen Mitternacht nahm ich Lichter wahr, deren Zahl sich
beständig mehrte. Immer deutlicher und klarer traten sie aus dem
Dunkel der Nacht hervor. Es war Zara, die Landeshauptstadt
des Königreichs Dalmatien. Kurz vor 12 Uhr landeten wir
an der Riva, dem Hafenquai. Ein zerlumpter Junge, welcher
noch des Dampfers Ankunft abgewartet, um ein paar Soldi zu
verdienen, spielte unsern Führer durch die engen Gassen, und
bald waren wir im Grand Hotel geborgen und schliefen trotz
großer Hitze den Schlaf der Gerechten.

Gar zu früh für meine müden Glieder ertönte am andern
Morgen der Klang mächtiger Glocken. Die Kathedrale, im
13. Jahrhundert dort erbaut und der hl. Anastasia geweiht, lag
unmittelbar neben dem Hotel, und es läutete zum Feste der
Himmelfahrt des Herrn. Es läutete so lange, bis wir uns des
Morpheus Armen entwanden und zum Gotteshause eilten. Staunend blieben wir vor demselben stehen — schauten wir doch eine
prächtige Basilika mit herrlicher romanisch-italienischer Fassade,
welche glücklicherweise nicht der Verschönerungswut der Renaissance-
zeit zum Opfer gefallen war. Dem Mittelschiffe entsprechend
steigt ein machtvoller Giebel empor, mit vier Reihen von Blend-
arkaden geschmückt. Ueberaus wirkungsvoll werden dieselben im
zweiten und dritten Felde durch eine romanische, im vierten durch
eine gotische Rosette unterbrochen. Unter den Rosetten trägt das
romanische Portal die Gottesmutter mit dem Kinde. An den
hohen Hauptgiebel lehnen sich die niedrigen Seitengiebel mit Pult-
dächern an, durch zwei Arkadenreihen belebt. Die beiden Ecken

bilden Ungeheuer als Wasserspeier. Die romanischen Seitenportale
tragen als Zierde das Lamm Gottes. Die Außenwände der
Seitenschiffe mit ihren kleinen, schmalen Fenstern, welche ganz dem
Klima entsprechen, gewinnen gleichfalls durch Arkaden ein reiches
Aussehen.

Auch das Innere des Domes birgt manche Herrlichkeiten.
Hervorragend sind der Hochaltar mit dem fein stilisierten Baldachin
aus dem 14. Jahrhundert, die reich geschnitzten Chorstühle aus
dem 15. Jahrhundert, venetianische Arbeit, die uralte, drei=
schiffige Krypta. Vielfach ist diese Herrlichkeit jedoch entstellt durch
Ungeschmack und Verwahrlosung. Die prächtigen Säulen des
Mittelschiffes waren, jedenfalls zur Erhöhung der Festfeier, mit
rotem, aber verschossenem Tuche verhüllt, die reichen Kapitäler
staken in unförmlichen, vierekigen Tuchkästen. Selbst die fein
ciselierten Säulen des Ciboriumsaltares mußten sich diesen an=
geblichen Schmuck von verblaßtem, rotem Tuche gefallen lassen.
Die altehrwürdige Krypta diente als Rumpelkammer, in der
trauernd der uralte, nackte Altar steht. Verwahrlost sehen auch
Meßgewänder und Kirchenwäsche aus; jeder Landpfarrer in Deutsch=
land würde sich solchen Plunders schämen. Was könnte aus
dieser edlen Basilika werden, welche jetzt noch durch Staub und
Tünche entstellt ist, wenn sie wieder wie ehedem im Farbenreichtum
erglänzen würde! Unter der grauen Tünche, welche das ganze
Gebäude bedeckt, harren wahrscheinlich noch alte Fresken der
Auferstehung und Wiederbelebung durch kundige Künstlerhände.
Hoffentlich ist die Zeit nicht mehr fern; denn schon jetzt haben
kunstverständige und geschickte Hände die Restauration des Aeußern
unternommen. Auch der Campanile wird in rein romanischem
Stile — was hier, wo italienischer Einfluß so mächtig ist, wunder
nehmen möchte, — augenblicklich neu gebaut. — An die Südseite
des Domes lehnt sich das Baptisterium im Achteck mit einem

alten, überaus großen Taufstein. An derselben Seite erhebt sich die sehenswerte gotische Sakristei.

Mehr noch wie das Gebäude fesselten mich die Beter in der Kirche. Der Dom wurde nie leer, obwohl nur stille Messen gehalten wurden. Aber einen großen Teil der Andächtigen bildeten morlakische Landleute aus der Nachbarschaft, welche wohl teilweise auch zu Marktzwecken in die Stadt gekommen waren. An ihrer malerischen Tracht, die ich hier zum erstenmal sah, waren Männer wie Frauen nicht zu verkennen. Sie knieten teilweise auf dem Fußboden, teilweise in den Bänken; viele hatten Bücher, viele beteten so, und wie es schien, recht andächtig. Was mir wiederum nicht gefiel, waren die Meßdiener. Nicht Knaben dienten die Messe wie bei uns, sondern Erwachsene wie in Italien. Auch hier benahmen sich diese Diener des Heiligtums, wie in Italien, äußerst schlotterig; nicht am Altare knieten sie, sondern lehnten auf einem Betstuhl oder in einer benachbarten Bank. Ihr Betragen machte einen betrübenden, handwerksmäßigen Eindruck. Dem Hochamte im Dome habe ich leider nicht beigewohnt, denn am gleichen Tage hielt der österreichische Armeebischof Pontifikalamt für die Soldaten.

Wohl die interessanteste und älteste aller Kirchen Zaras ist San Donato. Sie liegt dicht neben dem Dom und besteht aus einer Rotunde mit einem Umgang und drei Absiden. Pfeiler und antike Marmorsäulen tragen die Kuppel. Leider ist dieses herrliche Bauwerk, das überwältigenden Eindruck macht, längst entweiht und hat bereits die seltsamsten Wandlungen durchmachen müssen. Augenblicklich birgt es als Museum einen großen Reichtum von römischen und mittelalterlichen Skulpturen. Die Fundamente sind im Innern bloßgelegt, und deutlich kann man wahrnehmen, wie der alte Baumeister für dieselben die Trümmer der heidnischen Tempel benützt hat. Auf den Trümmern des Heiden-

tums baut sich das christliche Heiligtum auf — ein großartiger
Gedanke! Altertumsforscher wollten früher behaupten, San Donato
sei ursprünglich ein Tempel der Juno Augusta gewesen; aber die
Trümmer in den Fundamenten beweisen jetzt unwiderleglich, was
auch Urkunden bestätigen, daß es als christliches Gotteshaus gebaut wurde. Die Annahme, als hätten die heidnischen Bewohner
der römischen Kolonie Jadera, des heutigen Zara, zu Ehren
der Livia, des großen Kaisers Augustus Gemahlin, die Tempel
ihrer Stadt abgebrochen, um mit den Trümmern diesen Votiv-
tempel zu bauen, ist ja allzu unglaubhaft.

Wir kennen vielmehr den Ursprung der interessanten Kirche
ganz genau. Aloys Hauser schreibt darüber folgendes: „Die Erbauung der Kirche dürfte in das 9. Jahrhundert fallen, nach
Beendigung des Streites zwischen Karl dem Großen und Kaiser
Nikephorus, in die Zeit, welche nach dem Friedensschluß in Aachen
(810) bessere Tage für Zara und Dalmatien brachte. Bischof
Donatus ist der Erbauer der Kirche, und ihm, einem viel ge-
reisten, hochgeschätzten, um die Geschichte seines Vaterlandes verdienten Manne, mag es zu danken sein, daß in Zara eine Kirche
entstand, die dem Dom von Spalato nicht viel nachgeben sollte.
Ihm, der die Kirchen Ravennas, Konstantinopels und den Dom
von Aachen kannte, dürfte auch die Idee des Baues zu danken
sein, der eine Zwischenstellung einnimmt zwischen den altchristlichen
Baptisterien und den byzantinischen Kuppelbauten. Der Bau der
Kirche war ein kühnes Werk. Sie wurde thatsächlich auf römischen
Trümmern errichtet. Die Mauern und Pfeiler stehen auf Säulen-
trommeln, Gebälk und Inschriftstücken, die ohne Verband nur
hingerollt und hingelegt, wie es eben kam, die Unterlage bilden
mußten. Heute, wo diese Bruchstücke bloßgelegt sind, auch alte,
römische Pflasterung, schräg durch die Kirche sich ziehend, sichtbar
wird, kann jeder Techniker, ja jeder Laie die Kühnheit oder den

Mut des Baumeisters anstaunen, der auf solcher Unterlage einen
Kuppelbau errichtete"*).

Von der altehrwürdigen Kirche San Donato lenkten wir
unsere Schritte zu einer ganz modernen, die nur deswegen unsere
Neugierde erregte, weil sie die griechisch-orthodoxe Domkirche war. Zara hat nämlich neben dem katholischen Erzbischof
noch einen griechisch-orientalischen Bischof, zu dessen Gemeinde
hauptsächlich die Nachkommen der später aus Furcht vor Türken
in Dalmatien eingewanderten Slaven gehören. Die Kirche liegt
ziemlich versteckt, und wir konnten sie nicht gleich finden. Wir
wandten uns deswegen um Auskunft an einen vorübergehenden
Offizier. Mit größter Liebenswürdigkeit machte derselbe, ein
Kroate, der aber fließend deutsch sprach, unsern Führer und ruhte
nicht, bis der Diener des Bischofs uns die Kirche, in der nur
an Sonntagen und Feiertagen Messe gelesen wird, aufschloß. Die
Kirche, obwohl als italienischer Renaissancebau keineswegs hervorragend, bot uns doch im Innern gar manches Neue und Interessante. Alles war reich und vornehm ausgestattet, besonders die
Ikonostasis, die Scheidewand zwischen Chor und Schiff der Kirche.
Der Altar dagegen war höchst einfach, die Meßbücher auf demselben slavisch in kyrillischer Schrift. An die Kirche stieß eine
sehr traute Kapelle mit reich geschmücktem Muttergottesaltar.
Beichtstühle waren nicht vorhanden, obwohl ja die Griechen die
Beicht gleich uns als Sakrament verehren. Der Pope, welcher in
der Kirche unsere Führung übernommen hatte, erklärte uns —
er sprach auch etwas Deutsch: die Beicht würde in irgend einer
beliebigen Ecke der Kirche verrichtet.

---

*) „Die österreichisch-ungarische Monarchie in Wort und Bild".
11. Bd. Dalmatien. 264.

Ueberaus ähnlich der römisch=katholischen Kathedrale ist San Grisogono. Diese ehrwürdige Basilika wurde erst 1407 konsekriert, zeichnet sich aber dennoch durch vollendete Durchfüh= rung der romanischen Formen aus. Sie gehörte ursprünglich den Benediktinern, befindet sich aber jetzt in den Händen der eifrigen Jesuitenväter. Leider kam, in Zara wenigstens, ihr Kunstgeschmack ihrem Eifer nicht gleich. Die modernen Bänke, die Plattform mit Tisch und Stuhl, welche nach italienischer Weise die Kanzel vertreten, gehören in dieses alte Gotteshaus nicht hinein; ebenso= wenig die Dekorationen, welche wie im Dome die Pfeiler und Säulen entstellten.

Eine ursprünglich gotische Kirche mit romanischem Turm ist Santa Maria, den Benediktinerinnen gehörig.

Das größte Heiligtum bewahrt die Kirche San Simeone, nämlich den unverwesten Leib des greisen Simeon, desselben, der bei der Darstellung Jesu im Tempel der Gottesmutter die Prophezeiung machte: „Siehe, dieser ist gesetzt zum Falle und zur Auferstehung vieler in Israel!" Wie dieser heilige Leib nach Zara gekommen, konnte ich nicht herausbringen; ich vermute: wie so viele andere Heiligtümer wurde er in den Kreuzzügen nach Dalmatien überführt. Nahmen doch die Venetianer und deswegen auch die Dalmatiner hervorragenden Anteil an den Kreuzzügen!

Oberhalb des Hochaltars, von Engeln getragen, befindet sich der kostbare Silberschrein, in welchem der Leib ruht. Die ur= sprünglich auch aus Silber getriebenen Engel sind in Zeiten der Not längst in die Münze gewandert. Dafür hat die Republik Venedig aus Kanonen, die sie von den Türken erbeutet, vier andere Engel gießen lassen. Der Schrein, hier Arca genannt, gehört der italienischen Gotik an und ist 2 Meter lang und 1,25 Meter hoch — ein treffliches Werk der Goldschmiedekunst.

Eine Inschrift besagt, daß er 1380 im Auftrag der Königin
Elisabeth, Gemahlin Ludwigs des Großen von Ungarn (der da=
mals Zara den Venetianern entrissen hatte), von dem Goldschmied
Francesco aus Sesto (am Lago Maggiore im Mailändischen), der
in Zara ansässig war, gefertigt wurde. Darum schmücken auch
die Breitseiten der Arca die Wappen von Ungarn und von Anjou.
Der Schrein ist mit einem pultartigen Dache versehen, auf dessen
vorderer Schrägfläche das in Silber getriebene Bild des Heiligen
liegt. Die Seitenwände sind ebenfalls mit Silberbildwerken ge=
schmückt, welche sich auf Leben und Wunder des Heiligen beziehen.
Die vordere Mittelfläche zeigt die Darstellung Jesu im Tempel.
Gewöhnlich ist die Arca mit einer Tuchdecke verhüllt.

Wie lange und wie innig Zara mit Venedig in Verbindung
gestanden, zeigt schon ein Gang durch die Gassen. Ueberall
findet man venetianische Motive; in jeder Gasse konnten wir
stehen bleiben, um die wundersamen Thürgewänder, die phanta=
stischen Erker und Fenster zu betrachten. Malerisch ist besonders
die Piazza dei Signori (Herrenplatz) mit der Loggia, wie man
sie in allen venetianischen Städten findet. In Zara ist dieselbe
vollständig erhalten: ihre Front zeigt drei Bogenöffnungen zwischen
gekuppelten dorischen Säulen. Auf der anderen Seite liegt die
Hauptwache mit dem Uhrturm, und auf der dritten Seite des
Platzes das mit Arkaden versehene Stadthaus. Ein hervor=
ragendes Bauwerk ist die Porta terra ferma, ein altes Stadt=
thor in edler Renaissance mit dem Markuslöwen, das den vene=
tianischen Baumeister Sammicheli zum Erbauer hatte. Dicht
neben diesem Thore, unterhalb der Festungswerke, befindet sich
der kleine Hafen für die Küstenfahrzeuge. Verglichen mit dem
Fiumarakanal in Fiume ist er allerdings tot.

Hervorzuheben ist noch ein alter Turm, Torre di Buova
d'Antona genannt. Der Turm ist altersgrau, aber noch bewohn=

bar. Ob er aber, wie behauptet wird, ein Römerturm ist, will mir nicht recht einleuchten: jedenfalls hat er sich gefallen lassen müssen, daß man ihm ein modernes Käppchen aufsetzte. Uebrigens ist an römischen Bauten kein Mangel. Die Porta marina, das Thor, durch welches ich in Zara eintrat, ist das Ueberbleibsel eines römischen Triumphbogens, der in die Festungsmauer verbaut wurde. Ebenso stehen noch zwei gewaltige römische Säulen, eine mit einer Art Sphinx gekrönt, den ich anfangs für den Markuslöwen hielt. Man belehrte mich später anders; aber ich kann mich nicht der Ueberzeugung erwehren, daß diese Säule die größte Aehnlichkeit mit der Löwensäule auf der Piazetta in Venedig hat, und mit anderen Säulen, wie sie Venedig in allen der Republik unterworfenen Städten aufrichtete.

Die Stadt, welche jetzt nahezu 30 000 Einwohner zählt, ist fast ganz vom Meere umgeben. Ehedem war sie eine starke Festung; jetzt sind die meisten Werke in Spaziergänge verwandelt. Gleich neben dem angeblichen Römerturm rauscht das Wasser in den sogenannten fünf Cisternen (i cinque pozzi) — ebenfalls eine Anlage des Venetianers Michele Sanmicheli und 1574 unter dem Generalproveditore Grimani ausgeführt; heute noch dienen diese Cisternen als Reservoire für die Wasserleitung. Bei diesem Cinque Pozzi steigt man in den Giardino pubblico hinauf, den Volksgarten, welchen die Oesterreicher in den Festungswerken geschaffen.

Die Lage auf der Landzunge verleiht der Stadt einige Schönheit; sonst wird sie von vielen anderen Städten des Adriatischen Meeres durch reizvolle Umgebung und prächtige Lage übertroffen. Was Zara interessant macht, sind die engen, langen Gassen mit ihren schönen, altertümlichen Bauten. Die Gassen sind nicht gepflastert, sondern mit Steinplatten belegt, wie unsere Kirchen. Stolze Equipagen rollen nicht in diesen Gassen, dafür

würden sie nicht Raum bieten. Wer jedoch malerische Volks=
trachten sehen will, gehe nach Zara und betrachte diese stattlichen,
starkknochigen und kühnblickenden Dalmatiner, welche Sonntags
in den Gassen lustwandeln. Wir waren gerade recht gekommen
zum Himmelfahrtsfeste. Ganze Prozessionen von Morlaken und
anderen dalmatinischen Bauern in ihren verschiedenen Trachten
zogen an uns vorüber. Stattliche, oft baumlange Männer waren
es, im weißen Hembe, darüber die Weste mit Reihen von Silber=
stücken besetzt, die Hosen bis zu den Knien reichend und durch
einen Lederriemen gehalten, dessen Ende bis zum Boden herab=
hing, die Beine in bunt ausgenähten schwerfälligen Opanken,
auf dem Kopfe das rote Käppchen, an der einen Seite schwarz
gefärbt und hinten mit schwarzen Fransen geziert, das oft so
klein war wie das Cerevis der Studenten und nicht minder keck
getragen wurde. Aber auch der Fez und der morlakische Kopf=
bund oder Turban erschienen, sowie die weite Pluderhose. Ueber=
haupt zeigte sich in den Trachten so mancherlei Abwechslung,
daß ich sie unmöglich einzeln beschreiben kann. Alle aber trugen
die Jacke oder den kurzen Mantel wie unsere Husaren gar phan=
tastisch auf einer Schulter. Es gab unter diesen Bauern auch
etliche zerlumpte; doch selbst in ihren Lumpen sahen sie malerisch
aus. Besonders auffallend war das Kruzifix, das viele offen
auf der Brust trugen.

Gleich bunt und malerisch schritten die Frauen und Mädchen
einher. Letztere besonders hatten verstanden, sich überaus kleid=
sam herauszuputzen. Die weißen gestickten Hembärmel, das bunt
ausgenähte Leibchen, der grüne oder rote Rock, der breite Gurt
von Silberstücken, oft in acht= bis zehnfacher Reihe, die einem
türkischen Teppich ähnliche Schürze, die mächtig großen Ohrringe,
oft sogar mehrere Schmucksachen in demselben Ohr. Nur die
Füße staken in unschönen plumpen Opanken wie bei den Männern.

Den Kopf bedeckte ein Kopftuch oder eine bunte Mütze, ähnlich
den Kappen der Männer, oft auch ein turbanähnliches Tuch.
Reihenweise sah ich sie so geputzt auch auf der niederen Mauer
vor der Kaserne sitzen, wahrscheinlich in Erwartung des Bruders
oder Geliebten, der des Kaisers Rock trug.

Ueberaus farbenreich war das Bild, welches der Gemüse=
markt (Piazza dell' Erbe) gewährte, denn ein regelrechter Markt
wurde trotz des Feiertags abgehalten. Auf dem Boden saßen
Männer und Weiber in ihren bunten Kostümen, oft auch in
weißen leinenen Kleidern, und boten alles Mögliche und Un=
mögliche feil: Gemüse, Obst, Fische, Fleisch, Lämmer u. s. w.
Vielen Verkäuferinnen konnte man an Gesicht und Haltung ihr
hartes Dasein ansehen; auch in Dalmatien sind die Frauen die
Packesel der Männer. Zwischen den einzelnen Ständen und
Verkäufern wanderten oder standen feilschend Dienstmägde und
Frauen, feine Herren und Damen, katholische Geistliche im langen
Talar und breiten Hut, griechische Popen, Franziskanermönche
und Soldaten. Lange weilten wir an der alten Römersäule,
welche gleich uns verwundert auf das bunte Treiben herabschaute.

Ein weit anderes Bild gewährten die engen geplätteten
Hauptgassen von Zara, als die Abendkühle hereinbrach und eine
frische Brise vom Meere wehte. Da war es hauptsächlich die
elegante Welt, darunter viele Offiziere mit ihren Damen, welche
sie belebten. Dazwischen fehlten jedoch nicht die langen Talare
der katholischen und griechischen Priester, sowie die bunten Trachten
der Dalmatiner, letztere freilich nicht mehr in so großer Anzahl
wie in der Frühe. Die Zaratinerinnen handhaben bei diesen
Straßenpromenaden den Fächer und die Zunge mit gleich wunder=
barer Schnelligkeit.

Lohnend war auch ein Spaziergang durch die engen Seiten=
gassen; da erst lernt man recht das Leben und Treiben des

Blick gegen Monte Ossero von Lussin piccolo.

Volkes kennen. Daß gar manche dem Wein nicht abhold sind, zeigen die vielen Kellerwirtschaften, die sich kundbar machen durch kleine Papierfahnen, auf welchen gleich der Preis des Weines angegeben ist. Die Keller, in denen die Weinfässer lagern, sind sämtlich ebenerdig. Um die Fässer herum sitzen die schwätzenden und singenden Gäste, oft auch auf Bänken vor dem Keller auf der Gasse. Aehnliche Kellerwirtschaften hatte ich schon in Südtirol gefunden. Der Wein wächst in Dalmatien in so großen Mengen, daß die Bauern im Herbst schon gezwungen waren, ihren alten Wein auslaufen zu lassen, weil es ihnen an Fässern für den neuen fehlte. Es geschah das erst in jüngster Zeit, da Frankreich den Zoll auf Südwein erhöhte. Die Sprache der Zecher ist meistens italienisch; aber auch Kroatisch oder vielmehr Serbisch=kroatisch hört man nicht selten. Daß das Italienische in einer Stadt, welche so lange mit Venedig verbunden war, noch Bürgerrecht hat, ist nicht zu verwundern. Aber Slavisch muß jeder Zaratiner können, denn unmittelbar vor den Thoren der Stadt versteht kaum einer noch die Sprache Petrarkas.

Was der dalmatinischen Landeshauptstadt ein ganz eigenartiges Gepräge verleiht, das sind neben dem vielen Militär und den Bauern in ihrer Nationaltracht die Unsumme von Geistlichen in ihren verschiedenartigen Kleidungen. Bei uns im Norden sind dieselben seit der Säkularisation zum großen Teil verschwunden, und die wenigen Uebriggebliebenen gehen vielfach im kurzen Rock einher, so daß man sie kaum bemerkt. Zara aber besitzt ein römisch=katholisches und ein griechisches Priesterseminar, überdies Minoriten, Franziskaner, Kapuziner, Jesuiten, Benediktinerinnen und vielleicht noch andere Ordensleute, welche ich nicht einmal ausfindig gemacht habe. Sie alle bewegen sich höchst ungeniert in ihren verschiedenen malerischen Trachten. Die Popen zeichneten sich vor den katholischen Geistlichen durch besondere Eleganz aus;

gar schmuck stand ihnen z. B. das blaue Cingulum. Auf einem
Spaziergang an der Riva traf ich zufällig eine ganze Schar von
griechischen Seminaristen, alle im langen Rock und blauem Cin=
gulum, welche auf der Fähre an das andere Ufer des Meerbusens
übersetzten. Ein Herr, der mit uns die Schar betrachtete, erzählte
uns: es seien griechische Kleriker, welche vor der Diakonatsweihe
in die Heimat reisen, um sich in den Ehestand zu begeben. —
Unsere deutschen Liberalen würden, hätten sie mit uns das Schau=
spiel genossen, in hellen Jubel ausgebrochen sein!

Die Freude an allem Neuen und Schönen, welches ich in
Zara gefunden, wurde in etwas geschmälert durch die Sonntags=
entheiligung, die hier, genau wie in Italien, daheim ist. Ein
protestantischer Engländer, der hierher verschlagen, würde sicherlich
über das Christentum der Zaratiner den Stab brechen und sagen:
„Ich danke dir, Herr, daß wir Engländer nicht sind wie diese
Dalmatiner!" Recht hätte er insofern, als die Zaratiner am
Sonntag Handel und Wandel einschränken, manches, z. B. das
Abholen des Unrates, ganz abschaffen könnten. Ganz läßt sich
jedoch im heißen Süden der Handel nicht abthun. Fisch und
Fleisch z. B. würden ohne Eis stinkend werden, müßte man sie
tags zuvor kaufen.

———— · ··

Ganz verkehrt wäre es, wollte man von der Sonntags=
entheiligung der Zaratiner auf einen niederen religiösen Standpunkt
der Dalmatiner überhaupt schließen. Es giebt vielmehr kaum ein
Volk, welches so tief von Religion durchdrungen ist und dabei
auch so viele natürliche Anmut und Würde besitzt wie die Slaven
in Dalmatien. Das verdanken sie ganz und ausschließlich ihren
Geistlichen. Denn die Geistlichen waren in den langen Türken=
kriegen und bis zum Ende der venetianischen Herrschaft, unter der

die Bildung des Volkes einfach vernachlässigt wurde, die einzigen
Lehrer und Berater des Volkes. Wenn die Dalmatiner in der
Bodenkultur, in Kunst und Gewerbe noch zurück sind, so findet
das seine natürliche Erklärung in der Geschichte des Landes, in
der langen Vernachlässigung seitens seiner Herrin Venedig und
in seiner Weltabgeschlossenheit. Sind doch noch jetzt Eisenbahnen
selten, und ist doch noch heute der Verkehr mit der übrigen Welt
nur durch Dampfschiffe möglich!

Es ist mir kein Zweifel, daß die Südslaven, und besonders
auch die Dalmatiner, noch eine große Zukunft haben, wenn der
Liberalismus und zumal der moderne Nationalitätsschwindel es
nicht fertig bringen, dieses edle Volk von der lebenbringenden
Quelle des wahren Glaubens loszureißen und zu korrumpieren.

Der Dalmatiner ist ein geborener Redner. Alle Gefühle
seines Herzens muß er in Reden und Trinksprüchen Luft machen.
Am Weihnachtsabend z. B. wird nach alter Vätersitte ein mäch=
tiger Eichenkloß, mit Lorbeer, Oelzweigen und Rosmarin geschmückt,
in das Feuer des Herdes geschoben. Der Hausvater besprengt
ihn dann mit Weihwasser, bestreut ihn mit Weizen, begießt ihn
mit Wein, beräuchert ihn mit Weihrauch. Dann ergreift er das
Glas und spricht etwa folgendermaßen: „Im Namen Gottes zu
guter Zeit! Zum Glück möge uns dieser Abend stets anbrechen,
und morgen möge uns die hehre Geburt Christi gesund antreffen.
Gewähre, lieber Gott, daß wir durch viele Jahre und bei guten
Ernten darauf uns freuen mögen, in häuslichem Frieden und in
Liebe, geschmückt mit Oelzweigen und Lorbeer gleichwie dieser
Kloß hier, vor allem aber in der Gnade Gottes! O guter Gott,
schirme in diesem Hause die Jungen, erhalte die Alten, auf daß
sie lange das Haus lenken, Werke dieser Art ausführen und ihre
Seelen nicht mit Sünden beflecken mögen!" Alle antworten mit
„Amen". Dann trinkt der Hausvater allen zu, worauf jeder mit

9*

einem Spruche erwibert. Unter fröhlichen Liedern und Scherzen bleibt dann die Familie beisammen, bis sie gegen Mitternacht gemeinsam in die Kirche zieht*).

Ueberaus schön sind die Gebräuche bei den bäuerlichen Hochzeiten in Dalmatien. Nur ein Trinkspruch möge hier eine Stelle finden, wie ihn der vornehmste Gast auszubringen pflegt, weil er so recht den religiösen Sinn der Dalmatiner und ihre Redegewandtheit kennzeichnet: „Im Namen der Ehre Gottes! Möge jedermann sich freuen; möge Gott jedem beistehen, der sich bekreuzigt und zu Gott betet; möge Gott und seine heilige Ehre beistehen dem heiligen Vater in Rom und demselben klaren Verstand und große Kraft gewähren, seine Kardinäle zu lenken und zu leiten, die Kardinäle ihre Erzbischöfe, die Erzbischöfe ihre Bischöfe, die Bischöfe ihre Priester, die Priester aber das Volk, das ihrer Hut anvertraut ist, auf daß sie es auf den Weg des Heiles bringen und vor der Verdammnis erretten! — Möge Gott und Gottes Ehre beistehen unserm König; möge er ihm große Kraft, klaren Verstand, einen scharfen Säbel bescheren! Sollte ein Feind ihn angreifen, so möge er ihn mit Gottes Hilfe niederwerfen! Und seine Minister mögen die lautere Wahrheit erkennen und solche auftragen den Statthaltern, die Statthalter den Kreishauptleuten, die Kreishauptleute den Gemeindevorstehern, die Ortsvorsteher der Bevölkerung, auf daß sie gottesfürchtig und sittenrein lebe! — Möge Gott und die heilige Ehre gewähren, daß der Wirt dieses Hauses im stande sei, ins Feld hinabzusteigen, seine Ochsen zu treiben, Samen zusammenzutragen, die Rechte zu schwingen, und möge Gott ihm helfen, daß seiner Hand der Same spärlich

---

*) „Die österreichische Monarchie in Wort und Bild". 11. Bd. Dalmatien. 142.

entfalle und dicht aufgehe, die Aehren ährenreich, der Weinstock
rebenreich, das Korn kornreich, auf der Tenne viel, im Hause aber
ausgiebig und gedeihlich sei! Mögen seine Matrosen*), wenn sie
mit leeren Händen in die See stechen, mit goldenen zurückkehren!
Möge Gott seinen übelwollenden Feinden den Kopf verdrehen!
Möge er Hilfe gewähren dem Landmann auf dem Felde, dem
Seemann auf dem Meere, dem Hausherrn im Hause, dem Hirten
im Gebirge und, wenn es sich trifft, daheim! — Bleib mir gesund mit diesem zweiten Glas, zugleich mit dem Hauswirt, der
diesen Tisch gedeckt, daß er ihn stets decken möge in günstiger
und guter Stunde, so Gott will! Daß dies zum Glück und
Frommen gereiche seinen Paten, Freunden, Wanderern und wem
immer; daß Gott Hilfe verleihe den Landbauern, Seeleuten, Hirten
und dem Hausherrn, allen, vom obersten bis zum niedersten! —
Bleib mir gesund mit diesem dritten Glase, und gut Glück zu
beiner und jenes Hausherrn Gesundheit, der mich heute früh auf
den rechten Weg gewiesen; möge er uns, so Gott will, in Gesundheit und Freude erwarten! — Ich sprach meinen Spruch
nach meinem Verstand, und Gott möge meine Worte hören und
denselben oben im Himmel zustimmen!" — Bei jedem Absatz des
Trinkspruchs antworten die Gäste: „Amen, so Gott will!"**)

Das ist echt christlich und patriarchalisch. Man muß aber
ja nicht meinen, daß diese Rede auswendig gelernt sei. Nein,
der dalmatinische Bauer spricht frei und dabei so natürlich, so
fließend, so bilderreich, daß es eine Freude ist, seiner Rede zu
lauschen. Er ist eben ein geborener Redner, wie er geborener
Krieger oder Seemann ist. Keine besseren Seeleute kennt die Welt

----

*) Der dalmatinische Bauer ist vielfach zugleich Schiffer.

**) A. a. O. 155.

als gerade die Dalmatiner und besonders die Bewohner der Bocche
di Cattaro.

Wie gerne hätte ich längere Zeit in Dalmatien verlebt, um
Land und Leute besser kennen zu lernen; aber es war Ende
Mai, die Hitze für mich bereits unerträglich! Meiner schwachen
Gesundheit zulieb mußte ich an Rückkehr denken. So kam ich
um den Genuß, Spalato zu sehen, jene merkwürdige Stadt,
welche zum großen Teil in den noch stehenden Kaiserpalast Dio-
kletians hineingebaut ist und sogar den Namen davon empfangen
hat (Sacrum palatium = Spalato). Was hätte der Christenverfolger Diokletian wohl gesagt, wenn ihm geoffenbart worden
wäre, daß das Mausoleum, welches er in seinem weitläufigen
Palaste sich selbst zu Lebzeiten errichtet hatte, dereinst die Domkirche des christlichen Bischofs werden würde? Ein Exempel, von
dem unsere modernen Christenverfolger lernen könnten, wenn sie
nicht mit Blindheit geschlagen wären!

Auch auf Ragusa mußte ich verzichten. Ich durfte jenen
alten Freistaat nicht sehen, der sich Jahrhunderte hindurch frei
vom Joche der Türken und Venetianer erhalten hatte. Ebenso
blieb mir die malerische Bocche di Cattaro fremd, deren kühne und
kriegslustigen Bewohner vor nicht so langen Jahren sich die alte
Freiheit von dem verhaßten Joche des Kasernenlebens erkämpft
hatte. Leb wohl, du schönes Land, mit deinen frommen Söhnen,
die einst so tapfer gegen die Uebermacht der Mohammedaner stritten
und die siegreichen Schlachten der Venetianer schlugen! Möchten
sich die kühnen Dalmatiner doch nie unter das Joch der modernen
Türken beugen, unserer Liberalen, welche mit dem alten Glauben
auch die alte Sitte über Bord werfen!

Die Zeit unseres Aufenthalts in Zara war abgelaufen. Der schöne Dampfer „Croatia" der ungarisch-kroatischen Linie ließ im Hafen sein Brüllen ertönen und mahnte so verspätete Reisende zur Eile. Gemütlich saßen wir auf dem hohen Verdeck und schauten, wie die Matrosen arbeiteten, um das Schiff vom Quai zu entfernen. Die schwierige Arbeit, bei der jedoch der Dampf die Hauptrolle spielte, war bald vorüber, und majestätisch glitt das eiserne Schiff, das schon von Cattaro kam, in die hohe See hinaus. Bald schauten wir Zara rings vom Meere umflutet mit seinen vielen Kirchtürmen, alle überragt durch den Campanile des Domes, obgleich derselbe kaum zur Hälfte vollendet ist. Links schaute drohend von der Insel Uglian das Fort San Michele auf uns herab.

Als wir den Canale di Zara hinter uns hatten, öffnete sich rechts das Meer zu einem tiefen Busen, vielmehr einer Meeresstraße zwischen dem Festlande und der Insel Pago. Im Hintergrunde schauten wir die schroffe Felswand des Velebit, die steil ins Meer abfiel. Auf seinem Kamm zeigte dieses Alpengebirge noch teilweise Schneeflächen, während unten in Zara die Hitze kaum noch erträglich war. Dieser Meerbusen, an dem wir vorbeisteuerten, wird schließlich zum Fjord, fast zum Landsee, der seinen Namen von der Stadt Novigrad trägt — Maro di Novigrade. Den Fjord und die Stadt konnten wir nicht sehen. Aber für uns war letztere von Interesse, weil in dem Kastell dieser Stadt die Königin Elisabeth von Ungarn, dieselbe, welche den Schrein des hl. Simeon in Zara stiftete, von den Anhängern des ermordeten Königs Karl des Kurzen gefangen gehalten und, als ihre Parteigänger zu ihrer Befreiung heranzogen, 1387 erdrosselt und über die Mauer geschleudert wurde. Scepter und Kronen sind oftmals weit schwerer zu tragen wie die Armut des Landmannes!

Der langgestreckte und öde Rücken des Velebit oder Velebic, der uns auf unserer Fahrt anfangs beständig zur Rechten blieb, war ehedem verrufen wegen seines Räuberwesens. Die Räuber sind jetzt verschwunden, aber dafür sind ihre Wolkenschlösser mit allerhand Feen und Geistern in den Erzählungen des slavischen Volkes belebt. Daß übrigens der „Wila“ der Slaven identisch ist mit einer altnordischen Gottheit*), ist doch wohl nur die Hypothese eines Gelehrten.

Das nächste Eiland, das wir erreichten, war Ponteburo. Weit größer ist Pago. Alle diese Inseln tragen Karstcharakter: nacktes Gestein mit kümmerlichem Grün, das ist ihre Signatur. Sie scheinen nur losgerissene Bruchstücke des festländischen Gebirges zu sein. Die Geologen behaupten das fest, weil längs der Küste des Festlandes Mergel- und Sandsteinschichten lagern, die leicht vom Meere weggeschwemmt werden.

Unaufhaltsam dampfte unsere „Croatia“ weiter, und bald entdeckten wir links den spitzen Kegel des Monte Ossero und damit auch die Insel Lussin. Der Monte Ossero verschwand bald wieder; dafür tauchte aber links die Insel Cherso und rechts die letzte dalmatinische Insel Arbe auf — lauter Inseln, welche erst wirklich schön werden, wenn es gelingt, sie, wie im Altertum, mit grünen Wäldern zu schmücken. Längst waren wir schon im sogenannten Quarnerolo, dem Gewässer zwischen den Inseln Pago, Lussin, Cherso und Veglia. Jetzt steuerte das Schiff auch in die verhältnismäßig enge Meeresstraße zwischen den beiden letzteren Inseln. Besonderes Vergnügen bereiteten mir die kleinen Ortschaften, Villen und Kirchen, welche ich vermittelst eines Feldstechers auf Veglia entdeckte. Die Westküste dieser Insel ist weit fruchtbarer und bevölkerter wie die Ostseite im

---

*) Schweiger-Lerchenfeld, Die Adria 226.

Canale bi Maltempo, auch wie das gegenüberliegende Cherso, wo man gleichfalls den Einfluß der Bora nicht verkennen kann.

Es war eine ungemein anregende Fahrt. Als wir jedoch nach neun Stunden den Canale bi Mezzo verließen und in den lieblichen Quarnero lenkten, begrüßten wir das ferne Fiume und das hochragende Tersatto, wie wenn wir die Heimat bereits erreicht hätten, und doch war wenigstens ich noch so fern von derselben.

Im ganzen hatten wir auf dieser Reise von Ika nach Lussin und Zara, und zurück nach Fiume und Ika 202 Seemeilen, also fast 400 Kilometer auf dem Meere zurückgelegt. In Fiume hatten wir wieder das Vergnügen, unser kleines Gepäck von den Zollbeamten durchstöbern zu lassen, obwohl ich mit meinem Reisegenossen österreichisches Gebiet nicht einmal verlassen hatte.

---

14. Nach Pola.

Die Meeresfahrt nach Dalmatien hatte mich an Leib und Seele so erquickt, daß ich eine zweite um die Halbinsel Istrien herum nach Pola, Triest und Venedig plante. Zum zweitenmal bestieg ich vor Lovrana einen Küstendampfer. Es hatte nachts gestürmt, so daß ich schon halbwegs Reue spürte und sehnliches Verlangen, auf festem Boden zu verbleiben. Als aber der Pietro mit seiner kleinen Barke kam, um mich in Empfang zu nehmen, stieg ich dennoch ein. Tüchtig geschaukelt wurde die kleine Nußschale, und manche Landratte würde dem Neptun ihr Opfer gebracht haben. Aber es ging besser, wie ich selbst vermutet hatte, Pietro brachte mich ohne Schiffbruch, sogar ohne Unwohl= sein zum Dampfboot.

Wieder fuhr ich längs der steilen istrianischen Ostküste mit ihren Felsen und Höhlenbildungen, welche diesesmal von der Brandung mächtig gepeitscht wurden. Bei Rabacz, dem Hafen= ort von Albona, landeten wir. Der Hafen ist geräumig; der Hafenort besteht nur aus wenigen weißen Häusern. Albona dagegen, hoch oben auf einem Bergkegel, das uns schon lange entgegenleuchtete, scheint ein nicht unbedeutendes altes Städtlein zu sein. Für mich hatte es besonderes Interesse, weil es die Geburtsstätte des jetzt fast verschollenen Matthias Francovic war, der in den Reformationsstürmen Luthers Lieblingsschüler wurde und unter dem Namen „Matthias Flacius Illyricus" einer der größten Zeloten, die Deutschland je gesehen. Seine Hand war gegen jedermann; überall wurde er gewaltsam ausgetrieben, denn wo immer er sich befand, schlugen die Flammen des Bruderkriegs unter den neugläubigen Präbikanten lichterloh empor. Als heimat= loser Flüchtling — Exul Christi, wie er selbst sich zu nennen wagte — fand er endlich 1575 in Frankfurt a. M. ein Grab.

In Rabacz kam ein Gendarm an Bord, der ein Büblein von höchstens fünfzehn Jahren transportierte. Der Junge marschierte mit geschlossenen Händen voraus und setzte sich mitten unter die Deckpassagiere, welche er frech musterte. Trotz der eisernen Manschetten holte dann das Büblein höchst geschickt eine Cigarette aus seiner Brusttasche, ließ sich vom Gendarm Feuer geben und fing gemütlich zu schmauchen an. Seine unsteten. listigen Augen kündeten, daß aus ihm alles, nur nichts Gutes werden würde. Dennoch that mir das Bürschlein leid, denn höchst wahrscheinlich haben die Grundlage zu seinem Verderben leicht= sinnige Eltern gelegt. Wäre es zum Gebet und zur Beobachtung der Gebote Gottes angehalten, hätte es nicht vorzeitig gelernt, alle Gelüste zu befriedigen: zu rauchen, zu trinken u. f. w., fo wäre es wohl auch nicht zum Lügen, Betrügen und Stehlen ge= kommen und kein Zuchthauskandidat geworden.

Von Rabacz schlug das Schiff den Kurs nach der Infel Cherfo ein. Bald kamen wir der Infel näher, und bald bogen wir in die geräumige Bucht, in welcher die Stadt gleichen Namens liegt. Mir kommt Cherfo immer vor wie der herabgekommene Sproß einer vornehmen, alten Familie, aus dem felbst noch in Schmutz und Elend der Edelmann hervorfchaut. Diesmal legte der Dampfer nicht am Molo an, fondern ein großer, fchwer= fälliger Kahn kam uns halbwegs entgegen, nahm Post und Paffagiere ab, worauf unfer Schiff wieder wendete und an der öden Infelküfte entlang fuhr. Einzelne grüne Pflanzungen in= mitten des Karftgefteins zeigen deutlich, daß ein großer Teil der Infel trotz des öden Ausfehens kulturfähig ift.

Ein gewaltiger kahler Felskegel, weit ins Meer hineinragend, war der Punkt, wo das Schiff von der Infel abbrehte. Die Straße von Farafina hörte auf, das Meer weitete fich, und die Wellen fingen an zu rollen. In der Ferne fchaute ich nur noch den Monte Offero, auf der anderen Seite aber nebelhaft die iftrianifche Küfte. Ich ftand auf der Brücke neben dem Steuer= mann und konnte mich nicht fatt fehen an dem erhabenen Anblick der See, als plötzlich eine Schar Delphine herankam, um den Schiffskoloß zu begrüßen. Wie richtige Straßenjungen fchlugen fie immer aufs neue Purzelbäume auf der Meeresfläche, um dann wieder zu verfchwinden.

Als wir der iftrianifchen Küfte näher kamen, fand ich den Charakter derfelben völlig verändert. Es gab noch Felfen an derfelben, aber nicht mehr fo hoch und fteil wie am Canale di Farafina. Auch das Hinterland flachte . ab, denn die Ausläufer des Monte Maggiore nahmen ein Ende. Dagegen waren Land

und Meer belebter; auf dem Lande schaute man zahlreiche kleine
Städte und Dörfer, und auf dem Meere Schiffernachen in Menge.
Auch ein Trabakel fuhr, ganz auf der Seite liegend, mit fabel=
hafter Geschwindigkeit an uns vorüber. Natürlich war das nur
Schein: unser Schiff war es, das so schnell fuhr, nicht das schwer=
fällige Trabakel.

Weithin über das Meer war der Scoglio Porer sichtbar,
ein einsamer öder Felsen ohne Baum und Strauch mit einem
mächtigen schlanken Leuchtturm, der von einem ziemlichen Häuser=
komplex umgeben ist. Wenn zur Winterszeit die Bora bläst, sind
die Wächter des Leuchtfeuers oft wochenlang von allem Menschen=
verkehr abgeschnitten und nur auf sich selbst angewiesen.

Wir nahten der Südspitze von Istrien, dem Kap Promon=
tore; schon konnten wir Befestigungen wahrnehmen, welche uns
die Nähe des österreichischen Kriegshafens, der Stadt Pola,
kündeten. Beim Kap verließ das Schiff die bisherige südwestliche
Richtung und schlug einen nordwestlichen Kurs ein; wir hatten
die Südspitze umschifft und waren an der Westküste der Halbinsel
angelangt. Aber nur ein Stücklein dieser ziemlich flachen und
langweiligen Küste konnten wir wahrnehmen; ringsum breitete
sich vielmehr das scheinbar endlose Meer mit seinen schaumgekrönten
Wellen aus.

Allgemach näherten wir uns jedoch dem Lande. Alle An=
höhen waren mit Festungswerken bedeckt. Bei einem der Forts
konnte man deutlich die drohenden Mündungen der Kanonen und
die exercierenden Soldaten wahrnehmen. Friedlicher und erfreu=
licher war der Anblick des niedriger gelegenen Landes, denn da
bildeten Weizen= und Kartoffelfelder ein für mich ungewohntes
und darum um so willkommeneres Bild. Wie niedrig auch Küste
und Hinterland waren, so konnten wir vom Schiffe aus doch
deutlich auch hier an der Westküste Felsbildungen erkennen; aber

die Felsen hatten einen anderen Charakter wie an der Ostküste:
sie glichen Sandsteingeschieben.

Eine muldenförmige Senkung der Küste erlaubt uns bereits
einen Blick auf den fernen Hafen von Pola mit seinem Masten=
wald. Erreicht haben wir ihn jedoch noch nicht; vielmehr ist
noch die Punta Compare zu umschiffen. Dann aber schlängelt
sich der Seeweg durch Inseln und Buchten, die von niederen
Hügeln, teils nackt, teils mit Buschwerk bedeckt, umgeben sind.
Sogar einen Wald nehme ich in der Ferne wahr, den Kaiserwald,
wie ich später vernehme. Pola liegt schon vom Kap Compare an
vor unseren Augen, aber geteilt durch Inseln. Deutlich unter=
scheidet man den nördlichen Handels= und den südlichen Kriegs=
hafen; aber die weiße Farbe der amphitheatralisch ansteigenden
Häuser läßt in der Sonnenglut kein richtiges Bild der Stadt
zu stande kommen. Nur der Mastenwald, dann die massigen Formen
der römischen Arena dicht am Meere und das darüber liegende
alte Kastell, sowie die Oliveninsel mit den Trockendocks und andere
Marineetablissements verleihen dem Bilde Leben. Der Hinter=
grund der Stadt ist unbedeutend.

Mein erster Gang am Hafen entlang führte mich zur Kathe=
drale. Der Bischofssitz ist jedoch nicht mehr hier, sondern in
Parenzo. Die Kirche macht den Eindruck einer alten Basilika, ist
jedoch verhältnismäßig neu. Der alte Dom, auf den Trümmern
eines Junotempels gebaut, wurde von den Genuesen 1379 zer=
stört. Der jetzige Bau entstammt der Mitte des 15. Jahrhunderts.
Die Seitenschiffe haben flache Decke, aber gotische Fenster. Ein
Seitenaltar in italienisch=gotischem Stil (fast nach Art eines
deutschen Flügelaltars gebaut) war bemerkenswert; auf dem=
selben thronte der Schrein mit den Gebeinen eines Minderbruders,
des hl. Otho. Der ernste, feierliche Charakter der Kirche war
jedoch durch moderne Restauration völlig verwischt. Zum Ueber=

fluß hatte auch hier der Ungeschmack die Säulen mit rotem Tuch
verhüllt. Die Säulenkapitäler hatten verschiedenen Stil: römisch
und byzantinisch, sowie Formen des 15. Jahrhunderts. Beim
Neubau waren eben die Ruinen des alten Domes soviel als
möglich verwertet worden.

Im Schiff der Kirche ging es während meines Besuches
lebendig genug her. Eine Mädchenschule war nämlich in den
Bänken versammelt, und eine sehr würdevolle, weltliche Lehrerin
katechisierte die lustige Schar. Welche Kunst, da die Ruhe zu
bewahren, wo alles Leben und Bewegung war, wo ein Teil der
Schülerinnen auf den Bänken und der andere unter den Bänken
sich befand! Auch meine Anwesenheit vermehrte noch die Unruhe
der quecksilbernen Kleinen.

Unmittelbar vor der Fassade des Domes stand abgesondert
der Campanile, der erst dem vorigen Jahrhundert entstammen
soll — ein nicht allzu hohes, aber gewaltiges Mauerwerk, schein=
bar bestimmt, den Stürmen der See zu trotzen.

Vom Dome ging ich am Hafen entlang zum römischen Amphi=
theater, welches durch seine Lage und durch seine kolossalen Ver=
hältnisse sofort jedem Reisenden auffällt, der zur See nach
Pola kommt. Wären sonst keine römischen Bauten übriggeblieben,
so würde doch dieses eine Gebäude, welches das Kolosseum zu
Rom und die Arena in Verona zwar nicht an Größe, wohl aber
an Schönheit übertrifft, den Beweis liefern, daß Pola in den
Römertagen ein Lieblingsaufenthalt der Cäsaren und Patrizier
war. Gebaut wurde das Amphitheater im dorischen Stile von
der istrianischen Freigelassenen Julia Cenis, der Geliebten des
Kaisers Vespasian. Andere schreiben es noch späterer Zeit zu
und lassen es von den Polesen infolge eines Gelübbes erbaut
werden. Noch stehen in Form einer Ellipse die Außenmauern
fast intakt, 134 Meter lang und 107 Meter breit, mit vier turm=

ähnlichen Ausbauten, die anderen Amphitheatern fehlen. Die
Sitzbänke sind ausgebrochen: sie haben wahrscheinlich jahrhundertelang den guten Bürgern von Pola als bequemer und billiger
Steinbruch gedient. Als der Bau errichtet wurde, lag er sicherlich unmittelbar am Meer, so daß das Wasser hineingepumpt und
Seegefechte in der Arena geliefert werden konnten; die turmartigen
Ausbauten sind vermutlich für die Pumpwerke bestimmt gewesen.
Außerdem mußten in dem weiten Raum bei den Kampfspielen
unter dem betäubenden Beifallgeklatsch der 20—25 000 Zuschauer
die Gladiatoren ihr Blut vergießen. Doch noch edleres Blut floß
in demselben, dasjenige der ersten Christen von Pola; hier mußten
die heiligen Märtyrer für Christus ihr Leben hingeben. Pola war
damals noch die glänzendste Stadt in Istrien und zählte ohne die
Sklaven und das niedere Volk 36 000 Einwohner.

Eine entzückende Aussicht ist es, wenn man, den Hügel hinan-
steigend, an welchem das Amphitheater sich lehnt, durch die Bogen-
fenster in die Arena hinabschaut und über das Innere hinweg
auf den Meerbusen und die Schiffe.

Vom Amphitheater wanderte ich durch die Via Flavia zum
Hafen zurück. Des stolzen Namens ungeachtet waren die Häuser
armselig wie in jedem kleinen istrianischen Ort. Die Weiber saßen
vor der Thür und strickten. So mag ganz Pola noch in der
ersten Hälfte dieses Jahrhunderts ausgesehen haben; zählte es
doch Ende des vorigen Jahrhunderts kaum mehr wie 600 Einwohner. Erst als Oesterreich es 1848 zu seinem Kriegshafen
erwählte, nahm es einen ungeahnten Aufschwung. Die alte Blüte
der Römerzeiten hat es jedoch noch immer nicht erreicht.

Der Rückweg an der Riva führte mich bei der stolzen Admi-
ralität vorüber zum Kriegshafen. Der Zutritt ist dem Publikum
durch eisernes Gitter und durch Wachposten versperrt. Kolossale
Panzerschiffe liegen daselbst vor Anker, auch alte hölzerne Kriegs-

schiffe, die aber nur noch als Kasernenschiffe dienen. Erlaubnis
zum Eintritt in den Kriegshafen und die großartigen Marineetablissements bekommt der Oesterreicher unschwer; schwieriger ist
der Besuch der letzteren für den Ausländer. Mir war es mehr
darum zu thun, Land und Leute kennen zu lernen; die modernen
Mordwaffen und die neuesten Erfindungen auf dem Gebiete des
Massenmordes interessierten mich weniger, und darum verwandte
ich die für Pola festgesetzte Zeit lieber zur Besichtigung der Stadt
und deren Altertümer.

Beim Hotel Riboli, wo ich Einkehr genommen, bog ich
in die alte Stadt ein und betrat sofort altklassischen Boden,
nämlich das ehemalige römische Forum. Zuerst präsentierte sich
der noch wohlerhaltene Tempel des Augustus und der
Roma, jetzt Museum. Sechs korinthische Säulen bilden die überaus zierliche Vorhalle: das Atrium. Noch trägt der Fries die
Inschrift „Patri Patriae!" auf den „göttlichen" Kaiser Augustus
hindeutend, dem das Tempelchen im Jahre 8 nach der Geburt
jenes Kindes geweiht wurde, welches alle Götzen und selbst die
göttlich verehrten Imperatoren vom Throne stürzen wollte.

Unfern von diesem römischen Tempel stand jener der
Diana, der jetzt im Municipium verbaut ist; nur die Rückwand
ist noch intakt erhalten. Zwischen beiden Tempeln breitete sich
ehemals das Forum der Patrizier aus; seine Stelle nimmt jetzt
das Stadthaus teilweise ein. Dasselbe, früher Palast der Markgrafen von Istrien und dann der venetianischen Rektoren, vereinigt
alle Stile in sich: die Rückseite ist noch altrömisch; die stattliche
Front mit der weiten Bogenhalle im Erdgeschoß, wohl der jüngste
Teil, ist schon Renaissance; die eine sichtbare Seitenfläche zeigt
italienische Gotik, leider durch Unverstand abscheulich entstellt — hat
man doch selbst den prächtigen gotischen Fries teilweise zerstört,
als man größere Fenster einsetzte! Der Platz vor diesem Muni-

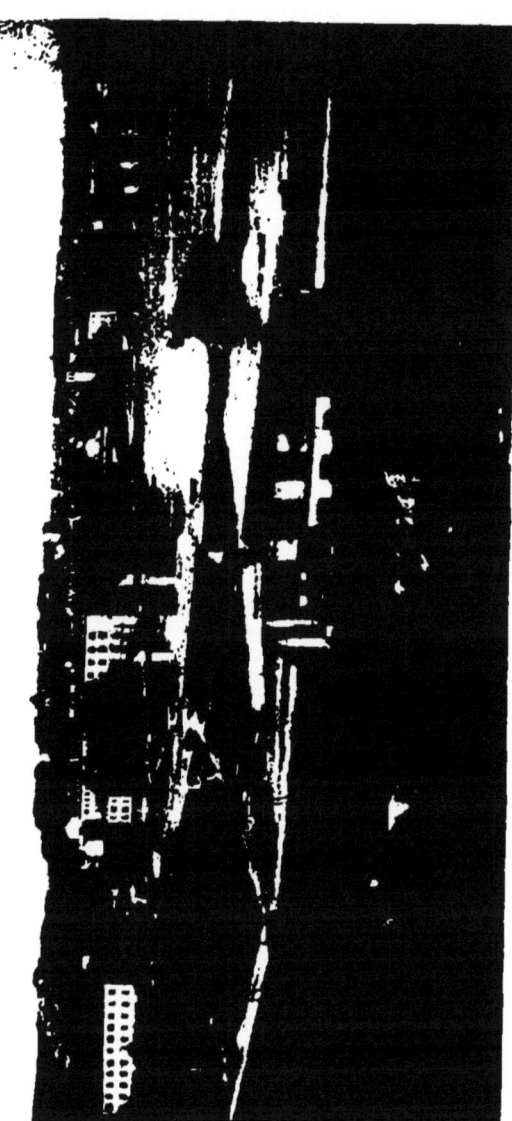

Pola von Norden.

cipium ist das alte Forum der Plebejer. Venetianischen Ur=
sprungs ist auf diesem Platze nur noch ein Haus; aber kein
Nobile bewohnt dasselbe, sondern ein ehrsames Schneiderlein.

Das Kastell oberhalb des Forums bietet nicht viel des
Bemerkenswerten. Es ist das ehemalige römische Kapitol. Zu
den Zeiten der Venetianer hatte es als Arsenal und Zwingburg
gedient.

Vom Forum lenkte ich die Schritte der Hauptstraße entlang,
die mit breiten Steinplatten gepflastert und auf beiden Seiten
mit Kaufläden geschmückt war. Die Straße führte mich zum
römischen Triumphbogen. Ein „Muster attischer Eleganz"
wurde derselbe unter der Regierung Trajans (98—117) von
Salvia Posthuma zu Ehren der römischen Familie der Sergier
errichtet. Darum lautet auch heute noch die Inschrift: „Salvia
Posthuma Sergii F. Sua Pecunia." Eines der schönsten Denk=
mäler des Altertums, ist es jetzt völlig freigelegt und mit Eisen=
gitter umgeben; es liegt jedoch fast einen Meter tiefer wie die
Straße.

Vom Triumphbogen schlenderte ich gemütlich weiter und fand
zunächst ein kleines Kirchlein mit gotischen Fenstern, dessen schlichte
Fassade ein uraltes Bild der Gottesmutter trug, die ihren Mantel
über die Gläubigen ausbreitete. Wenn ich nicht irre, wurde das
Kirchlein „Misericordia" genannt — gewiß ein schöner Name für
eine Kirche! Ich trat ein, weil ich nicht gern an einem Gottes=
hause vorübergehe. Aber fast reute es mich, denn der ernsten
Fassade entsprechend hatte ich ein durchaus würdevolles Innere
erwartet; statt dessen fand ich einen Raum, in welchem sich die
ganze moderne Geschmacklosigkeit breit machte. Fast schaute das
Gotteshaus drein wie ein Theater, aus dem gerade die Kulissen
beseitigt wurden. Tags zuvor hatte man das Fest des hl. An=
tonius gefeiert, und jetzt wurde der Staat, wahrer Tröbel, unter

Scherzen und Lachen der Meßdiener wieder entfernt. Man darf die Südländer nicht mit demselben Maße messen wie die ernsten Nordländer; dennoch bedauere ich sie immer, wenn sie sich in der Kirche betragen wie auf dem Spielplatze.

Nicht allzuweit entfernt stand einst die uralte Kirche San Stephano; jetzt ist sie völlig vom Erdboden vertilgt. Am Karfreitag 1271 wurden in dieser Kirche fast sämtliche Glieder der altberühmten Familie der Sergier ermordet. Die Patriarchen von Aquileja waren kurz zuvor vom Kaiser mit der Markgrafschaft Istrien belehnt worden; aber ihre Herrschaft in Pola war nur nominell, denn die Gewalt hatten die Sergier als General= kapitäne an sich gerissen. Das benützten ihre Rivalen, um mit Hilfe der Volkspartei die Sergier auszurotten. — Im Mittel= alter findet man große Tugenden, aber auch große Laster und Leidenschaften. Wenn die Religion nicht in den Menschenherzen ge= bot, sondern Ehrgeiz und andere böse Leidenschaften, so konnten selbst damals Menschen, welche sich Christen nannten, schreckliche Greuel in das Heiligtum hineintragen. — 1271 gelang übrigens die Blutthat nicht vollständig, denn ein Sprößling der Sergier rettete sich ins Franziskanerkloster und damit auch den Fortbestand der alten Familie. Das Kirchlein, in welches derselbe seine Zuflucht genommen, steht noch, wenn auch vielfach verändert und seinem Zwecke entfremdet. San Francesco dient nämlich jetzt als Militärverpflegungsmagazin. Seine einfachen Formen, die zuge= mauerte herrliche romanische Pforte, die gotischen Fenster erregen noch immer die Bewunderung der Kenner.

Mein Spaziergang durch die Stadt führte mich weiter zum Monte Zarro, der mit prächtigen Anlagen und Gebäuden be= deckt ist. Auf dem Gipfel steht das Hydrographische Amt und die Sternwarte, davor aber auf einer Terrasse das wirklich schöne Denkmal Tegetthoffs. Auf dem Sockel liest man die Inschrift: „Dem

Viceabmiral Wilhelm von Tegetthoff Kaiser Franz Joseph I. 1877.
— Tapfer kämpfend bei Helgoland — Glorreich siegend bei Lissa —
Erwarb er unsterblichen Ruhm sich und Oesterreichs Seemacht."
— Lange stand ich vor dem Denkmal, zugleich die herrliche Aus=
sicht auf Stadt, Hafen und Inseln genießend.

Vom Monte Zarro stieg ich zum sogenannten Militär=Pola
hinab, d. h. zu jenem neuen Stadtteil, welchen fast ausschließlich
Angehörige der Marine und des Heeres bewohnen. Der eigent=
liche Name der Vorstadt ist San Policarpo. Ein schattiger Park
macht den Aufenthalt in dieser Neustadt sehr angenehm. Vor
etwa dreißig Jahren war der Boden ödes Karstland; jetzt wachsen
dort ausländische Bäume in herrlichen Exemplaren. Inmitten
der Anlage steht die dem Andenken des unglücklichen Kaisers Max
von Mexiko gewidmete Säule, mit Schiffsschnäbeln geziert und
mit einer Siegesgöttin gekrönt. Als Erzherzog hatte sich Max
besonders um die Verschönerung Polas verdient gemacht, ebenso
Admiral Tegetthoff, so daß Pola jetzt durch die vielen öffentlichen
Gärten eine reizende Stadt geworden ist.

Der Zufall führte mich in die Straße San Pancratia.
Auf der einen Seite versperrte eine langweilige, hohe Mauer,
welche das Marinearsenal und andere Gebäulichkeiten abschloß,
alle Aussicht; auf der anderen Seite erhob sich gleichfalls eine
steile, mit Epheu bedeckte und mit Gebüsch gekrönte Mauer. Die
Straße wollte kein Ende nehmen. Schließlich führte sie mich zu
der Militärschwimmschule auf der Petersinsel (Scoglio San Pietro),
wo ich ein erfrischendes Bad nahm und eine prächtige Aussicht
auf den Kriegshafen genoß. Eine Barke zu einer Rundfahrt im
Hafen war leider nicht zu haben; so blieb denn nichts übrig, als
den Weg nochmals zu machen. Doch vermied ich die langweilige
Straße und stieg zunächst zum Militärfriedhof hinauf, der überaus
hübsch angelegt und mit prächtigen Kapellen und Monumenten

verfehen ift. Verhältnismäßig viele junge Leute ruhen dafelbft.
Voll Lebensluft und voll irdifcher Hoffnungen waren ficherlich die
meiften nach Pola gekommen; fie hatten vielleicht geträumt von
Ruhm und unfterblichen Namen, aber —

> „Unfterblichkeit ift nur zu finden
> Im Friedensland, beim Abendrot.
> Dort ftrahlet ew'gen Lebens Erbe,
> Dort winkt der Seelen letzter Port.
> Doch wer dort bleiben will, der fterbe,
> Nur nach dem Tode lebt fich's dort." (Schwab.)

Die ernften Bilder fchwanden, als ich wieder Militär=Pola
durchwandert hatte, und endlich vor dem Hotel Riboli der Ruhe
pflegen konnte, und als ich alle die kriegerifchen und friedlichen Ein=
brücke zu verarbeiten begann, welche ich den Tag hindurch auf=
genommen hatte. Abends füllte fich die Reftauration des Hotels
faft ausfchließlich mit Offizieren. Nur ein iftrianifcher Benedik=
tiner aus der Nachbarfchaft von Cittanuova, mit dem ich fchon
die Seereife gemeinfchaftlich gemacht hatte, bildete mit mir ein
frembartiges Element unter den bunten Uniformen. Schneidige
junge Leute fand ich unter diefen Soldaten, aber auch manche,
die mir weniger gefielen. So trug ein Marineoffizier ein goldenes
Armband. Ob auch Tegetthoff folch weibifchen Schmuck getragen?

15. Küftenfahrt von Pola nach Trieft.

Frühzeitig fand ich mich auf dem Küftendampfer „Rifano"
ein, der an Eleganz diejenigen der ungarifch=kroatifchen Linie,
welche ich feither meiftens benützt hatte, weit übertraf. Allerlei

Menschenkinder füllten allmählich das Verdeck. Der erste Platz, il primo posto, blieb verhältnismäßig leer und langweilig, aber auf dem zweiten Platz, il secondo posto, b. h. auf dem Vorderverdeck, entfaltete sich im Laufe der Fahrt reiches Leben. Bauern mit ihren scharf geschnittenen Zügen und in ihrer bunten Tracht stiegen ein, Fischer mit ihrer Beute: Fische von abenteuerlicher Gestalt, ein sehr würdiger Polizeidiener mit der Verdienstmedaille, alte Weiber und junge Mädchen. Am malerischsten war die Gruppe, welche sich um die primitive Schenke gebildet hatte. Die Schenke bestand einfach aus einem Faß Bier, um welches sich Bauern und Fischer auf dem Boden lagerten. Wollte ich auf die Schiffsbrücke steigen, dann blieb nichts übrig, als über etliche der beschnurrbarteten Zecher hinüberzuturnen.

Die Fahrt durch den Hafen, der Rückblick auf Pola und Umgebung, auf die bewaldeten Inseln, die Befestigungen ringsum nahmen beim Beginne der Fahrt meine Aufmerksamkeit völlig in Anspruch. Bald hatten wir jedoch die Punta Christo erreicht und damit den Blick auf Pola eingebüßt. Ins offene Meer kamen wir jedoch noch nicht, sondern in den Kanal von Fasana, der auf der einen Seite vom Festland, auf der andern von den brionischen Inseln gebildet wird. Der Kanal hat seine Geschichte: in demselben fand 1379 die Seeschlacht statt, in welcher die genuesische Flotte die Venetianer vollständig besiegte, um dann Pola zu zerstören. Auch 1866 sammelte Tegetthoff hier die Flotte, mit der er nach Süden dampfte, um die Italiener bei Lissa zu züchtigen.

Bald hatten wir Fasana erreicht, ein kleines Städtchen, dessen Kirche mit dem Campanile am Meere steht. Deutlich konnte man sogar die gotischen Formen des Hauptportals wahrnehmen. Landeinwärts sieht man, etwas nördlich gelegen, das Dorf Peroi, dessen Bewohner Einwanderer aus der Bocche di Cattaro und der Cernagora sind. 1658 ließen sie sich während eines Türkeneinfalls hier nieder, und bis heute haben sie ihre griechisch=katholische Religion und ihre Sitten bewahrt.

Das Schiff brachte uns dann nach Rovigno. Auf einer Landzunge belegen, wachsen die Häuser gleichsam aus dem Meere hervor. Malerisch liegt der Dom hoch oben auf einem Felsen, der ziemlich jäh zum Meere abfällt. Das Gotteshaus scheint eine alte Basilika zu sein, welche der Unverstand modernisiert hat; die Fassade wenigstens ist ganz modern geworden. Der Turm ist ein schmaler Campanile, dessen elegante Spitze das kolossale Bild der hl. Euphemia als Wetterfahne trägt. Auf einer Insel vor dem südlichen Hafen, in welchem das Schiff anlegte — es giebt nämlich in Rovigno noch einen nördlichen Hafen —, liegen die Ruinen der der hl. Katharina geweihten Kirche. Noch steht ihr schöner, romanischer Turm und eine Mauer des Hauptschiffes, sowie das daran stoßende Seitenschiff. Leider erlaubte die Kürze des Aufenthalts nur einen sehr kleinen Spaziergang an der Riva, die freilich genug bunte Bilder bot. Schon die eigenartige Tracht der Frauen interessierte mich; ihr Kopftuch, die sogenannte Vestura, bedeckt nämlich nicht nur den Kopf, sondern wird auch um den Oberkörper gewunden. In die engen Gassen der Stadt wagte ich nicht einzudringen. — Rovigno hat etwa 11 000 Einwohner und ist berühmt wegen der Tüchtigkeit seiner Seeleute, die viel= fach als Lotsen Verwendung finden. Auch eine Station des Berliner Aquariums befindet sich in Rovigno, wie mir ein freundlicher Zollbeamter mitteilte. — Als wir die Landzunge mit der Stadt umschifft hatten, erblickten wir auch den nördlichen Hafen und ein von Wien aus gegründetes Asyl für skrofulöse Kinder.

Bald hinter Rovigno bot der tief ins Land schneidende Canale bi Leme eine angenehme Abwechslung im Küstenbilde. Dieser breite Meeresarm scheint wie geschaffen zu einem Hafen, ist jedoch fast unbelebt. Auf dem Lande setzt er sich als tiefes, fruchtbares Thal meilenweit fort.

Von Pola bis Parenzo liegen vor der Küste kleine Eilande. Eine ganze Gruppe derselben umgiebt Orsera. Dieses malerische Städtlein thront am Meere auf einem mäßigen Bergkegel, während alle anderen Küstenstädte der istrianischen Westseite aus dem Meere herauszuwachsen scheinen und darum mehr oder weniger an Venedig erinnern.

Von all diesen Herrlichkeiten sah ein junges Ehepaar, das augenscheinlich seine Hochzeitsreise machte, nichts. Geleitet von der ganzen Verwandtschaft, war es in Rovigno an Bord gekommen, und seitdem saß es, Hand in Hand und Auge in Auge versenkt, noch da, ohne etwas von der übrigen Welt zu bemerken. So einträchtiglich wird wohl die übrige Lebensreise nicht immer verlaufen!

Parenzo, der Bischofssitz der vereinigten Diöcesen Patenzo und Pola, sowie der Versammlungsort der istrianischen Landesboten, ist ein Städtlein von etwa 10 000 Einwohnern. Der Stadt unmittelbar gegenüber liegt auf einer Insel neben einem uralten Turm das neue Schloß des Marchese Polisini und leuchtet weit ins Meer hinein. Parenzo macht wieder ganz den Eindruck eines Klein-Venedig. Prächtige alte Häuser mit Loggien schmücken den Hafen; offenbar sind dieselben venetianischen Ursprungs. Wirkungsvoll ist die Lage des Domes auf einer ins Meer hineinragenden Landzunge. An den Dom lehnt sich das alte Stiftsgebäude, die Wohnung der Domherren, schon 1251 in romanischem Stil erbaut.

Der kostbarste Edelstein, den Parenzo, ja wohl ganz Istrien besitzt, ist unzweifelhaft der Dom, eine Basilika, von Bischof Euphrasius im 6. Jahrhundert erbaut, also zu einer Zeit, da Istrien dem oströmischen Reiche angehörte und von Ravenna aus regiert wurde. Nachgrabungen im Dome haben übrigens den prächtigen Mosaikboden einer viel älteren, aber kleineren Basilika, wahrscheinlich aus dem 2. Jahrhundert, und einer zweiten, etwas späteren Kirche aus des großen Konstantins Zeiten nachgewiesen. Das Christentum muß also in Istrien schon in den frühesten Zeiten Verbreitung gefunden haben.

Die Euphrasinische Basilika verdient eine eingehende Beschreibung, und eine solche hat Hauser geliefert; möge sie hier eine Stätte finden. „Es giebt wenig altchristliche Kirchen, die ihre volle ursprüngliche Anordnung so rein und anschaulich erhalten haben wie der Dom von Parenzo. Man hat es hier mit einer Reihe von Baulichkeiten zu thun, die sämtlich den Anforderungen der Kirche und des Kultus entsprechen und eine Vorstellung von der Disposition der altchristlichen Kirche mit allem Zubehör geben. — In einer Langachse aneinandergereiht sind das Baptisterium, das Atrium und die Kirche und endlich der wahrscheinlich erst im 15. Jahrhundert an das Baptisterium angebaute Turm. Man betritt jetzt die ganze Anlage durch ein Südthor des Atriums. Dieser Vorraum der Kirche, von quadratischer Grundform, ist in der Mitte offen und wird von vier Säulenhallen umgeben, die nach dem Mittelraum gekehrt sind. Die Säulen mit ihren Bogen, an jeder Seite drei Arkaden bildend, und die Eckpfeiler sind zum Teil in ihrem alten Bestande, zum Teil an ursprünglicher Stelle erneuert erhalten. Unmittelbar an die Westseite des Atriums stößt das Baptisterium, während diesem gegenüber, also im Osten an das Atrium anschließend, die Kirche folgt. Das Baptisterium ist achteckig, mit Nischen an den Innenwänden versehen und zeigt noch in der Mitte die Piscina, das vertiefte Becken zur Vornahme der Taufe durch völliges Untertauchen des Täuflings. An Baptisterium und Atrium schließt sich nun in einer Langachse mit den früheren angeordnet die Kirche an. Sie ist eine dreischiffige

Basilika, deren Schiffe in eine größere Mittelapsis und zwei den Dimensionen der Seitenschiffe entsprechende kleinere Seitenapsiden enden. Es muß gleich hervorgehoben werden, daß die Basilika in Parenzo mit ihren zugehörigen Baulichkeiten sowohl in der Gesamtanlage wie im Detail der Architektur volle Verwandtschaft mit den Basiliken Ravennas hat. Das Basilikenschema ist hier im Sinne der byzantinischen Ausgestaltung durchgebildet. Die Kirche hat kein Querschiff; die Hauptapsis ist innen rund, außen sechsseitig gebildet, und zwar so, daß eine Ecke in die Mittelachse fällt; die Seitenapsiden liegen in der Mauerstärke, sind innen rund, treten aber außen nicht in Geltung. Zwei Reihen von je neun Säulen mit darüber aufsetzenden Rundbogen trennen das hohe Mittelschiff von den niedrigeren Seitenschiffen und tragen die über die Seitenschiffdächer hinausragenden Hochmauern. Drei Thüren mit byzantinischen Umrahmungen führen aus dem Atrium in die drei Schiffe der Kirche. Der Eintretende wird sofort gefesselt von der Größe und Schönheit des Raumes, wie auch von der Pracht edlen Materiales. Die Säulenschäfte sind durchweg von grauem Marmor, die Kapitäle, reich skulptiert, zeigen ausgesprochen byzantinische Formen, wie sie in ähnlicher Weise in San Vitale in Ravenna und in Konstantinopel vorkommen; sie sind sehr verschiedenartig gestaltet und durchweg mit einem Kämpferstück versehen, das nach dem Mittelschiffe das Monogramm des Bischofs Euphrasius trägt. Der prächtigste Teil aber der ganzen Anlage, welcher in der vortrefflichen Erhaltung des ursprünglichen dekorativen Schmuckes eine Vorstellung geben muß von dem edlen Reichtum des ganzen Innenraumes, ist die Hauptapsis mit ihrem Wandschmuck und dem Hauptaltar-Baldachin. Hier sind noch, im Halbkreise sich herumziehend, die alten Steinsitze für die Priester vorhanden, in deren Mitte sich über Stufen die Kathedra des Bischofs erhebt. Ueber diesen Sitzreihen zieht sich an der Wand

der Nische bis zu den Fenstern reichend ein über zwei Meter
hoher Streifen hin, der in eine Anzahl senkrechter Felder geteilt
ist, welche in reicher ornamentaler Ausführung eine Flachdekoration
bilden, die unter Verwendung der edelsten farbigen Marmorsorten
und großer, eingelegter Perlmuscheln eine unvergleichlich edle Zier
bilden. Man hat es hier nicht mit Mosaikarbeit im vollen Sinne
dieser Technik zu thun, sondern mit in Formen geschnittener Stein=
Intarsia, die sicherlich noch als eine Technik aus römischer Zeit
gelten darf und auch in ihren Kunstformen diese Abstammung
verrät. Ueber diesen geschlossenen Wandstreifen sind alle übrigen
Teile der Apsis mit figuralen und ornamentalen Darstellungen
in Mosaik bedeckt. Einen besonderen Schmuck der Apsis bildet
endlich der sich über dem Altar erhebende Baldachin.

„Die Gesamtwirkung dieser Apsis mit ihrem Ciborium, den
Priestersitzen, Marmor= und Mosaikbekleidungen, ist eine außer=
ordentlich farbige und prächtige, dabei der Lokalität entsprechende
ernste und würdige. Es kann dieser Teil des Innern der Kirche
in seiner guten Erhaltung eine Vorstellung geben von der einstigen
Pracht des ganzen Raumes, zumal es sicher ist, daß sich diese
Dekoration nicht bloß auf die Apsis beschränkte. Wie das Innere
prangte auch die Außenfront der Kirche, so weit sie sich über dem
Atrium erhebt, in musivischem Schmuck. Leider ist hier die Zer=
störung unter dem Einfluß der Witterung eine so weitgehende,
daß die meisten Teile der Dekoration, die die ganze Fläche zwischen
den Fenstern und bis zum Giebel hinauf bedeckte, herausfielen,
dem Beschauer eine nur dunkle Vorstellung des einst Gewesenen
hinterlassend. An die linke Seitenapsis der Kirche schließt noch
eine Anzahl kleiner Räume an, welche in fünf Apsiden enden;
es ist dies die St. Andreaskapelle oder das sogenannte Martyrium,
das sicherlich gleichzeitig mit der Basilika der Bestimmung des
Kultus entsprach.

„Trotz der Verunstaltungen und mannigfachen Schäden, welche die Kirche von Parenzo namentlich an ihren ursprünglichen Fenstern und Decken erfahren hat, bildet der gesamte Gebäude= komplex von Turm, Atrium, Baptisterium, Basilika, Oratorium und Martyrium, und im Verein mit den älteren herrlichen Mosaik= böden, wie dem später zugefügten Kanonikate dennoch ein Ganzes von seltener Großartigkeit und Erhaltung. Dem unschätzbaren Monument, das wir in Parenzo kennen lernten, ist kein nach= folgendes in Istrien erhaltenes an die Seite zu stellen*).“

Die Fahrt von Parenzo an dem Porto Quieto, der breiten Mündung des längsten Flusses von Istrien, des Quieto, vorbei nach Cittanuova wurde durch zahlreiche Fischernachen belebt, welche trotz der Regenschauer ihrem Gewerbe oblagen. Ihre Segel waren bunt gefärbt nach Sitte der venetianischen Fischer. Cittanuova ist bei weitem nicht so ansprechend wie Parenzo; aber die Kirche liegt, wie so oft, wieder hart am Meere. Die Alten haben immer verstanden, für ihre Gotteshäuser die schönsten Stellen auszuwählen. Es gab übrigens auch Zeiten, wo die schöne Lage am Meere ihre große Gefahr hatte. 1687 z. B. wurde Cittanuova von türkischen Seeräubern überfallen und ent= setzlich verwüstet.

Die weitere Fahrt gestaltete sich überaus schön, zumal das Regenwetter ein Ende nahm. Schon Cittanuova erschien uns von einem lichten Sonnenblick vergoldet. Bald hinter diesem Städtchen bemerkten wir ein Schloß, Castello bi Daila. Das Land erhob sich allmählich, und weit konnte das Auge über die Dörfer, Villen,

---

*) Hauser, „Architektur, Burgen und Ortsanlagen in Istrien“; „Die österreichisch=ungarische Monarchie in Wort und Bild“. 10, 258 ff.

Haine und Wälder, welche sich auf dem sanften Abhange aus=
breiteten, hinwegschauen. Deutlich nahm man noch Kirche und
Gebäulichkeiten auf einem ziemlich entfernten Kegel wahr, ob ein
ausgedehntes altes Kloster oder eine kleine, einst befestigte Stadt,
konnte ich nicht erfahren. Den Hintergrund des schönen Bildes
bildete eine Bergkette. Aus dem Meere tauchten dann wieder
die weißen Häuser von U m a g o auf, ein unbedeutendes Städtlein,
das keinen langen Aufenthalt verursacht.

Während wir beim Mittagessen in der Kajüte saßen, erschien
der mächtige Leuchtturm von Salvore, dann das Städtchen
S a l v o r e selbst. Von Salvore bis Pirano breitet sich eine
nicht unbedeutende Bucht aus, an welcher fiskalische Salzgärten
gelegen sind. Das Meerwasser wird bei höchster Flut in ein so=
genanntes Cavedino gelassen, einen durch Dämme geschützten
flachen Behälter, deren es gewöhnlich fünf hintereinander gibt,
eines immer tiefer als das andere. In diesen Behältern ver=
dunstet das Meerwasser unter der Einwirkung von Sonne und
Wind, und zurückbleibt ein weißes oder graues Salz. Die Lauge,
welche nicht ganz verdunstet, wird in der chemischen Fabrik von
Pirano weiter verarbeitet und Bittersalz, Glaubersalz und Chlor=
kalium ausgeschieden; die zurückbleibende brom= und johhaltige
Flüssigkeit wird zu Badezwecken verwendet. Diese Salzgärten
bedecken in Pirano eine Fläche von 628 Hektar, in Capodistria
von 255 Hektar. Sie beschäftigen beinahe 5000 Arbeiter und
tragen dem Staat nahezu drei Millionen Gulden ein.

Die Bucht von Salvore, an der wir vorüberfuhren, soll am
Himmelfahrtstage 1177 der Schauplatz einer entscheidenden See=
schlacht gewesen sein, in welcher die Venetianer unter ihrem
Dogen Ziani die mit Friedrich Barbarossa verbündeten Genuesen
und Pisaner geschlagen, das Admiralsschiff erobert und des
Kaisers Sohn Otto auf demselben gefangen genommen haben.

Fast alle Reisehandbücher erzählen von dieser Seeschlacht als einer
historischen Thatsache, und doch ist die ganze Geschichte höchst un-
historisch, eine von den vielen Fabeln, mit denen die Niederlage
Barbarossas in Venedig ausgeschmückt wurde. Im Dogenpalast
zu Venedig, im Großratssaal — Sala del Maggiore Consiglio —
sind diese und andere Mythen vierhundert Jahre später durch
den Pinsel der berühmtesten Maler des endenden 16. Jahrhunderts, z. B. Tintoretto, Bassano u. a. verewigt worden.
Außer dieser fabelhaften Seeschlacht bei Salvore kann man da
auch sehen, wie beim Friedensschluß in Venedig (1177) Papst
Alexander III. dem vor ihm knieenden Kaiser Friedrich den Fuß
auf die Schulter setzt. Dr. Gsell=Fels ist in seinen Reisehand-
büchern so ehrlich, ausdrücklich zu bemerken, daß dieses Bild „nur
der Uebertreibung der Sage entspricht". Trotzdem habe ich gesehen, wie der Patriotismus etlicher „heller" Sachsen vor diesem
Bilde Zuccheros hoch aufloderte. Auch der nichts weniger wie
würdige venetianische Cicerone, der den Touristen von Leipzig u. s. w.
die Bilder erklärte, kannte als feiner Menschenkenner wahrscheinlich
schon den Geschmack seiner Pappenheimer; unverfroren erzählte er:
der Kaiser sei dem Papste zu Füßen gefallen, und der Papst habe
dann dem Kaiser den Fuß auf den Hals gesetzt. — Als ob der
hochsinnige Barbarossa sich je solche Demütigungen hätte gefallen
lassen, und als ob Papst Alexander III. den friedensuchenden Kaiser
anders als mit dem Friedenskusse hätte empfangen können! —

Als Perle aller istrianischen Küstenstädte erschien mir Pirano.
Terrassenförmig steigt die Stadt einen langgestreckten, mäßigen
Hügel hinauf. Umgeben ist sie von alten Stadtmauern mit ghi-
bellinischen Zinnen und von Türmen, welche nach der Stadtseite
offen sind. „Der Anblick, den dieser bewegte und gezackte Mauer-
gürtel als Bekrönung der Stadt vom Meere aus gewährt, ist ein

außerordentlich malerischer." Dazu muß man sich noch den grünen
Schmuck denken, der rings die Stadt umgiebt. Zum Meere fällt
der Hügel schroff ab; die steile Felsenwand gewährt kaum Platz
für eine Straße. Hoch ragt der Dom mit seinem Campanile über
die Stadt hinweg. Auf dem Turme prangt wieder nach vene=
tianischen Vorbildern die Broncestatue des hl. Georg, die als
Windfahne dient.

Der Dom liegt auf einem Vorgebirge im Westen der Stadt,
Die Venetianer haben den Felsen, auf dem der Dom steht, durch
ein ganzes System von Pfeilern und Bogen gegen den Anprall
der Bora geschützt. Die den Felsen peitschenden Meereswogen
hätten sonst längst nicht nur den Felsen, sondern auch die Kirche
in den Abgrund gezogen.

Während wir in Pirano hielten, kamen Mädchen mit aroma=
tischen Walderdbeeren an Bord, um sie den Passagieren zu ver=
kaufen. Mehr wie die Früchte fesselten mich die Menschenkinder,
prächtige Gestalten, welche ihr schwarzes Kopftuch gar zierlich um
Kopf und Schulter zu drapieren verstanden.

Von Pirano hielt der Dampfer direkt auf Triest los. Die
Gegend wurde entzückend schön, schöner noch, weil die Sonne
nach dem regnerischen Morgen siegreich die Wolken durchbrang
und das Meer immer ruhiger wurde. Ueber letzteres freute ich
mich nicht wenig; denn wenn die Bora im Golf von Triest tobt,
flüchten alle Schiffe, auch die größten Seeschiffe in den sicheren
Hafen von Pirano.

Rechts breitet sich die gewaltige Bucht von Capodistria aus.
Die kleine Stadt Isola, in echter Weingegend, blieb unberührt
liegen. Auch Capodistria, ehemals die Hauptstadt von Istrien
und Sitz eines Bischofs, jetzt in kirchlicher Hinsicht mit Triest
vereinigt, teilte dieses Schicksal. Mir war das besonders unan=
genehm, weil ich gar gern den Domplatz dieser Stadt gesehen

hätte, der als einer der schönsten Plätze in Istrien gerühmt wird. Das zinnengekrönte Rathaus in der Mitte, rechts der teilweise gotische Dom mit dem Campanile, links der Palast des Gouverneurs und die Loggien sollen ganz und gar an Venedig erinnern.

Capodistria war ehemals das, was sein Name besagt: Haupt von Istrien. Aber es ist längst von seiner Höhe herabgestiegen. Im Mittelalter voll Bürgerstolz und Freiheitsdrang lehnte es sich auf gegen die Statthalter des Patriarchen von Aquileja, die in der Stadt wohnten und gleichfalls Markgrafen genannt wurden. Um sich vor den großen Herren besser schützen zu können, begab das Städtlein sich in den Schirm der Republik von San Marco. Aber der Schutz der Republik lastete bald so schwer auf der Stadt, daß es 1353 zum Aufstand kam, bei dem Capodistria ein Trümmer=haufen wurde. Die Venetianer hatten den Sieg davongetragen. Später kamen langwierige Kämpfe mit dem benachbarten Triest, die Capodistria klein machten und entvölkerten, bis es schließlich mit Venedigs Untergang an Oesterreich fiel. Erst in den letzten Jahrzehnten scheint es wieder aufblühen zu wollen.

Immer klarer und deutlicher trat Triest, die mächtigste Han=delsstadt an der Adria, hervor. Zugleich öffnete sich südöstlich davon die prächtige Bucht von Muggia, in welcher das altersgraue Städtchen gleichen Namens liegt, das die Triestiner Mujia nennen. Mehr wie alle istrianischen Küstenstädte soll dieses Städtlein ein Klein=Venedig sein. Es war ein entzückendes Bild, von dem ich mich gar nicht losreißen konnte. Schärfer und schärfer traten die weißen Häuser hervor, welche sich am Berg amphitheatralisch übereinanderreihen. Deutlicher hoben sich die großen Paläste am Meeresufer ab. Immer dichter wurde der Mastenwald, bis wir endlich am Molo San Carlo anlegten und sich ein kleiner Menschenstrom aus unserem Schiff in die Hafenstadt ergoß.

16. Triest.

Wer nur das Leben einer Binnenstadt gewohnt ist, den er=
drückt anfangs das Treiben und Wogen im Triestiner Hafen.
Mit Welthandelsplätzen wie Hamburg, Liverpool, New York kann
sich Triest jedoch noch lange nicht messen. Dagegen findet man
in Triest weit mehr des Interessanten wie z. B. in Fiume: der
Orient wie Occident sind hier weit mehr vertreten. Am Molo
Giuseppino liegen Weinschiffe aus Istrien und Dalmatien, daneben
die bunten Fischerboote aus der Fischerstadt Chioggia bei Venedig.
Die griechischen Schiffe, meistens mit Oel, viele auch mit Wein
beladen, haben ihren Lagerplatz bei der kleinen griechischen Kirche
San Nicolo. Auch Türken und Albanesen findet man dort, sowie
Sicilianer mit ihrer Schwefellabung. Doch selbst der Norden hat
seine blauäugigen und blondhaarigen Söhne gesandt, denn schwe=
dische und englische Schiffe sind nicht selten. Die großen Ozean=
dampfer, die Indienfahrer mit ihrer vielfach dunklen Bemannung
liegen etwas ferner vom Ufer vor Anker. Kleine Dampfer streichen
zwischen diesen Kolossen herum.

Das Einladen und Ausladen der Schiffe, die Ochsenkarren,
welche die Güter herbeischleppen, die vielen Menschen verursachen
am Hafen ein manchmal lebensgefährliches Gedränge. Abends
bietet der Hafen ein ganz anderes Bild, denn dann kommen die
Triestiner, um die kühle Seeluft zu genießen. Manche lassen sich
dann wohl in einer Barke, die zuweilen mit Lampen erleuchtet
wird, in den Hafen hinausfahren, um den unvergleichlichen An=
blick der in Gas und elektrischem Lichte erstrahlenden Stadt zu
genießen.

Der Leuchtturm, der auf dem weit ins Meer sich erstrecken=

den Molo Teresiano sich erhebt, signalisiert bei Tag die Ankunft fremder Schiffe und weist ihnen bei Nacht durch sein Feuer den Weg. Auch den abendlichen Spaziergängern gewährt dieser Faro viele Freude, weil er sein Feuerauge bald der einen, bald der andern Seite zuwendet. Einen prächtigen Rundblick über Hafen, Meerbusen und Stadt gewinnt man von seiner Höhe herab. Ist die Luft recht klar, so kann man selbst die fernen Schneegebirge schauen.

Höchst malerisch ist das Treiben am Canale grande, einem künstlichen Kanal von etwa 400 Meter Länge und 30 Meter Breite, der vom Hafen in die Stadt führt und dicht mit Trabakeln und anderen Küstenschiffen bedeckt ist. Seinen Abschluß erhält der Kanal durch die Kuppelkirche San Antonio nuovo, ein Gottes= haus neueren Datums in griechischem Stil, das mit der mächtigen Freitreppe und dem säulengeschmückten Portikus sich recht hübsch macht. An der Südseite des Kanals erhebt sich die farbenreiche griechische Kuppelkirche mit ihren vier Türmen, besonders durch die Mosaiken venetianischen Ursprungs in die Augen fallend; sie ist jedoch lange nicht so günstig gelegen wie San Antonio. Die Kirche wurde 1868 für die illyrische Gemeinde gebaut, während San Nicolo am Strand den Griechen gehört. — Einen schöneren, bilderreicheren Spaziergang als am Canal grande hinauf kann man kaum machen. Alles fesselt das Auge: das Leben und Treiben an den Schiffen, daneben die herrlichen Kirchen und Paläste, und dann die terrassenförmig im Hintergrund aufsteigen= den Gassen und Gärten. — Mehrfach wurde schon der Gedanke ventiliert, den Kanal zu verschütten und zu Bauplätzen zu ver= wenden; aber Triest würde dadurch einen Anziehungspunkt ver= lieren, wie ihn wenige Städte besitzen.

Außerhalb des Hafens konzentrieren sich Handel und Wandel in Triest hauptsächlich auf dem Corso, der Pulsader der Stadt, welche die Alt- und Neustadt scheidet oder verbindet, wie man es nehmen will. An der Stelle der alten Ringmauer entstanden, ist diese Hauptstraße mit wirklich schmucken Häusern und Läden ausgestattet. Abends wogt eine Menschenmenge auf diesem Corso, daß der Fremde sich in eine Millionenstadt versetzt glaubt, und doch zählt Triest nicht mehr wie 200 000 Einwohner. Der Corso nimmt seinen Ausgang beim sogenannten Tergesteum, einem wirklich schönen Bau, der im untern Stock Kaufläden hat, und dessen übrige Räumlichkeiten Börsen- und Handelszwecken dienen. Dicht daneben steht ein anderer monumentaler Bau, die alte Börse mit ihrem Portikus; vor ihr eine Säule mit dem Bilde Kaiser Leopolds I., als Kunstwerk ziemlich unbedeutend.

Wendet man sich vom Corso südwärts, so gelangt man zur Piazza grande, dem schönsten Platze Triests, den ich, wie die meisten zur See ankommenden Reisenden, zuerst betrat, und der mich wirklich fesselte. Vor mir erhob sich das Municipium, das Stadthaus, ein majestätischer Renaissancebau, der leider für seine lange Front viel zu schmalleibig ausgefallen ist. Rechts lag der viel ernster gehaltene Palast des österreichisch-ungarischen Lloyd, gleichfalls ein Renaissancebau. In der Morgenstunde dient die Piazza grande als Gemüsemarkt, abends aber ist sie zum großen Teil von den Tischen und Stühlen des nahen Café Specchi bedeckt. — Auf diesem Platze vor dem Municipium haben schon mehrfach Bombenattentate stattgefunden, deren Urheber, heißblütige Italianissimi, die Zeit nicht abwarten konnten, bis das „unerlöste Triest" (Trieste irredente) die Glückseligkeiten des neuen Italiens kosten darf.

Ehedem muß sich die Piazza grande noch weit malerischer ausgenommen haben. Vom Meere durch Häuser und Stadtmauer getrennt, trug sie den saalartigen Charakter der istrianischen Plätze. Alles ist jetzt verschwunden, auch die beiden Kapellen, welche von der Frömmigkeit der alten Triestiner zeugten. Die Stadtmauer und das Hafenthor wurden niedergelegt, der kleine Hafen für Barken und Küstenschiffe, der sogenannte Mandracchio, unmittelbar vor der Piazza zugeschüttet, auf dem alten Fischmarkt der Lloyd-palast gebaut.

Wandern wir weiter südwärts, so kommen wir zum Leipziger Platz, Piazza Lipzia. Als Napoleon I. in Triest gebot, hatte man denselben „Lützener Platz" getauft zum Andenken an den Sieg, den Napoleon bei Lützen erfocht. Aber die Triestiner waren keine Freunde Napoleons — allzusehr wurden sie durch seine Handelssperre geschädigt; darum nannten sie den Platz nach des Eroberers Sturz Piazza Lipzia zum Andenken an die ent-scheidende Völkerschlacht. — An diesem Platze befinden sich die bedeutendsten städtischen Sammlungen: die Stadtbibliothek mit ihren 30 000 Bänden, das Ferdinand-Maximilian-Museum, sowie die Altertumssammlung.

Etwas weiter südwestlich kommt man zum Josephsplatz, Piazza Giuseppina. Der schönste Schmuck desselben ist der Palazzo Revoltella, der das Museo Civico birgt. Dieser Palast mit allen Sammlungen und reichen Geldmitteln zur Mehrung derselben ist das Geschenk des Erbauers und ehemaligen Besitzers an die Stadt Triest.

Dem Palaste gegenüber steht das Standbild des unglücklichen Kaisers Maximilian von Mexiko — eine Schöpfung des Dresdener Bildhauers Schilling, der auch die Germania auf dem Niederwald modelliert hat. Zu den Füßen der Statue hat eine Stelle aus dem Testament des Kaisers ihren Platz gefunden: „Der öster-reichischen Marine, die ich so sehr liebte, allen meinen Freunden am Gestade der Adria mein letztes Lebewohl. 16. Juli 1868. Maximilian." Das Bild schaut auf das Meer und auf die Lieb-lingsschöpfung des Fürsten, das unvergleichliche Miramar. Als

11*

Kunstwerk wird dieses Renaissancedenkmal sehr gerühmt; mich ließ es ziemlich kühl. Mehr jedoch ergriff mich der Gedanke an das tragische Schicksal des Verewigten.

Kein Fürst der Neuzeit hat ein so ergreifendes Ende genommen wie dieser hochbegabte und edle Kaisersohn. Als Kaiser nach Mexiko berufen, einem Lande, das die Habsburger ehedem schon beherrscht hatten, wird er mit Jubel aufgenommen. Aber in kurzer Zeit erbleicht sein Stern. Von den Franzosen schmählich im Stiche gelassen, von den mexikanischen Republikanern mit Hilfe der Vereinigten Staaten bekämpft, von seinen angeblichen Freunden verraten, wird er schließlich standrechtlich erschossen. Seine geistreiche Gattin versinkt in die Nacht des Wahnsinns. Wahrlich, ein Trauerspiel, welches das Herz ergreifen und den Augen Thränen entlocken kann! Aber ein kaltes Denkmal von Erz und Stein hätte ich dem unglücklichen Fürsten nicht gesetzt! Als der Hohenstaufe Konradin in der Blüte seiner Jahre in Neapel unter dem Beile des Henkers sein Leben lassen mußte, da stiftete seine Mutter Elisabeth ihm auch ein Denkmal, aber ein lebendiges, nämlich das Cisterzienserkloster Stams in Tirol, in dem für den Ermordeten unaufhörlich Gebete dargebracht wurden, und von dem Segenströme über das ganze Land sich ergossen. Ein solches „Seelgeräte" hätte ich dem ermordeten Maximilian gewünscht.

In die alten und winkeligen Gassen und Gäßchen der Altstadt muß man hinaufsteigen, um sich, wie mit einem Zauberschlag, in eine altistrianische Stadt versetzt zu finden. Altersgraue Häuser an steilen Gassen, die vielfach in Treppen endigen, und in denen echt südländisches Leben pulsiert, haben nichts gemein mit den langweiligen Häusern und Straßen der Neustadt: es ist eben das alte Triest. Fehlt es auch diesen engen und winkeligen Gassen an Licht und Luft, so sind sie doch auch einigermaßen geschützt vor der Bora, welche öfter die nach dem Lineal angelegten Straßen der Neustadt durchfegt und dann den Aufenthalt in denselben fast unmöglich macht.

Auf unserem Wege gelangen wir zunächst zu S. Maria Maggiore, der alten Jesuitenkirche, im 17. Jahrhundert im unverfälschten Jesuitenstil erbaut. Von dort führt eine steile Gasse zum Dom San Giusto. Bleibt man vor der Kirche stehen und wendet den Blick rückwärts, so übersieht man einen Teil der Stadt und den Meerbusen. Hervorragende Gebäulichkeiten fesseln jedoch in dem Häusergewirr nur wenige den Blick; ebenso fehlen die Türme, welche eine Stadt so schön machen. Aber das weite Meer erglänzt im Sonnenschein; am fernen Horizont schimmern die weißen Alpen, links erheben sich die istrianischen Berge — das alles ist ein gar schönes Stück von Gottes herrlicher Schöpfung, an dem wir uns nicht satt sehen können.

Endlich wenden wir doch den Blick zum altersgrauen Dom. Schon der Campanile verrät, daß wir ein ganz eigenartiges Bauwerk vor uns haben. Massig, ungefüge ist er und niedrig; aber in demselben stecken noch etliche Säulen aus dem kapitolinischen Tempel, den in den Tagen des grausamen Christenverfolgers Nero Claudius Quirinalis erneuerte. Auch die Domfassade ist überaus schlicht; ihre glatte Fläche wird nur durch eine mächtige gotische Rosette belebt. Unten schmücken eine Reihe alter Leichensteine die Fassade; oberhalb des einfachen Portals sind die Broncebüsten dreier Triestiner Oberhirten angebracht, darunter auch Eneo Silvio Piccolomini, der in Deutschland so viel gewirkt hat und später die Kirche Gottes regierte als Papst Pius II. Eine Inschrift unmittelbar über dem Portal erinnert an die Verwüstung der Kirche durch die Franzosen 1813.

Schon im 5. Jahrhundert stand an der Stelle dieser Kirche eine Basilika, wahrscheinlich auf den Fundamenten eines Heiden-

tempels. Neben dieser der Gottesmutter geweihten Kirche baute
im 6. Jahrhundert Bischof Frugifer, der erste historisch beglaubigte
Vorsteher der Triestiner Kirche, eine kleine Kuppelkirche, welche
er dem hl. Justus weihte. Beide Kirchen, im 14. Jahrhundert
vereinigt und verlängert, bilden jetzt eine fünfschiffige Basilika,
die ihresgleichen nicht mehr hat. Beim Eintritt in dieselbe
fühlt man sich freilich enttäuscht: die graue Tünche, die schmuck-
losen Säulen, die moderne Kanzel und noch manch anderes
stößt uns ab. Gehen wir aber weiter, dann fesseln herrliche
alte Mosaiken den Blick: hinter dem Altare des hl. Justus
Christus mit St. Justus und St. Servulus, zwei Heiligen, welche
in Triest für den Heiland das Leben gelassen. In der Apsis
der Marienkapelle thront die Gottesmutter mit dem Kinde auf
einem Sessel, zu ihrer Seite im Priestergewand und mit der
Lilie in der Hand die Erzengel Michael und Gabriel; unterhalb
derselben erscheinen auf einem breiten Streifen die hl. Apostel.
Diese uralten Mosaiken reichen teilweise bis ins 7. Jahrhundert
zurück und sind vor kurzem überaus glücklich restauriert. Bemerkenswert sind auch die mittelalterlichen Fresken hinter dem
St. Justus-Altar, das Leben und Leiden des Heilands darstellend.
Triest hat kein zweites Gebäude, das dem Dome an die Seite zu
stellen wäre, und es ist merkwürdig, daß die kunstliebenden
Triestiner dieser Perle noch nicht die gebührende Fassung gegeben
haben.

Gleich hinter dem Dome erheben sich die trotzigen Mauern
des alten Kastells. Von seinen Zinnen herab soll man eine noch
schönere Aussicht genießen wie vom Domplatz. Der Eintritt
wurde mir jedoch nicht vergönnt. Auch die Höhe von Opčina,
deren Rundsicht so viel gerühmt wird, zu erklimmen, war mir
nicht möglich. Ich war auch reichlich befriedigt von allem, was
ich in Triest gesehen. Alles zu sehen und zu genießen, ist keinem

Sterblichen hienieden beschieden; der Reisende, der stets alles
sehen will, macht sich zum Tagelöhner und hat wenig Genuß.

Weit mehr wie die alten Mauern des Kastells interessierte
mich das Lapidario Triestino, eine Sammlung heimischer Altertümer auf dem alten Friedhofe des Domes. Ergreifender und
malerischer ist wohl kein zweites Museum. Schöner, wie ich es
könnte, hat Franz Swida dasselbe geschildert: „Als einer der
besten Männer Triests, der 1842 gestorbene Dr. Domenico de
Rosetti, nach vieljährigen Bemühungen einen seiner Lieblings-
wünsche verwirklichte, dem großen Winckelmann*), der auf der
Rückreise nach Italien 1768 hier einem fremden Mörder zum
Opfer gefallen war, ein Denkmal zu errichten, da faßte er den
Plan, dieses Monument zum Mittelpunkt einer Sammlung heimischer Altertümer zu machen. Ein Teil des gerade damals auf-
gelassenen Friedhofs bei der Domkirche wurde dazu bestimmt, das
Terrain etwas umgestaltet, und in der That fand, allerdings erst
nach dem Tode des Gründers, die Eröffnung des mit Grab- und
Votivsteinen, Altären, Inschriften und dergleichen geschmückten
Gartens statt. Für die wertvolleren Skulpturen und eine besonders
hervorragende Inschrift wurde später ein eigener tempelartiger
Bau errichtet. Wer den aus drei Terrassen bestehenden, mit
Bäumen und Sträuchern bepflanzten Raum betritt, dem weht ein

---

*) Johann Joachim Winckelmann, geboren 1717 in Stendal
in der Mark Brandenburg, wurde durch Selbststudium in einer
Zeit allgemeiner Verflachung ein Kenner und begeisterter Lehrer
der alten Kunst. Schelling sagt von ihm: „Er stand in erhabener
Einsamkeit wie ein Gebirg durch seine Zeit; kein antwortender Laut,
keine Lebensregung, kein Pulsschlag im weiten Reiche der Wissen-
schaften, der seinem Streben entgegenkam.“ — Winckelmann starb
als Katholik, und Goethe verewigte ihn in einer Schrift: „Winckelmann und sein Jahrhundert.“

eigentümlicher Hauch milder Wehmut entgegen. Die zahlreichen
Inschriften, viele in den schönen Linien der klassischen Periode,
andere aus den späteren Jahrhunderten bis auf die neuere Zeit,
die meisten gleich den freistehenden Denkmälern die Spuren der
Verwitterung tragend, sie gemahnen an das, was der Ort einst
war, an einen Friedhof. Aber in diesem Friedhof schlummern
jetzt fast neunzehn Jahrhunderte! Wer es versteht, die alten
Steine zu lesen, dem erzählen sie von längst verstorbenen Menschen
und von verklungenen Zeiten. Diesen halb verwitterten Denkmälern verdanken wir zunächst unsere Kenntnisse von dem inneren
Leben Tergestes (Triest zur Römerzeit), von Personen und Familien,
Aemtern und Würden, Bauten und bedeutungsvollen Erzeug-
nissen*)."

Der Rückweg von San Giusto führte mich in die Nähe von
Maria Maggiore zu einem alten Römerbogen. Er steckt ziemlich
tief in der Erde, ist jedoch besser erhalten wie jener in Fiume.
Die Formen verraten spätrömische Zeit. Heute heißt dieser alte
Triumphbogen Arco di Ricardo Die Sage bringt ihn nämlich
mit König Richard Löwenherz in Verbindung, der hier auf der
Rückkehr vom Kreuzzug landete, um heimlich durch Deutschland
zu ziehen. Das ist jedoch nichts wie Fabel.

Denkmäler aus römischer Zeit sind in Triest verhältnismäßig
wenige vorhanden, denn Tergeste hatte als Römerstadt lange nicht
die Bedeutung wie Pola, konnte sie auch kaum haben, weil Aquileja, der Hauptplatz der Römerherrschaft, viel zu nahe lag. Das
Christentum drang schon sehr früh in Triest ein; denn schon ums
Jahr 50 soll Bischof Hermagoras von Aquileja christliche Send-
boten hierher geschickt haben. Ihr Blut befeuchtete auch hier das

---

*) „Die österreichisch-ungarische Monarchie in Wort und Bild",
10, 54.

Amphitheater (Arena); von letzterem hat noch jetzt ein Stadtteil, Arena vecchia, den Namen. Die Stürme der Völkerwanderung fegten auch in Triest die römische Kultur hinweg. Als sie verrauscht waren, fing die Stadt unter ihren Bischöfen an, wieder aufzuleben. Denn dem Bischof Johannes hatte König Lothar von Italien, Ludwig des Frommen Sohn, 948 die Stadt nebst dem umliegenden Bezirk als Lehen verliehen. Doch schon derselbe Bischof Johannes verkaufte das Stadtgebiet wiederum für 500 Mark an die Gemeinde Triest*). Allgemach gelangte die Stadt zur Blüte, verstand aber auch, nach und nach völlige Unabhängigkeit zu erringen, wenn sie auch längere Zeit dem Namen nach zu Krain gehörte. Schwere Kämpfe hatte sie mit den mächtigen Venetianern zu bestehen, welche sie mehrmals eroberten und zu ihrer Beherrschung Zwingburgen anlegten. Darum unterwarfen sich die Bürger von Triest 1382 freiwillig dem Erzherzog Leopold III. von Oesterreich, der vorher schon als Graf von Pisino oder Mitterburg in Istrien ihr Nachbar geworden war, und von dem sie ein milderes Regiment erwarteten als von den Nobili der Venetianer. Damit hörten jedoch die Kämpfe mit Venedig noch lange nicht auf. Die jetzige Blüte hat erst die Neuzeit gebracht durch den Anschluß an das österreichische Hinterland vermittelst der Eisenbahn. Würde je Triest von Oesterreich losgerissen und mit Italien vereinigt werden, dann würde der Hafen von Triest veröden und die Stadt verfallen, gerade so, wie das mit Venedig der Fall ist. Aber italienische Sprache und Sitte herrschen in Triest, und darum giebt es auch in Triest genug politische Schwärmer, die sich Irredentisten nennen und den Anschluß an Italien erstreben.

---

*) Valvasor 11, 589.

---

17. Miramar.

"Schön und glanzreich ist des bewegten Meeres
Wellenschlag, wenn tobenden Lärms es anbraust!"

An dieses Wort Platens erinnerte ich mich, als ich an der
Piazza grande in Triest ein kleines Dampfboot bestieg, eine
wahre Nußschale im Vergleich mit dem nahen Lloydbampfer.
Mein Ziel war Miramar. Selbst im Hafen schaukelte das Schifflein dermaßen, daß etliche Personen wieder ausstiegen. Trotzbem
füllte sich allmählich das Verdeck, und dann ging's zwischen den
mächtigen Seedampfern hindurch und in den bewegten Meerbusen
hinaus. Die Sonne warf ihre Mittagsstrahlen auf uns herab;
aber sie belästigten uns nicht, weil eine frische Brise die Hitze
milberte. Die Wellen glitzerten; ringsum lachten Berge und
Hügel uns im grünen Schmucke der Bäume an, und aus dem
frischen Grün des Frühlings schauten gar neugierig die Dörfer
und Landhäuser hervor. Von einem Felsenvorsprung leuchtete
uns ein weiß schimmerndes Schloß entgegen, Miramar, die
Lieblingsschöpfung Maximilians:

"Hast du das Schloß gesehen,
Das hohe Schloß am Meer?
Goldig und rosig wehen
Die Wolken darüber her.

Es möchte sich niederneigen
In die spiegelklare Flut;
Es möchte streben und steigen
In der Abendwolken Glut.

(Uhland.)

Eine schönere Lage für ein Schloß hätte kaum gewählt werden können. Auf einer Seefahrt nach Duino, der alten Meeresburg am Busen von Monfalcone, wurde einst Erzherzog Ferdinand Max, der spätere Kaiser von Mexiko, durch die Bora gezwungen, etwa 9 Kilometer von Triest bei der Punta Grignana Schutz zu suchen. Die Lage des Hauses, das dem Prinzen Obdach gewährte, war so reizend, daß der Entschluß, hier ein Heim zu gründen, schnell zur Reife gedieh. Die Burg Duino, das alte Tybein, wurde sichtlich das Vorbild. Schon 1860 konnte das normannische Schloß bezogen werden, das auf Geheiß des Prinzen entstand.

Kunstverständige tadeln die Wahl des normannischen Stils; sie sagen: Istrien besitze genug heimische Motive, welche als Muster hätten dienen können, z. B. den Palast der venetianischen Regierung in Capodistria. Darüber soll natürlich hier nicht entschieden werden. Gewiß ist nur, daß Schloß Miramar, so wie es jetzt ist, auf jeden Besucher einen bleibenden Eindruck macht. Dieser Eindruck wird noch vertieft durch den Park, der das Schloß umgiebt: die rechte Fassung des Juwels. Und doch ist dieser Park teilweise auf ödem Karstboden hervorgezaubert. Mit wahrhaft künstlerischem Verständnis wechseln in diesem Garten die heimischen Bäume Istriens mit jenen der Tropenwelt ab, Fichten und Eichen mit den Cedern des Libanons und mit der Andentanne der Cordilleren. Unbeschreiblich schön sind die Rosenlauben und die Kamelienhecken. Stundenlang kann man in den verschlungenen Pfaden durch Lorbeerhecken, Cypressenhaine und Laubgänge wandern, ohne zu ermüden, denn überall laden schattige Plätze mit Ruhebänken den Wanderer ein. Zauberhaft schön ist die Gartenterrasse, welche vom Schlosse zum kleinen Hafen führt.

Ebenso einladend wie die Umgebung des Schlosses ist auch das Innere. Im untern Stockwerk hat Erzherzog Max noch

mehrere Jahre ungetrübten Glückes genossen; aber was ist
Menschenglück?

Die beiden oberen Stockwerke wurden erst ausgebaut, als
der Kaisersohn schon im fernen Mexiko weilte. Auch von dort
wachte er noch über seine Lieblingsschöpfung und gab selbst für
die kleinsten Details Anweisungen. Zu diesen oberen Stock=
werken führt ein reiches Stiegenhaus, mit Waffen und Jagd=
trophäen geschmückt und nachts durch Leuchter tragende Herolde
erhellt.

Fürstliche Pracht herrscht in den Sälen und Zimmern. Das
Arbeitszimmer Maximilians ist in dankbarer Erinnerung an die
schönen Tage, die der Prinz auf der Fregatte „Novara“ ver=
brachte, im Kajütenstile ausgestattet.

Alle Schönheit und Herrlichkeit dieses Schlosses muß jedoch
erblassen vor dem Liebreiz der Gegend, welche man von seinen
Fenstern überblickt. Da liegt Triest, die mächtige, schimmernde
Stadt am Berge, umrahmt von steilen Hängen und umflutet
von der See. Da breitet sich die Bucht von Muggia aus und
das weite Meer, in welches die Punta von Pirano mit dem
Dom sich erstreckt. Kein Wunder, wenn Maximilian bei diesem
Anblicke rief: „Si mira il mare!“ „Man sieht das Meer!“ und
darnach sein Meeresschloß taufte.

Trotz dieser irdischen Herrlichkeit, die mich rings umgab,
vermochte ich doch einen gewissen Ernst, selbst Traurigkeit nicht zu
bemeistern. Auf Schritt und Tritt erblickte ich die Erinnerungen
an den unglücklichen Fürsten und seine noch unglücklichere Ge=
mahlin:

> „Die Winde, die Wogen alle
> Lagen in tiefer Ruh';
> Einem Klagelied aus der Halle
> Hört' ich mit Thränen zu.“

In diesem Schlosse hatte Max am 10. April 1863 die Krone von Mexiko angenommen. Hier bestieg er mit seiner Gemahlin unter dem Jubel der Triestiner das Schiff, welches ihn in das ferne Land der Azteken und seinem Schicksal entgegenführte. Beide Ereignisse sind durch Gemälde im Schlosse verewigt. Als jedoch das Schloß vollendet war, weilte der Fürst nicht mehr unter den Lebenden. Das Land, dem er Frieden und Glück hatte bringen wollen, hatte sein Herzblut dafür gefordert.

> „O Menschenherz, was ist dein Glück?
> Ein rätselhaft geborener,
> Und, kaum begrüßt, verlorener,
> Unwiederholter Augenblick.“
>
> (Lenau.)

18. Meeresfahrt nach Venedig.

Von der Kirche San Antonio nuovo in Triest, in welcher ich meine Andacht verrichtet hatte, schlenderte ich in taufrischer Morgenfrühe den Canal grande hinab. Auf den gewaltigen Treppen, welche zur Kirche führten, saßen dicht gedrängt Arbeiterinnen: die meisten hatten den Strickstrumpf in der Hand; fleißiger noch handhabten sie die Zunge. Ich wurde nicht klug daraus, ob sie die Arbeitsstunde abwarteten, oder ob hier eine Art Arbeiterinnenbörse war. Daß diese Frauen und Mädchen hart zu arbeiten gewohnt waren, sah man ihnen an. Ueberhaupt müssen die Arbeiter hier im Süden bei glühender Sonnenhitze fast schwerere Arbeit verrichten wie in unserem kühleren Norden.

Man kann sich leicht davon im Triestiner Hafen überzeugen, wenn man die Facchini (Lastträger) auf ihren nackten Rücken die schwersten Lasten schleppen sieht.

Vielleicht zum letztenmal ließ ich das Leben und Treiben am Kanal auf mich wirken, denn ich war auf dem Weg zum Hafen, um die Gelegenheit zu benützen und der Königin der Adria, Venedig, einen Besuch abzustatten. Das Schiff, welches ich bestieg, wich in seiner Bauart von den übrigen, die ich seither am Adriatischen Meere gesehen, bedeutend ab, und kam mir dennoch ganz bekannt vor. Das Rätsel löste sich bald: es war ein norddeutsches Schiff, das ehedem von Hamburg nach Helgoland lief. Schon sein Name „Friese" verriet mir den Landsmann, und der Kapitän, dem ich mich nach der guten Sitte der Adria vorstellte, erzählte mir: eine Kieler Gesellschaft lasse das Schiff zwischen Triest und Venedig fahren, um dem „Lloyd" ein wenig Konkurrenz zu machen — eine Konkurrenz, die mir nur angenehm sein konnte, denn der Lloyddampfer fuhr bei Nacht, unser „Friese" aber bei Tag; überdies war das Fahrgeld um die Hälfte ermäßigt.

Trotz dieser Annehmlichkeiten war die Zahl der Fahrgäste nur eine geringe, wohl weil es die erste Fahrt des „Friese" war. Unter den wenigen Passagieren befanden sich dennoch allerhand sonderbare Käuze. So fesselte meine Aufmerksamkeit ein junger Berliner. Noch lange keine dreißig Jahre alt, verstand er doch alles und wußte alles; zwei viel älteren Böhmen imponierte er so sehr, daß sie sich seiner Leitung während der Reise völlig anvertrauten. Auch ein Augsburger fiel mir auf, als er mit der größten Gewissenhaftigkeit alle Teile des Schiffes inspizierte: es war sichtlich seine erste Seereise. Später entpuppte er sich als einen der größten Sonderlinge: voll Mißtrauen gegen alle Menschen, voll Vorurteilen gegen die katholische Kirche und deren Diener, obwohl er selbst Katholik war. Als ich später von ihm

erfuhr, daß er Hagestolz sei und von seinen Zinsen lebe, erschien
er mir freilich in milderem Lichte.

Die Besaßung des norddeutschen Schiffes war ganz istrianisch:
man hörte nur italienisch sprechen. Der Capitano stammte von
Lussinpiccolo, der Heimat so vieler alter Seebären. Er erzählte
mir — und zwar auf Englisch, welche Sprache er fließend sprach —,
daß er in seiner Jugend sich dem geistlichen Stande habe widmen
wollen, daß ein Geistlicher ihm auch höheren Unterricht erteilt
habe. Es ist doch merkwürdig, wie nicht nur in Deutschland,
sondern überall die Geistlichen sich der Jugend annehmen und
talentvollen Knaben fortzuhelfen suchen.

Die siebenstündige Fahrt war köstlich, die See ruhig, der
Wind nicht unangenehm, der Himmel bewölkt, so daß man es
selbst ohne Zeltdach auf der Schiffsbrücke aushalten konnte. Wer
die Adria nicht kennt, hätte kaum für möglich gehalten, daß dieses
stille, ruhige Gewässer auch rebellisch werden könne. Und doch
hat es auf dieser selben Strecke, welche ich befuhr, 1852 einen
österreichischen Staatsdampfer, die „Maria=Anna“, den ersten
Dampfer, der in Portoré erbaut wurde, mit Mann und Maus
im Sturm verschlungen: kaum eine Planke des Schiffes ist wieder
zum Vorschein gekommen.

Anfangs schauten wir rückwärts, wo Triest mit seiner lieb=
reizenden Umgebung sich allmählich in blauen Duft hüllte. Bald
gelangte das Schiff in die Nähe von Pirano, wo das Vorgebirge
mit dem Dome nochmals unsere Blicke fesselte. Dann erschien
auch der Leuchtturm von Salvore. Damit hatten wir aber auch
die Westspitze des Landes erreicht, und Istrien begann nach und
nach den Blicken zu entschwinden. Nur im Norden schauten wir
noch die langgestreckte, flache Lagunenküste. Die Lagunen haben
sich im Laufe der Jahrhunderte durch das Geschiebe der wilden
Bergwasser (Isonzo, Aussa u. a.) gebildet. Es sind kleine Inseln

und Sandbänke, welche teils mit dem Festlande verbunden, teils durch Brackwasser von demselben getrennt sind. Die Schilfe, Meergräser und Tangarten tauchen zur Ebbezeit aus diesem Brack= wasser hervor. Das ist das Paradies der Sumpfvögel. Menschen wohnen nur spärlich auf diesen Laguneninseln; sie fristen durch Fischfang ein kümmerliches Dasein. Zusammenhängende Nieder= lassungen sind selten. Eine der ältesten und berühmtesten ist Grado, dessen Campanile und bald darauf dessen Häuser gerade am Horizont auftauchen.

Unweit Grado erscheint die scharf geschnittene Silhouette des Pinienwaldes von Belvedere, das Ueberbleibsel eines ehemals weit größeren Waldes. Eine Stunde landeinwärts liegt Aqui= leja, einst die reiche, alte Römerstadt, in welcher der Norden und Süden ihre Produkte austauschten, bis sie 452 vom Hunnen= könig Attila zerstört wurde. Aquileja war vorher schon in den christlichen Kreisen als Pflanzschule der wahren Religion berühmt; gingen doch ein hl. Hilarius und ein hl. Hieronymus aus derselben hervor.

Als die Hunnen der Stadt nahten, flohen Volk und Klerus zum großen Teil auf die sicheren Lagunen; Grado wurde damals das Haupt der Lagunenorte, lange bevor Venedig ins Leben trat. Der Hunnensturm ging vorüber, und Aquileja blühte wieder auf; unter der milden Herrschaft der Ostgoten nahm der Bischof der Stadt sogar den Titel eines Patriarchen an. Aber es kamen die wilden Langobarden und zwangen die Bürger wiederum zur Flucht in die Lagune. Auch der Patriarch Paulinus (oder Paulus) brachte sich und die Kirchenschätze in Sicherheit.

Damals waren der Patriarch wie auch viele istrianische Bischöfe von der rechtgläubigen römischen Kirche getrennt. Auch die Nachfolger auf dem Patriarchensitze verharrten hartnäckig in Schisma. Als aber 606 der Patriarch Severus mit Tod abging,

Schloss Miramare bei Triest.

wurde durch den Einfluß des griechischen Exarchen von Ravenna
ein rechtgläubiger Bischof gewählt. Ihm stellten jedoch die istrianischen Bischöfe einen schismatischen Patriarchen entgegen, der
wieder seinen Sitz in Aquileja aufschlug, während der rechtgläubige
Patriarch in Grado verblieb*). Grado gewann dadurch eine bedeutende Stellung, zumal auch die ersten Dogen der Lagunenorte
in Grado einen Palast besaßen. Die Trennung des uralten Bis-
tums Aquileja blieb leider von Dauer, denn als im 11. Jahrhundert der in Aquileja wohnende schismatische Patriarch zur
Einheit der Kirche zurückkehrte, blieb das rechtgläubige Patriarchat
Grado bestehen. Der Patriarch von Grado geriet jedoch immer
mehr in Gewalt der Venetianer, jener von Aquileja aber stützte
sich auf die kaiserliche Macht Deutschlands und wurde sogar mit
der Markgrafschaft Istrien belehnt.

Bei dieser politischen Stellung konnten Rivalität und Kämpfe
nur ausbleiben, wenn die Träger der geistlichen Gewalt in Aquileja
und Grado stets Heilige gewesen. Aber Gott läßt ja zu, daß
seine Kirche nicht bloß von heiligen, sondern auch von fehlerhaften,
ja sündhaften Menschen regiert wird, weil sonst die Menschen
zum Glauben gezwungen wären. Auch in Aquileja und Grado
waren nicht lauter heilige Patriarchen, und darum gab es Streitigkeiten genug. Solche Streitigkeiten der Kirchenfürsten gereichen
nie zur Erbauung des christlichen Volkes. Selbst heute noch
bilden diese Kämpfe zwischen Aquileja und Grado die trübe Quelle,
aus welcher kirchenfeindliche Schriftsteller Schmutz schöpfen, um
die Kirche zu verdächtigen**). Wen nämlich die Gnade und

---

*) Vgl. Stolberg, Geschichte der Religion Jesu Christi, 21, 38 ff.

**) Stradner z. B. kann sich dieses Thema, so geeignet, um
liberale Philister gruseln zu machen, nicht entgehen lassen. In be-

Wahrheit verlassen hat, der erkennt auch nicht mehr, daß das göttliche Wirken in der Kirche um so deutlicher hervortritt, je schwächer und fehlerhafter die Werkzeuge Gottes, die Priester, sind.

Die Macht der Patriarchen von Aglar oder Aglai, wie die Deutschen Aquileja nannten, erstreckte sich zwar jahrhundertelang weit ins Reich hinein; aber, obwohl Reichsfürsten, vermochten sie doch auf die Dauer dem aufblühenden Venedig nicht Widerstand zu leisten. Schon die Grafen von Görz hatten als Schirmherren der Kirche von Aglar die Patriarchen vielfach bedrückt und geschädigt. Schlimmer machten es die Venetianer; sie verstanden es, nach und nach die Markgrafschaft Istrien von Aquileja loszureißen und dann an sich zu bringen. Noch tiefer sank Aquileja, als im Laufe der Zeit die Umgegend versumpfte und vom Fieber heimgesucht wurde. Da verließen nämlich die Kirchenfürsten ihren alten Sitz und schlugen ihre Residenz in dem alten longobardischen Cividale (Civitas Austriae), noch später im Machtgebiete Venedigs, in Udine, auf. Die herrliche Römerstadt wurde zum Steinbruch, aus dem zahlreiche Paläste in Venedig erbaut sind. Heute ist Aquileja nichts als ein großes Dorf; nur die alte Basilika zeugt noch von vergangener Herrlichkeit: aus dem Patriarchate sind die beiden Erzbistümer Görz und Udine für den österreichischen und venetianischen Anteil geworden.

Auch Grado ist seiner ehemaligen Herrlichkeit entkleidet

---

haglicher Breite zählt er in seinen Skizzen von der Abria die Streitigkeiten der Patriarchen auf, um zum Schluß auszurufen: „Nichts erinnert mehr an den jahrhundertelangen Krieg zwischen zwei mächtigen Stellvertretern Gottes; nur wenn die Madonna von Grado jener von Barbana einen Besuch macht, fühlt man sich in die Geistesdämmerung des Mittelalters zurückversetzt." („Rund um die Abria", 121.)

worden. Der Patriarchalsitz wurde 1451 unter dem hl. Laurentius Justiniani nach Venedig verlegt. Das schönste Gebäude in Grado ist aber noch immer die alte Basilika. Ihr Erbauer ist der Patriarch Elias von Aquileja (571—578), ein Grieche, derselbe, der sich zuerst dem Schisma zugewandt hatte. Das Gotteshaus hat ganz griechischen Charakter und ist zum Teil aus antiken Fragmenten gebaut. Seine Schönheit ist längst verblaßt; nur der alte Fußboden ist wohl erhalten. — Heute ist die alte Patriarchenstadt ein moderner Badeort, dessen Frequenz von Jahr zu Jahr zunimmt. Grado besitzt nämlich, ähnlich wie der Lido bei Venedig, einen flachen, sandigen Strand, der dem Wellenschlag der offenen See freisteht. An der felsigen Westküste der Adria ist das eine gar seltene Erscheinung.

So weilten meine Gedanken längere Zeit auf den Lagunen; das gute Schiff aber verfolgte unterdessen ruhig seinen Lauf. Grado versank ins Meer, ja sogar alles Land; ringsum war eine unabsehbare Wasserfläche. Allgemach tauchten jedoch im Nordosten die venetianischen Alpen auf, zugleich auch schattenhaft die flache Küste, nicht einmal durch einen Kirchturm belebt. Wir kamen der Lagunenstadt näher, und bald konnte der Capitano uns auf verschiedene Ortschaften aufmerksam machen. Endlich wuchs in weiter Ferne der Markusturm aus dem Meer hervor, von allen Passagieren freudig begrüßt. Kuppel um Kuppel erhob sich aus den Fluten, je näher wir der Stadt kamen. Bald hatten wir den Porto di Lido, den Eingang zur Lagune erreicht.

Der Lido ist nichts anderes wie eine langgestreckte Insel, besser eine ungeheure Sandbank, welche das Meer zum Schutze der Lagunen aufgetürmt hat, mit kleinen Städten und Dörfern besetzt. Die Lagune, in welche der Dampfer fuhr, war ein breites Wasserbecken, vielfach mit Seepflanzen bedeckt; nur ein verhältnismäßig schmaler Kanal, durch Pflöcke abgegrenzt, führt

12*

durch dieses trügerische Gewässer. Die Pflöcke tragen manchmal ein Kreuz, manchmal einen Heiligenschrein, manchmal eine Laterne. Zu beiden Seiten tauchen Inseln auf mit alten Kirchen und Klöstern; fast alle scheinen jedoch ihrer ehemaligen frommen Bestimmung entfremdet zu sein. Das Krachen der Mausergewehre auf einer dieser Inseln erinnerte daran, daß Italien jetzt ein Militärstaat, ein wichtiges Glied des Dreibundes ist. Vor einer Insel mußten wir stoppen, um die Zoll= und Sanitätsbeamten an Bord zu nehmen. Die Herren beeilten sich keineswegs, obwohl unsere Dampfpfeife sie immer dringender einlud. In unterdrücktem Zorn rannte unser Capitano auf der Schiffbrücke hin und her; wollte doch der gute Mann mit dem nächsten Eisenbahnzuge nach Padua eilen. Auch dieser unangenehme Aufenthalt ging vorüber; unser Gepäck wurde visitiert. Dann aber sahen wir auch das meerumgürtete Venedig in seiner ganzen märchenhaften Schönheit vor uns liegen: die Riva degli Schiavoni, den Dogenpalast, die Piazzetta, den Markusturm, die alte Bibliothek (Libreria di San Marco), jetzt ein Teil des daranstoßenden königlichen Palastes, S. Maria della Salute und rückwärts S. Giorgio di Maggiore — ein Anblick, der sich unauslöschlich dem Gedächtnis einprägt. Unmittelbar vor dem Dogenpalast legte unser Schiff an. Eine schwarze Gondel nahm uns in Empfang und brachte uns in einen mit Loggien geschmückten Palast der Riva degli Schiavoni, in dem ein deutsches Hotel sich breit machte.

Eine Beschreibung von Venedig zu liefern, das bereits in so vielen Büchern beschrieben und verherrlicht wurde, liegt mir fern. Auch die Geschichte dieser Königin des Meeres, welche so vielen anderen Städten der Adria ihren Typus aufgedrückt hat, will ich keineswegs schreiben. Ich will nur einige Eindrücke hier wiedergeben, welche ich bei diesem Besuch empfand.

Der erste Eindruck ist stets ein überwältigender. Mir wenig=

stens war, als ob ich in „Tausend und eine Nacht" versetzt sei. Eine
Stadt von Palästen, welche aus den Fluten hervorwachsen, mit ihren
Wasserstraßen voll geheimnisvoller Ruhe, nur unterbrochen durch
die eintönigen Rufe der Gondoliere, hatte ich noch nicht gesehen.
Die schwarzen Gondeln mit ihren gewaltigen Schnäbeln streichen
wie Schatten durch die Kanäle und mehren noch den geheimnis-
vollen Eindruck. Ich gab mich diesem Gefühle besonders hin,
als mich die Gondel stundenlang den gewaltigen Canal grande
entlang führte, der in Form eines lateinischen S die Stadt in
zwei ungleiche Hälften teilt. An dieser Wasserstraße reiht sich
Palast an Palast, die meisten mit Loggien in der eigenartigen
venetianischen Gotik geschmückt. Pergola, Laube, nennt man eine
solche Loggie hier. Vor den Palästen, deren Front aus dem
Wasser emportaucht, stehen verzierte Pfähle zum Anbinden der
Gondeln. Zwischen den Palästen erheben sich herrliche Kirchen,
bald in gotischem Stil, bald Kuppelbauten, deren Treppen wieder
ins Wasser hinabführen. Alles ist überraschend, eigenartig an
dieser gewaltigen Wasserstraße; selbst die klappernden und schnauben-
den Vaporetti, die Miniaturdampfer, welche auf derselben zum
großen Unbehagen der Gondoliere unsere Omnibusse vertreten,
machen einen so gespenstischen Eindruck, daß man sie hier kaum
missen möchte.

Dieser fremdartige und feenhafte Eindruck wurde keineswegs verwischt auf dem Markusplatze. Die Markuskirche, innen
wie außen so glänzend ausgestattet wie kaum ein zweites Gotteshaus der Christenheit, ist allein schon die Reise nach Venedig
wert. Ich schaute sie bei Tag und wurde nicht fertig, sie zu
bewundern; die Mosaiken der Vorhalle allein könnten Tage in
Anspruch nehmen. Ich sah sie bei Nacht, als der Markusplatz
feenhaft beleuchtet und von frohen Menschen belebt war; die
Kirche erglänzte im Mondenlicht:

„Da steht der Dom so riesenhaft
Im hellen Mondenschein,
Ein Zeuge alter Kunst und Kraft
Ragt er ins Blau' hinein."   (Ebert.)

Gleich fremdartig ist der Dogenpalast, ein wahres Märchen-
schloß. Am schönsten präsentiert sich der Bau wohl von der Lagune
aus. In edler schlichter Pracht scheint er da aus dem Wasser
emporzutauchen, unten gotische Arkaden, dann die Loggien, gleichfalls im Spitzbogenstil, und darauf das gewaltige, aber einfache
Obergeschoß mit mächtigen gotischen Fensteröffnungen. Die Mono-
tonie dieser Seefassade wird sehr glücklich durch einen reizvollen
Erker unterbrochen. Das Innere des Palastes mindert nicht
den Eindruck, welchen die Außenseite hervorgerufen. Schon das
prächtige gotische Thor, die Porta della Carta (wo ehedem die
Verordnungen angeschlagen wurden) neben der Markuskirche befriedigt den Besucher; dann der großartige Hof mit den schönen
Cisternen aus Erz, die Riesentreppe, welche in die Prachtsäle führt
— ein Saal schöner wie der andere, so schön, daß man tagelang
schauen und betrachten möchte, um doch wahrscheinlich nicht fertig
zu werden. Als der Doge von Venedig zuerst diese Säle be-
wohnte, hat kein Fürst in Deutschland, nicht einmal der Kaiser,
solche Pracht um sich gesehen.

Dem Dogenpalaste gegenüber liegt die alte Bibliothek, ein
Renaissancepalast, von dem Florentiner Sansovino († 1570) erbaut.
Sein Zeitgenosse Palladio, der berühmteste Renaissancebaumeister
von Venedig, nennt diesen Bau „die reichste und glänzendste
Doppelhalle, welche von den Zeiten der Alten bis auf unsere
Tage erbaut sei". Jetzt ist die Bibliothek in den Dogenpalast
übergesiedelt, und die Libreria ist ein Teil des königlichen Palastes
(Palazzo Reale), zu dem noch die neuen Prokurazien und ein
Teil der Fabbrica nuova am Markusplatze gehören.

Von dem Platz zwischen Dogenpalast und Libreria, der Piaz=
zetta, hat man prächtigen Ausblick auf die Lagune und den An=
fang des Canal grande. Jenseits des Wassers erhebt sich
S. Giorgio Maggiore, das älteste Benediktinerkloster Venedigs,
jetzt natürlich Kaserne, und weiter rechts am Eingange des
Canale grande S. Maria della Salute, eine Rotunde, welche im
17. Jahrhundert als Votivkirche beim Aufhören der Pest er=
richtet wurde. Das Abbild derselben, St. Veit in Fiume, hatte
ich ja erst jüngst verlassen. Auf der Piazzetta selbst, aber un=
mittelbar am Wasser, erheben sich zwei mächtige Granitsäulen,
welche schon 1125 aus dem Orient oder aus Griechenland nach
Venedig gekommen sein sollen. Die eine trägt das Bild des
hl. Theodor, den Venedig ebenfalls als Schutzpatron verehrt,
die andere den Markuslöwen aus Bronce, aber in viel späterer
Zeit verfertigt.

Solch herrliche Plätze mit solch stattlichen Bauten finden
sich in keiner Stadt der Welt wieder. Sie zeugen hinlänglich
für die Tüchtigkeit der alten Venetianer. Die zahllosen Kirchen,
deren keine zwar St. Markus an Reichtum gleichkommt, aber von
denen die meisten doch stilvoll, wahrhaft schön und voll herrlicher
Kunstwerke sind, erzählen auch von ihrer Frömmigkeit.

Arme Flüchtlinge hatten die Laguneninseln zuerst besiedelt;
die Furcht vor den Hunnen hatte sie gezwungen, ihr blühendes
Heim zu verlassen. Elende Hütten waren ihre ersten Wohnungen
gewesen. Doch im Kampf mit dem tückischen Meere, im Ringen
mit Armut und Not erstarkte ihre Kraft. Unterstützt von den
Kaisern von Byzanz gelangten sie bald zu Ansehen. Ihre Blüte=
zeit begann mit den Kreuzzügen, die Venedig zur Welthandels=
stadt und zur Königin der Adria machten. Doch mit dem Reichtum
zogen auch Ueppigkeit und Weichlichkeit ein. Dalmatinische und
albanesische Söldlinge mußten die Kriege der Republik schlagen.

Von den elf slavischen Regimentern kommt noch jetzt der Name Riva degli Schiavoni. Ihre Offiziere waren nicht selten deutsche Edelleute. Noch jetzt kündet ein Denkmal im weltberühmten Arsenal den Ruhm des deutschen Marschalls Schulenburg, der 1716 Korfu gegen die Türken heldenhaft verteidigte.

Mit Weichlichkeit paart sich gewöhnlich Grausamkeit. Mit welchen Schreckensmitteln die Nobili, deren Namen im goldenen Buche standen, ihre Herrschaft aufrecht erhielten, davon erzählen noch jetzt die Pozzi, d. h. die unterirdischen Gefängnisse, zu denen man unmittelbar von der goldenen Treppe (Scala d'oro) des Dogenpalastes gelangt. In diesen steinernen Käfigen, nicht mehr wie 1,05 Meter hoch, die teilweise unterhalb des Wasserspiegels lagen, zu denen kein Lichtstrahl drang als das spärliche Licht aus der Laterne des Gefängniswärters — in diesen Käfigen verhallten ungehört die Seufzer der Lebendigbegrabenen; ja selbst von ihrem Tode erfuhr die Außenwelt nie. Oberhalb dieser schrecklichen Gefängnisse, an die ich jetzt nur noch mit Schaudern denken kann, feierten in prunkvollen Sälen die herrschenden Nobili rauschende Feste. — Ebenso kann die Erinnerung an die Bleikammern, Gefängnisse unter den Bleidächern des Palastes, nur mit Entsetzen erfüllen. Nicht umsonst heißt auch die Brücke, welche den Dogenpalast mit dem durch den Kanal getrennten Kriminalgefängnisse verbindet, Seufzerbrücke: Ponte dei sospiri. Auf der Piazzetta zwischen den beiden Granitsäulen fanden die öffentlichen Hinrichtungen statt. Vielleicht ebensoviele Unglückliche wurden jedoch heimlich in den Pozzi hingerichtet und ihr Körper einfach im Kanal versenkt. Solche Greuel mußten Gottes Rache auf die Republik herabziehen. Lange bevor Napoleon ihr ein unrühmliches Ende bereitete, war die einst so stolze Republik von San Marco nur noch ein faulender Leichnam.

Jetzt ist Venedig, nachdem es fünfzig Jahre lang dem viel geschmähten Oesterreich angehört hatte, ein Glied der Italia unita. Auf der Riva degli Schiavoni steht das prunkvolle Denkmal des „Befreiers" Viktor Emanuel; am Fuße des Denkmals ist auf der Rückseite die geknechtete, auf der Vorderseite die befreite Venetia bildlich dargestellt. Aber das befreite Venedig ist ohne Handel und Verkehr. Wenige Schiffe nur lagen an der Riva, wohl aber gerade unter meinem Fenster zwei Torpedoboote. Die Paläste sind vielfach veröbet und verfallen, und die alten stolzen Nobili sind so arm geworden, daß sie manchmal das Haus ihrer Ahnen gern einem Fremden umsonst vermieten, wenn er sich nur zu den Unterhaltungs= und Herstellungskosten verpflichten will. Wenn nicht die einzig schöne Stadt so viele Fremde, besonders Deutsche, anziehen würde, so hätten längst aller Handel und Wandel aufgehört. Venedig würde dann gar bald wie das verfallene Murano aussehen, oder wie irgend ein anderes Klein=Venedig an der istrianischen Küste. Murano, ein kleines Städtchen in un= mittelbarer Nachbarschaft von Venedig, das in allen Gassen den Stempel der Armut und des Zerfalles zur Schau trägt, besuchte ich nämlich wegen seiner weit berühmten Glasfabrikation.

Glücklicherweise ist das herrliche Venedig noch nicht so tief gesunken. Noch kann man an der Piazza die prächtigsten Läden der Welt bewundern und alle möglichen Andenken für die Lieben in der Heimat kaufen, wenn man nur Geld hat. Geld ist augen= blicklich in Venedig, ja in ganz Italien überaus rar; nur noch Papierscheine sieht man. Selbst Silber und Kupfer sind kaum zu bekommen. Als ich nach Padua fahren wollte, um das Grab des hl. Antonius zu besuchen, konnte ich sogar am Schalter der Eisenbahn keine Scheidemünze bekommen; ich mußte erst zum Wechsler meine Zuflucht nehmen.

Trotz der Armut der Zeit sind die Venetianer ein lebens=

lustiges Völklein. Es ist ein eigenartiger Genuß, abends auf dem Markusplatz, der Piazzetta und der Riva degli Schiavoni zu lustwandeln. Tagsüber sind diese Plätze mit Ausnahme der Riva ziemlich menschenleer. Dann sieht man nur Fremde und Händler, die Düten mit Taubenfutter und fragwürdige Ansichten von Venedig dem Fremden aufschwätzen wollen — ein Gewerbe, das eigentlich nur eine anständige Art von Bettelei ist. Von wirklichen Bettlern wird man jedoch in Venedig weit weniger verfolgt wie im übrigen Italien. Taubenfutter kauft übrigens wenigstens jede fremde Dame auf dem Markusplatz, um die zahl= losen Tauben zu füttern, welche denselben beleben. So zahm sind diese Tierchen, ohne die man sich den Markusplatz und die Markuskirche gar nicht denken kann, daß ich sah, wie sie sich auf Hände und Schultern der Damen setzten. Ganz anders ist aber das Bild des Markusplatzes zur Nachtzeit. Da wogen und drängen sich Einheimische und Fremde, lauschen den Klängen der Musik, oder sitzen vor den Kaffeehäusern weit auf den Platz hinaus und trinken scherzend und plaudernd ihren Kaffee oder essen ihr Eis. Alles aber geschieht mit großem Anstand; Roheit und Trunken= heit habe ich in Venedig nicht zu sehen bekommen. Wenn die Nacht voranrückt und das Lärmen und Treiben ein Ende nimmt, wird man nicht selten im Schlafe geweckt durch irgend einen liebenswürdigen Venetianer, der seiner Schönen eine Serenade bringt oder auch dem fremden Reisenden eine besondere Freude machen will.

Venedig, das einst 400 000 Einwohner zählte, hat heute kaum die Hälfte. Wenn auch die 150 Kanäle die Hauptverkehrs= adern der Stadt bilden, so muß man doch nicht glauben, daß die übrigen Teile der Stadt ganz tot liegen. Ebenso interessant wie eine Gondelfahrt durch die engen Kanäle der Stadt ist ein Spazier= gang durch ihre engen Gassen und saalartigen Plätze, denn Venedig

hat weit mehr Gaſſen wie Kanäle. Gerade in dieſen engen Gaſſen
und Gäßchen zwiſchen den hohen Häuſern und auf den kleinen
Plätzen bei den Kirchen, Campi genannt, den urſprünglichen Fried=
höfen, ſpielt ſich ein reiches, buntes Leben ab. Auch gar viele
maleriſche Punkte entdeckt man auf ſolchem Spaziergang. Zumal
von den hohen Brücken, welche die einzelnen Gaſſen und Inſeln,
auf denen Venedig erbaut iſt, miteinander verbinden, und unter
denen die Gondeln hin und her ſchießen, findet man höchſt inter=
eſſante Ausblicke, die wohl eines Pinſels wert wären.

---

19. Von Trieſt nach Görz.

Köſtlich iſt die Fahrt am Meere entlang nach Duino. Zuerſt
begrüßt man hart an der See das Dorf Barcolo, ein Lieblings=
plätzchen der Trieſtiner, welche in ſeinen Weinlauben ein gutes
Tröpflein ſchlürfen. Vor Grignano taucht wiederum Schloß
Miramar auf, vom Meere umſpült. Die Bahn ſteigt fortwährend.
Oberhalb derſelben iſt entſchiedenes Karſtland; dort findet man
gerade wie im Karſt die bekannten kreis= und trichterförmigen
Dolinen, welche, Ciſternen gleich, im Boden gähnen. Abwärts
vom Bahnkörper ſenkt ſich zum weiten, blauen Meer ein mit
Delbäumen und Lorbeer bewachſenes Gehänge, auf dem einſt die
Reichen von Aquileja ihre Villen hatten. Ihre Ueberreſte fördert
noch beſtändig der Spaten des Bauern ans Tageslicht. Damals
freilich muß die ganze Küſte, ſelbſt der ganze Karſt noch im
grünen Schmuck des Waldes geprangt haben, des Waldes, der
zugleich Schutz vor der Bora gewährte. Aber auch heute noch iſt

die Gegend schön, besonders schön durch das Meer, über welches hinweg in weiter Ferne die alte Burg Tybein, das jetzige Duino, leuchtet.

Ein weiter Ausschnitt in dem Karstgestein entzieht dem Reisenden plötzlich die Aussicht auf das Meer. Dafür schaut man gewaltige Steinbrüche, in denen schon römische Arbeiter Steine für die Paläste in Aquileja gebrochen haben; noch heute heißt der Hauptsteinbruch Cava Romana. Der Zug gelangt zu einem kolossalen Viadukt von 600 Meter Länge — ein Bau, der nicht durch eine Thalsenkung veranlaßt, sondern nur aus strategischen Rücksichten unternommen wurde. Sollten je die Italiener von der Landseite einfallen, um sich der Stadt Triest zu bemächtigen, so ist der Viadukt der Zerstörung geweiht und damit der Bahnverkehr unterbrochen.

Nabresina liegt schon völlig im Karstgebiet. Aber ein Spaziergang von etwa dreiviertel Stunden führt in die Nähe der Küste, und zwar zu einer der schönsten Stellen, zum Wasserturm von Auresina. Weit schaut man von da über die Felsenküste hinweg, über die See bis zu den Lagunen von Grado, ja, wenn das Wetter günstig, noch viel weiter: bis zu den schneegekrönten Alpenhäuptern. Das Wasserwerk selbst steht unmittelbar am Meer, denn gerade am Meeresstrand quellen die Gewässer hervor, welche durch gewaltige Maschinen nach Triest gepumpt werden.

Zur alten Burg Duino, welche hart am Meer in entzückender Lage auf einem Felsen thront, kann man von Nabresina entweder mit einem Wagen fahren, oder man kann auch den Abendzug benützen und an der Haltestelle Bivio aussteigen. Von der Bahn aus sieht man die Burg nur unvollständig. Sie ist eine Doppelburg: die neuere aus dem 14. Jahrhundert gruppiert sich um einen alten Römerturm; zu ihr gehört jetzt ein altes, 1783 aufgehobenes Servitenkloster. Von der alten Burg sind nur noch Ruinen vorhanden, welche mit dem neuen Schloß durch einen Felsengrat verbunden sind. Der Wald von immergrünen Eichen und Terebinthen neben dem Schloß soll der Rest des mächtigen Forstes sein, welcher in alten Zeiten die abriatische Küste schmückte. Viel Malerisches kann man an der Abria schauen, aber das Kastell Tybein auf dem Karstvorsprung am Meer ist doch eine der schönsten Perlen.

Vor Eintritt ins Schloß schaut der Wanderer wie in einem Blick die Herrlichkeit desselben. Ein viereckiger Ausschnitt in der Schloßmauer umrahmt nämlich ein prächtiges Bild: die alte Burg und den Eichenwald, tief unten das blau-grüne Meer und jenseits die Lagunen. Das alles, vom Sonnenlicht übergossen, ist unvergleichlich schön. Wahrhaft schön ist auch ein Blick in die Felsenhänge, welche, zum Meere führend, in einen Park verwandelt sind. Da gedeihen Agaven von Dalmatien und Kinder der Tropen, während man aufwärts im Karstgestein Alpenveilchen pflücken kann.

Auch vom Lichte der Geschichte wird die alte, trotzige Feste verklärt. Ihre mittelalterlichen Besitzer gehörten unzweifelhaft einem alten, deutschen Geschlechte an; darauf weist schon der Name Tybein, den sie mit Vorliebe sich und der Burg beilegten. Die Burgherren von Tybein empfingen als Gäste die hohenstaufischen Kaiser. Dem Friedrich Barbarossa soll dort hundertjähriger Wein kredenzt worden sein*). Der Wein von Duino war übrigens im Altertum hoch geschätzt. Bei Duino wuchs jener wunderbare Wein, „Milch der Aphrodite", welchem Livia Augusta, die Kaiserin, ihr hohes Alter zuschrieb. Jetzt nennt man ihn „Terrano"; aber noch immer gilt er als stärkender und lebensverlängernder Trank.

---

*) Valvasor 11, 607.

In Duino soll auch der große Florentiner Dante Alighieri in den Jahren seiner Verbannung eine geraume Zeit geweilt haben. Noch immer heißt ein Felsen, der ins Meer hineinragt, „Felsen des Dante". Auch andere Minnesänger und Dichter fanden in Tybein gastliche Aufnahme und selbst hohen Lohn, den Lorbeer des Poeten. Der vorletzte Bewohner der alten Burg war Graf Hugo — derselbe, unter welchem als Stadthauptmann von Triest sich diese Stadt 1362 dem Hause Habsburg freiwillig unterwarf. Bald nach seinem Tode wurde die alte Burg verlassen und das neue Schloß am alten Römerturm erbaut. Die Uebersiedelung brachte dem alten Geschlechte kein Glück, denn 1400 starben die Herren von Tybein aus und ihre Burg empfingen die Herren von Walsee oder Valsa, die auch Fiume besaßen, als Lehen. Auch die Walsee konnten sich des neuen Besitzes kaum erfreuen; bei ihrem schnellen Ende fiel die Feste an Oesterreich und wurde von da an zu Krain gerechnet. 1459 wurden die Grafen von Thurn-Valsassina damit belehnt. Vorübergehend eroberten auch die Venetianer die Meeresburg[*]). Heute gehört sie der fürstlichen Familie Hohenlohe, welche sie mit fürstlicher Pracht ausgestattet hat.

Wer einmal in Duino weilt, darf nicht einen Besuch des sagenreichsten Flusses versäumen, der ganz in der Nachbarschaft entspringt und mündet. Schlägt man die Richtung nach Monfalcone ein, so kommt man in einer guten halben Stunde zum St. Johanniskirchlein, auch S. Giovanni di Tuba genannt, das aus den Ruinen eines alten Heidentempels erbaut wurde. Hier brechen aus Felsengrund die Quellen des ehedem so berühmten Timavo hervor. Einst war die Wassermasse des Flusses so groß, daß er bis zur Quelle für Seeschiffe schiffbar war; jetzt

---

[*]) Valvasor 11, 608.

trägt er nur noch Fischerbarken. Allgemein gilt er als Abfluß
des Rekaflusses, der in einer Entfernung von sieben Stunden in
den Höhlen von St. Canzian verschwindet. Nachdem er als
Timavo wieder an die Oberwelt tritt, vermischt er sich nach kurzem
Lauf mit der Adria.

> „Mit den Wellen
> Spielt das Meer,
> Aus den nächtlich alten Quellen
> Muß es strömen stets und schwellen,
> Ruht und rastet nimmermehr.“   (Schulze.)

Daß der Timavus, wie die Alten den Fluß nannten, früher
weit gewaltiger gewesen wie heute, kann man aus den alten
Chronisten und Dichtern entnehmen. „Timavus, der weitberühmte
und urbekannte Fluß,“ meldet noch Valvasor, der krainerische
Chronist aus dem Ende des 17. Jahrhunderts, „welcher so vielen
Geschichtschreibern und alten Poeten durch die Feder geflossen,
thut seinen Ursprung zwischen Tybein und St. Johannis aus
sieben Löchern eines rechten Felsens*).“ Römische Dichter, die
Valvasor pietätvoll aufführt, kennen sogar neun Quellen, so Virgil
und Claubianus. Auch Mela berichtet: „Interfluit Timavus
novem capitibus exurgens, uno ostio emissus;“ „Aus neun
Quellen steigt der Timavus empor, um in einer Mündung sich
ins Meer zu ergießen**).“ Das Schwinden des Wassers kann
nicht wundernehmen, weil eben der Karst durch die Abholzung
ärmer an Wasser geworden.

Beim Timavo sollen nach alter Sage die Argonauten das
Meer wieder erreicht haben. Auf der Donau, damals Ister ge-

---

*) Valvasor 2, 272.
**) Ebendort.

nannt, waren sie zu Schiff in die Save und dann in die Laibach
gekommen, welche sie als Quelle des Isters betrachteten. Von
der Laibach trugen sie auf den Schultern ihr Schiff über das
Karstgebirge zur Adria:

> „Zwölf Tage über des Landes wüstem Rücken,
> Aus dem Okeanos hatten das Schiff wir getragen,
> Der Flut enthoben auf meinen Ratschlag.“

Von diesem Irrtum, daß die Quelle des Isters die Laibach
sei, erhielt das Land den Namen Istria oder, wie die Deutschen
vielfach sagten, Isterreich.

Am Timavo sollen auch Flüchtlinge aus Troja gelandet sein
und eine neue Heimat gefunden haben. Viel später bildete der
Timavo die Grenze zwischen dem Longobardenreiche und dem
byzantinischen Besitze. Jetzt ist die Gegend verödet. Auch der
Markt hat aufgehört, der im Mittelalter bei der Johanniskirche
abgehalten wurde. Schon die Venetianer hatten durch ihre Ueber-
fälle den Verkehr gehemmt. Neben der Kirche stehen noch eine
Mühle und etliche Häuser, aber weiter hinaus ist nichts als
Sumpfboden bis nach Monfalcone.

Hinter der Timavobucht zieht sich die Bahn am Küstenhang
entlang zur alten Falkenburg (Monfalcone). Vom Waggon aus
überschaut man den Meerbusen und die Tiefebene des Isonzo.
Bisweilen taucht der Campanile des alten Patriarchendoms von
Aquileja aus der Ebene auf.

Von der alten Burg Monfalcone sind nur noch Ruinen
vorhanden. Ihre Erbauung wird dem alten Recken Dietrich von
Bern, dem Könige der Ostgoten, zugeschrieben; später gehörte sie
den Longobarden.

Weiter rollt die Bahn: rechts Karstland, links die weite,
wohl bebaute Ebene mit spärlichen Erhöhungen. In Ronchi

stehen Fuhrwerke für Reisende, welche Aquileja heimsuchen
wollen. Nur zwei Stunden dauert die Fahrt nach den Ueber-
bleibseln der alten, herrlichen Römerstadt durch ein garten-
ähnliches Land, die sogenannte Fiumicello. In den früheren Jahrhunderten war dieses Land gänzlich versumpft und verlassen; erst
die österreichische Regierung hat es entwässert und dadurch seine
ehemalige Blüte einigermaßen erneuert, so daß man daselbst jetzt
prächtige Villen mit parkähnlichen Anlagen, wohlbebaute Felder
und üppige Reblauben schaut.

Die Bahn erreicht bei S a g r a d o (eigentlich Zagrad) den
Alpenfluß Isonzo, passiert dann noch etliche unbedeutende Stationen,
bis das Kastell von G r a d i s c a unsere Aufmerksamkeit fesselt.
Die alte Burg ist jetzt Strafanstalt für schwere Verbrecher. Gradisca macht völlig den Eindruck einer italienischen Stadt, weit
mehr wie Görz.

Vor R u b b i a = S a v o g n a vermählt sich die grüne Wippach,
ein Kind des Karstes, mit dem hellblauen Alpensohn Isonzo.
Im Jahr 489 wurden die Gewässer hier rot gefärbt, als Dietrich
von Bern den König von Italien, Odoaker, in blutiger Feld-
schlacht besiegte. Hinter der Bahnstation taucht am Karstgehänge
das Schloß Rubbia am Ufer der Wippach auf. Dann aber breitet
sich nach allen Seiten das fruchtbare und schöne Hügelland aus,
in welchem die Stadt Görz liegt.

G ö r z, heute von den Einwohnern meistens Gorizia genannt,
ist doch eine alte, deutsche Stadt, die jetzt über 20 000 Seelen
zählt. Sie breitet sich im Isonzothale um das alte Kastell aus.
Ihr Kern ist die hochgelegene und enggebaute Altstadt, welche
den deutschen Ministerialen der Grafen von Görz ihren Ursprung
verdankt. Das noch immer trotzig blickende Kastell ist nur zum
Teil bewohnbar und dient als Kaserne. Der Markuslöwe an
dem äußeren Thore zeigt, daß Venedigs Macht sich selbst bis

hierher eine Zeitlang erstreckte. Die Neustadt dehnt sich mehr in der Ebene aus und wird schließlich zur Villenstadt. Ihren schönsten Schmuck bilden die prächtigen Gärten, in denen baumartige Kamelien und alle Arten von japanischen Blumen selbst im Freien gedeihen.

Der Dom von Görz entstammt dem 15. Jahrhundert. Bemerkenswert ist in demselben das Grabmal des Grafen Leonhard von Görz, des letzten seines Stammes, der mit dem Ende des 15. Jahrhunderts erlosch. Das Denkmal zeigt den Grafen noch in voller Waffenrüstung; die Umrahmung hat schon die Formen der Renaissance. Die Grafen von Görz gehörten einem alten kärntnerischen Geschlechte an, den Herren von Lurn und Pusterthal. Sie geboten eine Zeitlang in Görz, Istrien, Kärnten, Tirol, in der windischen Mark und selbst in Oberitalien. Damals zählten sie zu den machtvollsten deutschen Dynasten. Mainhard IV. heiratete sogar die Witwe des Königs Konrad III., die Mutter des letzten Hohenstaufen, des unglücklichen Konradin. Der Glanz des alten Hauses erlosch jedoch bald und im Beginne des 16. Jahrhunderts hatte Oesterreich durch Erbschaft den ganzen Besitz des edlen Hauses in Händen.

Das Erzbistum Görz ist erst eine Schöpfung der Kaiserin Maria Theresia. Ursprünglich gehörte das Land zum Patriarchate Aquileja. Aber Aquileja war verlassen und versumpft; der Patriarch wohnte in dem venetianischen Udine; die Kirchenzucht lag darnieder, weil eben der venetianische Kirchenfürst im österreichischen Gebiet Schwierigkeiten aller Art begegnete. Darum war es ein Glück, als die Kaiserin die Aufhebung des Patriarchates und die Gründung der Erzbistümer Görz und Udine durchsetzte. Wurde auch Görz eine Zeitlang unter Kaiser Joseph II. unterdrückt, so lebte das Erzbistum doch unter Kaiser Franz I. wieder auf.

Während der Regierung der großen Kaiserin Maria Theresia erblühten in Görz aufs neue deutsche Sprache und deutsches Leben. Heute jedoch ist die Stadt fast ganz italienisch. Wenn man auch in den Straßen noch Deutsch, Friaulisch und Slovenisch hören kann, so ist doch die Bürgerschaft großenteils italienisiert. Die Deutschsprechenden sind meistens Beamte oder Kurgäste.

Als Kurort hat Görz einen Namen wie Meran und Bozen erhalten. Im Norden, Westen und Nordosten ist es durch die hohen Wälle der Alpen gegen die rauhen Winde geschützt. Nach Süden steht es dem Einflusse der See und der Sonne offen. Dazu kommt noch die reizende Umgebung: ein prachtvoll bebautes Hügelland, das italienisch Coglio, deutsch aber „In den Ecken" genannt wird, das wahre Weinland der gefürsteten Grafschaft Görz. Das alles lockt die Leidenden aus nördlichen Gegenden herbei, denen milde Luft empfohlen wird.

Aber wie paradiesisch Görz im Frühjahr auch ausschaut, so ist es doch noch lange kein Eden. Besonders Lungenkranke und Kehlkopfleidende sollen sich vor Görz hüten. Wie in Meran der gefürchtete Wind aus dem Passeierthal die Kranken ans Haus fesselt, so in Görz die Bora. Auch andere Uebelstände machen sich recht fühlbar. In einem ärztlichen Ratgeber heißt es: „Für körperliche Bewegung wäre in und um Görz vielfach Gelegenheit geboten; aber der Staub, der Mangel an Schatten, an Wegweisern und Sitzplätzen zeigen hier die geringe Aufmerksamkeit der Behörden auf die hygienischen Bedürfnisse der Bewohner. In den von Gärten umgebenen Häusern, an den freien Plätzen und in den breiten Straßen mag der Mangel an frischer reiner Luft weniger wahrnehmbar sein, aber solche Vorteile sind nur der Minderzahl gesichert, und selbst der schön angelegte öffentliche Garten entbehrt obenan des Wassers. Kaum etwas geschah, um die schattenreiche Kameralwaldung Panowitz, die reizenden Ge-

13*

lände von Salcano und Kronberg, sowie den aussichtsreichen Kastellhügel genußbar zu machen. Erhebt Görz auf den Namen eines klimatischen Kurortes Anspruch, so hat es obenan die Wege für den Genuß seines Klimas zu bahnen und den Aufenthalt im Freien an vielen Orten angenehm zu gestalten, worin es Meran sich zum Muster nehmen mag*)."

Seitdem diese tadelnden Worte geschrieben, ist fast ein Jahr= zehnt vorübergerollt. Manches ist in Görz gebessert; aber vieles bleibt noch immer zu wünschen. Als Winteraufenthalt für Re= konvalescenten, besonders auch für solche, die an Typhus und Fieber gelitten, als Erholungsort für abgearbeitete Lehrer und Geistliche ist Görz überaus zu empfehlen. Darum kann es nur mit Freu= den begrüßt werden, daß der unermüdet sorgende Priester=Kranken= unterstützungsverein auch in Görz ein prächtiges Heim, das Rudol= finum, gegründet hat. Das Haus liegt etwa zehn Minuten von der Stadt entfernt inmitten von Wiesen, Feldern und Gärten. Dem Eintretenden streckt zunächst die liebe Gottesmutter die Hände entgegen; sie steht nämlich oberhalb der Hauptthüre, und unter dem Bilde findet sich die bezeichnende Inschrift: „Sub tuum praesidium confugimus!" Das Haus ist geräumig und bequem eingerichtet. Achtzehn sonnige Zimmer harren auf erholungs= bedürftige Geistliche. Eine heizbare Kapelle bildet den Mittel= punkt des geistlichen Hauses. Aber auch, was zum körperlichen Wohlbehagen dient, ist nicht vergessen worden, z. B. eine praktisch eingerichtete Badestube, eine Glasveranda in einem parkähnlichen Garten, in der der Leidende auch bei windigem Wetter frische Luft und Sonne genießen kann. Wie in Ika so besorgen auch hier barmherzige Schwestern musterhaft die Haushaltung.

---

*) Planor, Südliche klimatische Kurorte. 3. Aufl. Wien. 1875. S. 142.

20. Abschied von Ika. — Fahrt durch Krain.

„Zum letztenmal sitz' ich am Meeresstrand
　Auf Klippen schroff, vom Wogengischt umschäumet.
Zum letztenmal schau' sinnend ich vom Rand
　Des Felsen nackt, mit Lorbeer grün umsäumet.
　　Leb wohl, leb wohl, bis einst ich wiederkehr',
　　Zu dir, o Abria, du wundersames Meer!

Wie schön erstrahlt im Sonnengold dies Meer,
　Wenn weiße Segel schwellend es durchschneiden;
Wie schön, wenn nachts der Sterne mächtig Heer,
　Des Mondes Sichel silbern auf ihm gleiten!
　　Leb wohl, leb wohl, bis einst ich wiederkehr'
　　Zu dir, o Abria, du friedenvolles Meer!

Wo ist ein Strand, der so wie du umkränzt
　Von Alpenpracht, des Südens heitrer Schöne,
Wo Lorbeer grünt, hoch oben Schnee erglänzt,
　Der Fink bald schlägt, bald brausen Sturmestöne?
　　Leb wohl, leb wohl, bis einst ich wiederkehr'
　　Zu dir, o Abria, du wechselvolles Meer!

Im Sturm selbst schön! Wenn der Scirocco heult,
　Wenn schaumgekrönt sich Well' auf Welle türmet,
Zum Felsenstrand in wildem Grimme eilt,
　Zum Felsenstrand, der treu das Haus beschirmet.
　　Leb wohl, leb wohl, bis einst ich wiederkehr'
　　Zu dir, o Abria, du unergründlich Meer!

Leb wohl, du Haus, auf Klippen schroff erbaut
　Am Meeresstrand, wo man die Möwen höret,
Wo Amselschlag und Nachtigallenlaut
　Das Sturmgebraus in Melobie verkehret.
　　Leb wohl, leb wohl, bis einst ich wiederkehr'
　　Zu dir, o Haus am sonnig-blauen Meer!

Du Haus am Meer, wo still verborgen blüht
  Die Gottesminn', die dienet Gott im Kranken!
Wohl scheid' ich jetzt; doch nie dein Bild mir flieht
  So reich an Lieb', an Liebe sonder Schranken.
    Leb wohl, leb wohl, bis einst ich wiederkehr'
    Zur Abria, zu dir, o Haus am Meer!"

Scheiden und Meiden hat schon manchen Deutschen zum Dichter gemacht, warum nicht eine sonst so prosaisch angelegte Natur wie mich? Schwer wurde mir der Abschied: hatte ich doch in zweimaligem Aufenthalt Land und Leute kennen und lieben gelernt, lieber noch das Haus gewonnen, das mir so lange gastliche Aufnahme gewährt hatte. Nur bisweilen hatte ich den Unwillen der ehrwürdigen Schwestern im Sanatorium erregt, wenn ich mich nämlich nicht genug pflegen lassen wollte. Gern wäre ich länger geblieben, hätte nicht die große Hitze im Anfang Juni mich dem Norden und dem kühleren Gebirge zuzueilen veranlaßt.

Morgens 5 Uhr stand der Vetturino vor dem Sanatorium, um mich und meine paar Habseligkeiten zur Eisenbahn zu befördern. In der Morgenkühle und vom Gesang der Nachtigallen begleitet, fuhr ich am Strand des Quarnero entlang. Es war in der Nacht wirklich kühl geworden, so daß ich die Abreise fast bereute. Abbazia, die stolze Villenstadt, war von Kurgästen nahezu verlassen; die ständigen Bewohner lagen noch in Schlaf versunken, ebenso in Voloska. Steil wand sich von Voloska die Straße die Höhe des Karstes hinan, manche schöne Ausblicke auf das Meer mit seinen Inseln, die weißen Häuser von Lovrana und das Sanatorium Ika gewährend. Ika selbst, weil in einer Bucht gelegen, blieb den Augen verborgen. Die Eisenbahnstation Mattuglie liegt schon ziemlich hoch, aber doch noch von Wein und Feigen umgeben. Trotzdem hüllte ich mich fröstelnd in den Mantel, denn ein feiner Sprühregen begann herabzurieseln:

„Die Wolken flieh'n, der Wind fauſt durch die Blätter,
Ein Regenſchauer zieht durch Wald und Feld,
Zum Abſchiednehmen juſt das rechte Wetter,
Grau wie der Himmel ſteht vor mir die Welt."

(Scheffel.)

Je höher die Eiſenbahn uns in den Karſt hinaufſchleppte, deſtomehr zog die Gegend Nordlandscharakter an. Eichen und Föhren verdrängten den Lorbeer; die weißen Felſen ſchmückten ſich mit Farnkräutern. Auch an wohlbeſtellten grünen Feldern mangelte es keineswegs. Der Karſt erſchien mir lange nicht mehr ſo öde und traurig wie Ende März, als hier hoher Schnee lag und die Eichen noch ihr Gewand von braunem Laub hatten.

Vermittelſt eines Tunnels gelangen wir zur Station Jurbani, berühmt wegen ſeiner domartigen Höhle, die von den Kurgäſten an der Küſte oft beſucht wird. Rechts ſchaue ich noch einmal den Caſtuaner Wald. Bis nach Caſtua ſind's von hier etwa dreiviertel Stunden. Hinter der Station breitet ſich nochmals tief unter uns der Quarnero in ſeiner diesmal düſteren Herrlichkeit aus. Ein letzter, langer Blick, und dann donnern wir durch den Tunnel Sapjane zu.

Sapjane liegt am Oſtrand des ſteinreichen Tſchitſchenbodens. Die Strecke von hier bis nach St. Peter ſoll früher eine der ödeſten Gegenden des Karſtgebirges geweſen ſein. Seitdem die öſterreichiſche Regierung jedoch angefangen hat, die Oedländereien wieder aufzuforſten, hat die Gegend ein freundlicheres Ausſehen gewonnen. Jetzt findet man überall Schönheiten, wenn man nur darnach ſucht. „Der Karſt," ſagt Noë in den Wanderbildern, „iſt eine jener Schönheiten, welche ſich nicht nach dem erſten Anlauf ergeben. Um ſo nachhaltiger hält ſie den Freund feſt, der ſie einmal begriffen hat. Der Reichtum duftiger Pflanzen, der Wandel ſüdlicher Sonnenlichter und Farben auf dem fahlen

Gestein, das Bizarre und Feierliche der schweigsamen Flächen und Thäler, die weiten Gesichtskreise, in welche hie und dort ein beglänztes Stück Meer hineinblickt — all' das wird schwer erfaßt. Populär wird der Karst nie werden."

Bevor wir zur Station Dornegg kamen, sahen wir die Ruinen des Schlosses Feistritz. Der letzte deutsche Herr der Burg war Alochus von Feistritz, der schon 1291 von heidnischen Ungarn erschlagen wurde. Unterhalb der Burg bricht die grüne Bistrica (Bistriza gesprochen) hervor, welche Feistritz den Namen verliehen hat. „Der Name ist diesem Flusse deswegen gegeben, weil das Wasser bei Sommerszeit eiskalt und so hell wie Kryftall, aber scharf läuft*)." Das slovenische „Bistra" heißt nämlich frisch und scharf.

Dornegg ist die erste Station in Krain. Alle Stationen führen von da an deutsche und slavische Namen; Dornegg heißt z. B. gewöhnlich Ternovo. Die Bewohner sind nämlich slavischen Stammes, gehorchten aber ehedem deutschen Feudalherren, den Nachkommen der Eroberer. Von diesen letzteren empfingen die Ortschaften deutsche Namen. Die Slaven dieser Gegend wissen übrigens gar nicht einmal, ob sie Slovenen oder Kroaten sind, so ähnlich sind beide Dialekte, welche hier an der Sprachgrenze ineinander übergehen. Wenigstens konnten Mädchen, die in ihrer Nationaltracht gar schmuck aussahen, uns auf dem Bahnhof St. Peter darüber keine Auskunft geben.

In St. Peter mußten wir nahezu drei Stunden auf die Ankunft des Zuges von Triest warten. Will man in der Gebulb Fortschritte machen, so muß man sich nur der Südbahn anvertrauen. Wir aber gehörten noch zu den ungeduldigen Reisenden, und darum konnte selbst die öde Gegend um St. Peter

---

*) Valvasor 11, 131.

uns nur wenig Genuß bereiten, um so weniger, da das Wetter trüb und regnerisch blieb. Ringsum zeigten sich graue Steinhalden, von spärlichem Grün belebt. Nur in der Ferne ragte ein grüner Kegel hervor, der Schillertabor, auf dem ehedem eine Burg stand, welche in schlimmen Türkenzeiten den Bauern eine Zufluchtsstätte bot. In der Türkenzeit gingen in Krain gar viele Burgen und gar viele edle Familien zu Grunde. „Damals sind," sagt Valvasor, „gar vielen adeligen Familien ihre anerbte uralte Stammgüter und ganzes Vermögen darauf gegangen. Wie denn auch viel hundert derselben ihr adeliches Blut ritterlich vergossen, auch viel tausend Einwohner theils ihr Leben, theils um ihre nicht geringer geschätzte Freiheit und in ewige Sklaverey gekommen*)."

Abelsberg erreichten wir von St. Peter aus in einigen Minuten. Die kurze Strecke zeigte deutlich, wie furchtbar manchmal die Bora hier wütet. Waren doch überall zum Schutze der Bahn hölzerne und steinerne Mauern errichtet. Ein grünes lachendes Thal zeigte sich nur vor Prestanek.

Bei unserer Ankunft in Abelsberg standen schon Fuhrwerke bereit, um mich und viele andere Reisende zu dem etwa zwanzig Minuten entfernten Eingang der Grotte zu bringen. Ich hatte mich nämlich trotz meines leidenden Zustandes zum Besuch derselben entschlossen, weil man mich versichert hatte: die Temperatur der Höhle sei keineswegs eine so eisige, wie sie in anderen unterirdischen Räumen herrsche. Wir fanden das vollauf bestätigt. Sommers wie Winter herrscht daselbst eine gleichmäßig angenehme, feuchte Luft, welche darauf hinweist, daß diese großen unterirdischen Räume eine Menge von bis jetzt unbekannten Oeffnungen haben müssen, durch welche frische Luft beständig streicht.

---

*) Valvasor 12, 9.

Die Abelsberger Grotte ist schon seit Jahrhunderten bekannt. Valvasor schreibt: „Fast unglaublich wundersam ist die Grotte bei Abelsberg (Postojna), da man mächtig weit hineingeht, und noch niemand zum Ende derselben gelangt ist. Ich bin selber ungefähr zwei gute Meilen Wegs mit Fackeln und Lichtern hinein= gegangen. Man findet inwendig sie überall voller Gänge und Höhlen, im gleichen gewaltig große Plätze, darin große Häuser und Dörfer Raums genug hätten; an etlichen Orten auch ab= stürzige Oerter, die so tief hinabgehen, daß, wenn ein Stein hinab= geworfen wird, man allererst über zwei Vaterunser lang den Fall hört." Beim Fackelschein müssen damals dem Besucher sehr abenteuerliche Bilder erschienen sein, die jetzt bei klarerem elek= trischem Lichte verschwinden. Valvasor wenigstens erzählt: „Ueber= das seynd darin eine Menge abentheurlichen Bildsäulen, welche einem gleichsam allerley Ungeziefer vorstellen, als Schlangen und dergleichen, imgleichen allerley Teufelslarven. Solcher wüsten und düsterlichen Figuren wird man hie und da in allen Winkeln, Böden und an vielen Seulen mehr ansichtig, weder dem Gesicht gefällig. Ja, es steigen einem mancher Orten die Haare empor über solche Abentheuer, Mißgestalten, tiefe Grüffte, Klüffte und Schlutten, wie auch erschreckliche Höhen: also daß man wohl sagen möchte, die entsetzliche Curiositet habe daselbst ihren rechten Musterplatz *)."

Jetzt ist der Eingang in die Grotte durch Schranken ab= gesperrt, denn die Grotte ist Staatseigentum. Jeder der zahl= reichen Besucher muß für Führung, Beleuchtung und Unterhaltung der Wege u. s. w. drei Gulden zahlen. Der Teil der Grotte, der jetzt besucht wird, hat eine Ausdehnung von 4172 Meter. Davon können 2870 Meter auf einem Eisenbahngeleise vermittelst

---

*) Valvasor 2, 278; 4, 531.

eines Fahrstuhls zurückgelegt werden. Vor den Schranken der Grotte haben spekulative Krämer ihre Stände aufgeschlagen und verkaufen den Fremdlingen Photographien und allerhand An= denken an die Grotte.

Unter Fackel= und Laternenschein durchschritten wir den schmalen Gang, der vom Tageslicht in die Finsternis der Höhle hineinführt. Plötzlich schauen wir in der Ferne wieder Licht, aber kein natürliches, sondern übernatürliches. Noch wenige Schritte, und staunend stehen wir vor der märchenhaften Pracht, welche sich uns aufthut: ein weiter, hochgewölbter Raum, der in elektrischem Licht erstrahlt — ein Dom, in welchen man die größten Dome mehrfach hineinsetzen könnte. Von der Decke dieses unterirdischen Tempels hängen Stalaktiten herab, steinerne Säulen in wundersamen Bildungen. In der Tiefe rauscht ein nicht unbedeutender Fluß, die Poik, slovenisch: Pivka, so gewaltig, daß man nicht einmal die Worte des Führers versteht. Wir überschreiten den Fluß auf einer ziemlich langen Brücke; unter uns schimmern und glänzen die Wogen, die übereinanderrollen. Der Weg windet sich dann in der Höhle aufwärts, bis er schließ= lich in einen engen Gang mündet. Nach kurzer Wanderung durch denselben kommen wir in eine zweite domartige Höhle, dann in eine dritte und vierte, und so fort. Eine Höhle übertrifft immer die andere an eigenartigen Gebilden. Wahre Wunder hat hier der Tropfstein bewirkt. Da ist eine Tropfsteinsäule abgebrochen und umgefallen; aber auf der umgefallenen Säule zaubert der beständig herabsickernde Tropfen eine neue Säule hervor, die zur Decke strebt. An einem andern Ort haben die unscheinbaren Tropfen eine prächtige Kanzel gebildet: die Täuschung ist voll= ständig, wenn ein Bergmann mit dem Grubenlicht in der Hand auf derselben erscheint, als ob er predigen wolle. Dann wieder hängen die Tropfsteingebilde wie zarte, durchsichtige Tüllvorhänge herab; thatsächlich sieht man durch den Stein das Licht, wenn es hinter demselben gehalten wird. Einzelne von diesen herabhängenden Tropfsteinfelsen ertönen wie Glocken, wenn die Führer daran klopfen. In voller Wahrheit singt deswegen Anastasius Grün:

> „In jener Grotte unterm Bergesschilde
> Dort waltet der Natur geheime Kraft,
> Sie bildet nach die eigenen Gebilde,
> Und bildet nach, was Menschenkunst erschafft."

Unter den vielen Höhlen, welche man durchwandert, ragen besonders zwei hervor: der sogenannte Tanzsaal und der Kalvarienberg. Im Tanzsaal hatten erst zwei Tage zuvor, am Pfingstdienstage, über 3000 Menschen beim Klange der Musik getanzt und gejubelt. Zwölf elektrische Bogenlampen und über 10 000 Stearinkerzen hatten dabei den grandiosen domartigen Raum erleuchtet. Schon damals hatte man mir zugeredet, die Adelsberger Grotte zu besuchen; ich hatte es jedoch abgelehnt: mir erschien es frivol, in einem solchen Tempel, den Gottes Hand im Schoße der Erde gebildet, zu tanzen und dem Bacchus zu huldigen. Meine Gegenwart sollte nicht einmal den Schein erwecken, als ob ich mit solcher Profanation einverstanden sei.

Der Kalvarienberg hat seinen Namen von einer entfernten Aehnlichkeit mit jener heiligen Stätte in Jerusalem erhalten. Mir wollte die Erhöhung in der gewaltigen Höhle mit ihren Stalaktitgebilden eher wie ein Oelberg vorkommen. Nun, mit einem bißchen mehr Phantasie wird man sich auch das Kreuz des Heilandes und die Scharen der Hohenpriester und Schriftgelehrten vorstellen können.

Mehr wie zwei Stunden wanderten wir so von Grotte zu Grotte in den Eingeweiden des Karstgebirges. „Wandern" ist eigentlich nicht der richtige Ausdruck: wurden wir doch im wahren

Sinne des Wortes von den Führern im Dauerlauf durch alle diese unterirdischen Herrlichkeiten hindurchgetrieben. Verlassen konnten und durften wir die Führer nicht, sonst wären wir in der Finsternis zurückgeblieben; hinter uns verlöschten nämlich sofort die Lichter. Leider konnten wir jedoch bei diesem Dauerlauf die märchenhafte Schönheit, welche uns von Höhle zu Höhle immer wunderbarer entgegentrat, nicht mit der Muße genießen, wie sie zum wahren Genusse erforderlich gewesen. Nie werde ich trotzdem den Zauber vergessen, der mich in den Adelsberger Höhlen ergriff. Hätte ich jedoch vorher gewußt, wie bequem ich auf einem Rollstuhl die verschiedenen Höhlen durchfahren konnte, ich würde die geringen Kosten (70 Kreuzer, für Hin- und Rückfahrt 1 Gulden) wahrlich nicht gescheut haben.

Nach nahezu dreistündiger Wanderung unter der Erde begrüßten wir das Sonnenlicht mit herzlichem „Gott sei Dank!" Niemand darf jedoch glauben, daß wir in dieser Zeit das ganze Adelsberger Höhlensystem gesehen haben. Ein großer Teil, vielleicht der schönste, ist noch nicht einmal durchforscht. Die Poik, die die Adelsberger Grotte durchbraust, verläßt die Unterwelt aus der Kleinhäuselgrotte bei Planina als Unz. Die Unz durchfließt dann das Kesselthal bei Planina, bis sie am nordwestlichen Ende dieses Thales wieder in einer Felsengrotte verschwindet: das ist die sogenannte Poikschwinde, einer der malerischsten Punkte in Krain. Erst bei Ober=Laibach tritt sie, gleich schiffbar, wieder als Laibach zu Tage, um sich nach kurzem Lauf in die Save zu ergießen. Auch der schon früher erwähnte Zirknitzer See steht mit diesem Höhlensystem in Verbindung. Die Kleinhäuselhöhle hat nämlich zwei Wasserarme; der eine enthält den Ausfluß der Poik oder Unz; der andere aber ist höchst wahrscheinlich nichts anderes, als der Abfluß des 11 Kilometer entfernten Zirknitzer Sees. Das ganze Karstgebirge ist vermutlich im Innern mit Höhlenbildungen angefüllt, welche die Gewässer im Laufe der Jahrtausende gespült haben. Fortwährend werden neue unterirdische Wunder entdeckt, so daß unsere Nachkommen wohl noch weit größere Herrlichkeiten sehen werden wie wir.

Noch auf eins möchte ich, bevor wir von Abelsberg Abschied nehmen, diejenigen aufmerksam machen, welche die unterirdische Welt des Karstes noch nicht kennen. Obwohl es in derselben keinen Sommer und keinen Winter giebt, keinen Tag, sondern nur ewige Nacht, so muß man doch nicht glauben, daß sie unbelebt sei. In dieser Unterwelt sind vielmehr Pflanzen und Tiere daheim, wie sie sonst auf Erden nicht wieder vorkommen. Merkwürdig ist, daß fast alle Tiere dieser Unterwelt des Sehorgans entbehren: entweder haben sie keine Augen, oder dieselben sind so verkümmert, daß sie sich derselben nicht bedienen können. Das eigenartigste unter diesen Tieren ist der Olm (Proteus anguineus), ein aalartiger, roter Molch, dessen Skelett, nach dem Urteil namhafter Gelehrter, dem vorsündflutlichen Ichthyosaurus ungemein ähnlich ist. Die Führer bieten diese merkwürdigen Tiere zum Verkauf an.

————

Kaum hatten wir in der Oberwelt von Abelsberg noch Zeit, die müden Füße ein wenig zu ruhen und ein billiges und solides Mittagessen zu verzehren, welches slovenische Mädchen servierten, als die Lokomotive pfiff und der Dampf uns der Märchenwelt des Karstes entführte.

Bald war Rakek erreicht. Von dieser Station aus besucht man den nahen Zirknitzer See, sowie auf der anderen Seite Planina und die Kleinhäuselhöhle. Das gewaltige Thor der letzteren hat 20 Meter Höhe; aus demselben bricht die Unz hervor, um sofort ein Mühlwerk zu treiben. — Auch ein Spaziergang von

Rakek in den Birnbaumer Wald, dem Ueberbleibsel des alten Forstes, der ehedem den Karst bedeckte, wird sehr empfohlen. Kaum irgendwo in den Alpen soll solch herrlicher Waldbestand zu finden sein wie hier in dem so verschrieenen Karst. Dicht bei Rakek steht Schloß Hasberg, eine Besitzung des Fürsten Windischgräz.

Bis nach Loitsch sieht man beständig Wald; es ist der Anfang des Laibacher Waldgebirges (Lubljanski Vrh). Von Loitsch aus kann man mit der Post in vier Stunden nach dem weltberühmten Quecksilberbergwerk Jdria fahren, ein Ausflug, der auch wegen der vielen Naturschönheiten empfehlenswert ist.

Franzdorf war bald erreicht und ebenso der majestätische Viadukt, der schon auf der Fahrt zur Adria meine Bewunderung erregt hatte. 592 Meter lang übersetzt derselbe in zwei Stockwerken das Thal. Links vom Viadukt erscheint die ehemalige Karthause Freudenthal. Früher erscholl in derselben Psalmengesang; jetzt klappern die Mühlräder und nutzen die zahlreichen Bäche aus, welche hier aus dem Karstgestein hervorbrechen. Also auch hier hat das Gebirge Höhlenbildungen. Diese Bäche vereinigen sich zur schiffbaren Bistra oder Feistritz. „Dieses Gewässer," heißt es wieder in der alten Chronik, die ich mit Vorliebe zu Rat gezogen, „hat seine krainerische Benennung (nämlich Bistra) von der Schärfe und Frischheit, weil es im Sommer so kalt wie Eis. Es geht von seinem Ur- und Aussprunge mit einer so reichen Fluth heraus, daß es gleich dabey schiffreich wird, und schenkt endlich seinen fließenden Kristall der Laibach, welche so fein still dennoch damit fortschleicht, als ob sie nichts oder nicht viel desselben hätte verehrt bekommen. Also liegt diese Karthaus mit ihrem andächtigen und strengen Ernst mitten im Schoß natürlicher Lust . . . . Gleich vor der Karthaus kommt das Wasser häufig aus dem felsigen Boden geflossen. Mitten in dem Wasser steht

ein lustiges Sommerhaus, und unterhalb formirt sich alsofort eine
kleine, fröhliche Insul, auf welcher gleichfalls ein Sommerhaus
sammt einem schönen, großen Baum erblickt wird*)."

Das grüne Laibacher Moor, welches ehedem die Gegend mit
Fieberluft erfüllte, durchflogen wir mit Windeseile. Der Fürsten=
kongreß von Laibach im Jahre 1821 hatte der Regierung Ver=
anlassung gegeben, sich mit der Trockenlegung desselben zu be=
schäftigen. Als Kaiser Franz 1825 wieder Laibach besuchte, waren
schon 4 Quadratmeilen der Kultur gewonnen worden.

Bald winkte von Ferne das Laibacher Kastell seinen Gruß,
aber keinen gastlichen, denn in der alten Burg sitzen hinter Schloß
und Riegel die Sträflinge. Auf die großartigen Eindrücke der
Adelsberger Grotte folgte die liebliche Landeshauptstadt von Krain,
Laibach, slavisch Liubljana genannt. Selten habe ich eine ge=
mütlichere Stadt gefunden. Aber neben der Gemütlichkeit fehlt
nicht die Regsamkeit, welche ein Gemeinwesen ziert. Wenn man
die Hauptstraße mit ihren glänzenden Läden, ihrem Leben und
Treiben durchschreitet, glaubt man sich nach Wien versetzt. Die
Kirchen, auch der Dom, stammen aus den letzten Jahrhunderten
oder sind wenigstens so umgebaut, daß man ihr Alter nur schwer
erkennt. St. Peter, die älteste Pfarrkirche, wurde z. B. 1472 von
den Türken, die mehrmals Laibach heimsuchten, verbrannt. Alte
Kirchenbauten giebt es nicht mehr, auch keine wirklich alte Profan=
bauten. An dem reichen Schmuck der Kirchen und dem zahlreichen
Besuch des Gottesdienstes merkt man, daß der katholische Glaube
in Laibach noch eine Macht ist.

Doch auch der Liberalismus ist kein Fremdling in Laibach;
dafür bürgt der Name Anastasius Grün. In Laibach, wo das
Palais der Grafen von Auersperg am deutschen Platz und der

---

*) Valvasor 11, 140. 141.

„Fürstenhof", das Palais der Fürsten gleichen Namens, in der Herrengasse liegt, wurde 1806 Anton Alexander, Graf von Auersperg, der spätere Dichter Anastasius Grün, geboren. Er entstammte einem alten deutschen, seit undenklichen Zeiten in Krain ansässigen Geschlechte. Als Dichter wird Anastasius Grün, wie Luise von Plönnies sagt, fortleben, wenn das Andenken des liberalen, mit der Kirche zerfallenen Grafen Auersperg längst erloschen ist.

Laibachs Lage auf beiden Seiten des grünblauen Flusses gleichen Namens ist reizend. Am wirksamsten präsentiert sich die Stadt, wenn man, vom Bahnhof kommend, die Elefantengasse zum Marienplatz und zur steinernen Brücke pilgert. Dräuend schaut da das alte Kastell von der Höhe auf die Straße herab. Links führt eine hohe Freitreppe zur Marienkirche; dieselbe ist ein edler Renaissancebau, ehedem den Augustinern, jetzt den Söhnen des hl. Franziskus gehörig. Rechts blickt man auf den Franzens=Quai.

Das Schönste, was Laibach bietet, ist jedenfalls das Kastell. Prächtige Wege und Parkanlagen führen zur steilen Höhe, auf der es thront. Aber das Thor des Kastells öffnete sich uns nicht, denn die alte herzogliche Burg ist jetzt Strafanstalt. Ein österreichischer Unteroffizier wies uns den Weg zum Burgturm, der eine wunderbare Aussicht bietet. Vor uns liegt die Stadt, umgeben von den fruchtbaren Gefilden des Savethales und des Laibacher Moores; blühende Dörfer, aus denen schlanke Kirchtürme zum Himmel weisen, unterbrechen die Einförmigkeit der Ebene, auch einzelne kleine Hügel, deren einer sichtlich mit einer Wallfahrtskapelle geschmückt ist. Dieses herrliche Bild ist umrahmt von einem Alpenkranz: nördlich die Steiner Alpen, nordwestlich die Karawanken, weiter südlich die Wocheiner Alpen, zu den julischen Alpen gehörig:

„Und ringsum liegt das schöne Land,
Umkrönt von der Berge Mauerrand.“

Am meisten wird das Auge gefesselt durch die Felspyramide des Grintovec in den Steiner oder Sannthaler Alpen und durch den Triglav mit seinen drei Hörnern in den Wocheiner Alpen. Vom Triglav singt Baumbach:

„Drei Häupter hebst du trotzig in die Höh’
Wie jener Gott, nach dem sie einst dich hießen,
Und jedes trägt ein Diadem von Schnee.

Ich bin umstarrt von hundert Bergesriesen,
Wenn schwindelnd ich auf deinem Scheitel steh’;
Es lacht ein grün’ Geländ’ zu meinen Füßen,
Mich grüßt Italien und die blaue See.

In deinen Klüften wohnt die graue Sage;
Es klingt ihr Sang so trüb und doch so traut
Wie eines Mädchens leise Trauerklage.“

Minder angenehm wie die Aussicht auf Gottes herrliche Natur um uns herum war der Blick auf die armen, schuldbeladenen Menschen, welche wir in den Höfen des Kastells unter Aufsicht von Gefängniswärtern arbeiten sahen.

Noch lange genossen wir das schöne Panorama vom Turme des Kastells herab. Hin und wieder tauschten wir auch unsere Bemerkungen aus, und so wurde ich mit einem alten, vielgereisten Herrn bekannt, der sich schließlich als Moskauer von livländischer Abkunft entpuppte. Der Herr schien besonderes Gefallen an meinem jungen Begleiter zu finden, der die slovenische Sprache beherrschte und auch im Russischen Studien gemacht hatte. Obwohl ich nicht gut darnach fragen konnte, kam der alte, würdige Moskauer, der lebhaft bedauerte, sich mit den Slovenen nur durch

Hilfe der deutschen Sprache verständigen zu können, mir doch genau
so vor, als ob er einer von den vielen russischen Emissären wäre,
welche in den südslavischen Ländern „den Rubel auf Reisen
schicken". Die Wirksamkeit dieses russischen Rubels hatte ich
gerade in den Slavenländern, in denen ich mich aufgehalten, auffallend gespürt.

Auch in Laibach scheint der Rubel nicht ganz unthätig zu
sein. Vor Jahrzehnten herrschte noch das Deutschtum vor, heute
ist die Stadt beinahe ganz slovenisch. Freilich muß man bekennen,
daß die Deutschen selbst daran mehr Schuld tragen wie der rus-
sische Rubel. Die Slovenen sind an und für sich gemütliche
Leute, mit denen sich recht gut leben läßt. Sie waren sogar von
größtem Respekt vor den Deutschen durchdrungen, denen sie alle
Bildung verdankten. Noch jetzt heißt bei ihnen ein Sprichwort;
„Gott verläßt keinen Slovenen, wenn er nur ein wenig Deutsch
kann!" Das klingt durchaus nicht wie Deutschenhaß. Aber die
liberalen Deutschen und besonders die deutschen Juden in Jung-
Oesterreich haben verstanden, die „Milch der frommen Denkart in
gärend Drachengift" zu wandeln, indem sie nach echter Frei-
maurerweise nicht bloß Sprache und Nationalität, sondern auch
noch den katholischen Glauben der Slaven bekämpfen. Der Katholicismus ist jedoch das einzigste, was viele Südslaven von Rußland trennt und mit Oesterreich verbindet. Diese Feindschaft
gegen die katholische Kirche gab Veranlassung, warum in den
Slavenländern, welche so viele Jahrhunderte hindurch zum Deutschen Reich gehörten, die Geistlichen, die trotz ihrer slavischen Abkunft doch eine ganz deutsche Erziehung genossen hatten, sich von
den Deutschen abwandten und ausnahmslos auf die slavisch-
patriotische Seite stellten. Einen dieser Geistlichen, der trotz seines
deutschen Namens ein besonderer Beförderer der slavischen Litteratur ist, lernte ich in Laibach kennen. Niemand kann ihnen das

verdenken, am wenigsten jene liberalen Deutschen, welche stets
bereit sind, jede andere Nationalität zu unterdrücken und den
Nationalitätenhaber noch durch den Religionshaber zu vergiften.
Sie könnten in Wahrheit die Totengräber der österreichischen Monarchie werden. Ja, ich fürchte sogar, diese religionslosen Deutsch-
tümler werden sich auch bei uns noch als Totengräber des
Deutschen Reiches erweisen, wenn das Deutsche Reich überhaupt
umzubringen ist.

Viel zu früh trug mich das Dampfroß fort von dem gemütlichen Laibach. Schon die nächste Station Salloch zeigte mir
die Save, mit deren Gewässer sich die Laibach vermählte. Bis
dahin hatten wir die kornreiche Laibacher Ebene durchfahren, welche
in der Ferne von Bergketten begrenzt wird und nur einzelne Hügel
aufweist; allgemach rückten jedoch die Bergkolosse der Save näher.
Immer mehr verengte sich das Flußthal, so daß auf der einen
Seite das Geleise der Bahn kaum Platz hatte, während auf der
anderen Flußseite sich ein schmaler Saumpfad am Gehänge hin-
wand.

Wie enge auch das Thal ist, die Spuren der Industrie fehlen
nicht. In Littai giebt es Blei- und Quecksilbergruben. Wir
bemerkten eine Drahtseilbahn. Auch verschiedene Burgen blickten
von der Höhe herab, so Wagensberg, das einst dem Freiherrn
von Valvasor, dem krainischen Chronisten, gehörte, ferner Roy,
in dessen Nähe ein altberühmtes Echo sich befindet, von dem
Valvasor schon schrieb: „Eines guten Musketenschusses weit von
diesem Schloß trifft man einen Ort an, welchen die Schalljungfrau
Echo bewohnt und denen, welchen mit ihr zu scherzen beliebt, eine
artliche Ergetzung verschafft*)."

---

*) Valvasor 11, 226.

Sava, das seinen Namen vom Flusse trägt, ist wiederum weit bekannt durch seine trefflichen Eisen- und Stahlwerke. In der nächsten Station Sagor ist der Bach schwarz gefärbt, da er sich in die Save ergießt. Mächtige Kohlenlager werden hier ausgebeutet. Von Sagor aus erreicht man als rüstiger Fußgänger in etwa zweiunbeinhalb Stunden Schloß Galleneck, berühmt durch die warme Quelle, welche unterhalb des Schlosses bei dem Dorfe Navouzaku aus dem Berg hervorquillt. „Bei diesem Dorf," sagt Valvasor, „quillt ein gesundes Warmbab (oder Tepliz). Gleich bei dem Ursprunge solchen warmen Babes, ungefähr vier oder fünf Spann weit davon, entspringet auch aus dem Felsen ein eiskaltes Wasser, so köstlich gut zu trinken*)."

Zwischen Sava und Sagor ist das Thal trotz des Kohlenstaubes hochromantisch. Steil steigen die grünen Hänge zu beiden Seiten empor, und in dem engen Bett fließt eilfertig das grüngelbe Wasser, dessen Einsamkeit hin und wieder durch ein Floß belebt wird oder durch einen Bach, der sich rauschend in die Save stürzt. Wir kamen nach Trifail, dann nach Hrastnigg, beides Orte mit bedeutenden Kohlenwerken. Das Thal aber bleibt immer gleich romantisch, hat sogar einen ernsten und düstern Charakter, der mir schon beim ersten Besuch auffiel und etliche Verse entlockte. Schneller, wie wir gedacht, war Steinbrück erreicht, der Knotenpunkt der Eisenbahn nach Kroatien und Bosnien. Vorher schon hatten wir die Grenze von Steiermark überschritten und das schöne Krain verlassen.

„Mein Krain", singt der gemütvolle Wiener Johann Gabriel Seidl, der lange als Professor in Cilly gelebt hatte:

---

*) Valvasor 2, 122.

„Mein Krain
Ist ein gar seltsam rätselhaftes Land;
Nicht so wie andre Länder liegt es da,
Ein aufgeschlagenes Buch, von dessen Blättern
Das Aug' im Flug' den klaren Inhalt hascht;
Nein, hinter unscheinbaren Zeichen birgt
Es hohen Wert und kaum geahnten Sinn.
Begreifen muß man es, um es zu lieben."

---

21. In der slovenischen Steiermark.

Steinbrück hat seinen Namen von einer uralten steinernen Brücke, welche Herzog Leopold der Glorreiche 1222 über die Save baute, um einen neuen Handelsweg durch die windische Mark zu eröffnen. Die Brücke wurde zwei Jahrhunderte später zerstört; aber Spuren derselben hat man beim Eisenbahnbau wiedergefunden*). Bei diesem reizend gelegenen Plätzchen sagten wir dem schönen Krain lebewohl, aber auch der Save. Hier nämlich ergießt die Sann ihre augenblicklich durch Regen getrübten Fluten in die Save, und die Eisenbahn wendet sich nordwärts in das Sannthal, von dem die Steiner Alpen auch den Namen Sannthaler Alpen führen.

Ein enges, waldbewachsenes Felsenthal ist es, durch welches die Eisenbahn schneidet. Vor hundert Jahren noch waren die Straßen hier so verwahrlost, daß ein Wagen kaum vorankommen konnte. Und doch waren Thal und Höhen schon zu Römerzeiten

---

*) Orozen, Bistum Lavant 4, 423.

kultiviert, wie die vielen Funde beweisen. Schnell hatten wir
Römerbad erreicht. Schon sein Name erinnert an seinen
Ursprung, obwohl es wie so viele slavische Heilquellen im Mittel=
alter Töplitz hieß. Daß die Römer das Bad schon benutzten,
zeigen mehrere den Nymphen geweihte antike Votivsteine, die
hier gefunden wurden. Wenige Minuten später hielt der Zug
in Tüffer, ebenso schön gelegen wie das Römerbad. Beides
sollen, wie mir erzählt wurde, hochelegante Badeorte sein; Tüffer
erfreut sich sogar elektrischer Beleuchtung, obwohl es ein Bade=
platz ganz neuen Datums ist. Selbst in dieses enge Thal sind
im 15. und 16. Jahrhundert die Türken öfter gedrungen; der
Markt Tüffer z. B. wurde von ihnen durch Feuer verwüstet,
die Kirchen entweiht und die Altäre gebrochen*).

Die Krone aller Ortschaften im Sannthal ist jedenfalls die
Stadt Cilly mit ihrer hochragenden Burg und ihren Brücken.
Bis hierher erstreckte sich einst das Patriarchat Aglar oder Aglai,
das alte Aquileja. In weltlicher Hinsicht war Cilly den ge=
fürsteten Grafen, die von der Stadt ihren Namen führten, unter=
than. Der letzte des Geschlechts, das wegen seiner Freigebigkeit
an die Kirche gerühmt wird, wurde 1456 durch Ladislaus Hu=
nyades in Belgrad ermordet. Seine Leiche wurde in der Mino=
ritenkirche (jetzt deutsche Kirche) in Cilly bestattet, sein Wappen
gebrochen, und dabei ertönte der Ruf: „Grafen von Cilly und
nimmermehr!" Seine Witwe Katharina, eine Tochter des Fürsten
Brankowitsch von Serbien, zog sich nach Kroatien zurück und
lebte später in der Feste Jeschowo in Macedonien, wohin ihre
Schwester, die verwitwete Sultanin Mara, sie berufen hatte**).

---

*) Orozen, Bistum Lavant 4, 29.

**) Daselbst.

Von Cilly, das der kroatischen Grenze ganz nahe liegt, wendet sich die Bahn nach Nordosten. Die Landschaft verändert ihren Charakter vollständig; wir schauen von jetzt an ein schönes grünes Hügelland mit hübschen Dörfern und schlanken Kirchtürmen, das vielfach an Nordtirol erinnert. Je näher wir jedoch der ungarischen Tiefebene kamen, um so flacher wurde das Land, bis sich endlich bei Pragerhof, wo die Eisenbahn nach Budapest abzweigt, das weite ebene Pettauer Feld öffnet. Pettau ist das alte Petavio in Pannonien, wo der heilige Bischof Victorinus lebte und in der diokletianischen Christenverfolgung den Märtyrertod erlitt*). Wie Pettau damals die Grenze zwischen dem römischen Norikum und Pannonien bildete, so noch jetzt die Grenze zwischen Ungarn und Steiermark, wenn es auch heute zu letzterem Lande gehört.

Links trat mehr und mehr ein Mittelgebirge zum Vorschein, das sogenannte Bachergebirge, bis endlich in der Ferne Marburg erschien, wo ich wieder längere Rast halten wollte. Balb rollten die Wagen über die eiserne Draubrücke, und bald freute ich mich, nach dreistündiger Fahrt dem engen Raum des Waggons entschlüpfen zu dürfen.

Das steirische Marburg ist ein echt deutsches Städtlein. Aber es ist umgeben von einer fast ganz slovenischen Bevölkerung, und darum drängt das slovenische Element mit Macht in das Gemeinwesen hinein. Das geschieht um so mehr, da seit dem Jahre 1859 der Bischofssitz der alten Lavanter Diöcese, welche jetzt die slovenische Steiermark umfaßt, von St. Andreä im Lavantthale hierher verlegt wurde. Aber die Stadtgemeinde wehrt sich tapfer gegen die Slavisierung; sie hält z. B. fest an der deutschen Predigt in der Domkirche, welche zugleich die Stadt-

---

*) Vgl. Friedrich, Kirchengeschichte Deutschlands 1, 206 ff.

pfarrkirche ist, an dem deutschen Unterricht in den Volksschulen, obwohl dieselben auch von den slovenischen Kindern besucht werden. Ob sie aber diese letztere Maßregel, welche die Slovenen offenbar als Härte empfinden müssen, für die Dauer im modernen Oesterreich aufrecht halten kann, ist doch wohl fraglich. Schon jetzt spricht jeder Marburger trotz des deutschen Unterrichts auch slavisch, denn die Stadt ist ja naturgemäß auf Handel und Verkehr mit den slovenischen Landleuten angewiesen. Die Geistlichen schienen mir durchgehends slovenischer Abkunft zu sein. Obwohl sie sich mit mir trefflich in deutscher Sprache unterhielten, bedienten sie sich doch unter sich der slovenischen Muttersprache. Auch in Steiermark scheint die Kirchenscheu des liberalen Deutschtums der deutschen Sache nur Verluste bereitet zu haben.

Abgesehen von dem leidigen Nationalitätenhader, den ich in Marburg gerade wie in den anderen Kronländern fand, gefiel es mir in dieser Stadt vortrefflich, trotzdem der Name mich fortwährend an die ferne Heimat, an das liebe Marburg im Hessenlande mit dem entweihten Grabe der heiligen Elisabeth erinnerte. Das steirische Marburg liegt ebenso malerisch an der Drave und ist ein gar liebes österreichisches Landstädtchen von etwas mehr wie 10 000 Seelen, halb so groß wie Laibach, darum auch nicht so gewerbreich, aber reichlich ebenso gemütlich. Sowohl in bürgerlichen Kreisen wie beim Klerus fand der Pfarrer aus der Mainzer Diöcese so freundliche Aufnahme, wie man sie eben im gemütlichen Oesterreich erwarten kann. Freilich traf ich auch etwas Ungemütliches in meinem Hotel „zur Stadt Wien". Aber das war kein Marburger, sondern ein Kosmopolit, ein Reiseonkel, mit dem ich schon ziemlich schroff bei der Abreise in Laibach zusammengekommen war, als er mit brennender Cigarre den engen Raum des Hotelwagens verpesten wollte. Es ist keine kleine Unsitte und zeugt wahrlich nicht von guter Lebensart, wenn Raucher

ohne Rücksicht auf ihre Nebenmenschen ihren geliebten Glimm=
stengel überall hintragen, sogar in die Speisesäle und Omnibusse.
In Amerika würde man solches nicht wagen, obwohl viele Deutsche
zu meinen scheinen, daß alle Bildung in Deutschland und alle
Ungezogenheit in Amerika daheim sei.

Marburg, jetzt der Sitz des Fürstbischofs von Lavant, des
Diöcesanseminars und anderer geistlicher Anstalten, besitzt einen
zahlreichen Klerus. An Ordensleuten sind nur Franziskaner
vorhanden, welche gerade augenblicklich statt des engen, unbedeuten=
den Kirchleins ein würdiges romanisches Gotteshaus bauen. Die
alte gotische Stadtpfarrkirche ist jetzt Kathedrale und als solche
reich und stilvoll renoviert; nur der Turm entspricht nicht der
Schönheit des Gotteshauses. Mich interessierte besonders das
Denkmal des Fürstbischofs Slomsek in demselben; denn Slomsek
war der Gründer des Bischofsitzes in Marburg, einer der treff=
lichsten Bischöfe und ein slovenischer Patriot, der unendlich viel
für die Schöpfung einer slovenischen Litteratur gethan, und dem
sein Volk die nationale Schule verdankt *). Wo vorher in der
slovenischen Steiermark Schulen bestanden, war doch die deutsche
Sprache Unterrichtssprache. Für unsere deutsche Eitelkeit mag
das sehr schmeichelhaft gewesen sein, aber für den Unterricht und
besonders für den Religionsunterricht gewiß nicht zuträglich; denn
ein wahrhaft gedeihlicher Unterricht kann Kindern nur in der
Muttersprache erteilt werden. Der slovenische Klerus in Steier=
mark verdankt dem Fürstbischof Slomsek vorzüglich das kostbare
Gut der Frömmigkeit und des wissenschaftlichen Geistes. Schöne
Stunden waren es, welche ich mit mehreren älteren und jüngeren
Marburger Geistlichen verlebte. Die beiden Prälaten der Lavanter

---

*) Vgl. Kosar, „Anton Martin Slomsek, Fürstbischof von Lavant".
Marburg. 1863.

Kirche, die hochwürdigsten Herren Drozen und Kosar, hatte ich
schon in Ila lieben und verehren gelernt; sie würden jedem Kapitel
zur Zierde gereichen. Kosar ist seitdem in die Ewigkeit abberufen
worden. Seine kindlich fromme Seele wird in der Anschauung
Gottes hoffentlich schon unendliche Freude genießen.

Außer der Domkirche besitzt Marburg nicht viele bemerkens=
werte Gebäude. Ruhmvoll ist es für die Stadt, daß die Wiege
des Admirals Tegethoff in ihren Mauern stand, desselben Helden,
der in der Seeschlacht bei Lissa die Italiener aufs Haupt schlug.
Mit Recht hat die Vaterstadt dem Heldensohne ein Denkmal ge=
setzt, wie sein dankbarer Kaiser ihm ein solches in der Hafenstadt
Pola aufrichtete.

Die Umgebung von Marburg bietet reizende Partien. Mich
führte ein Spaziergang nur zum nahen Kalvarienberg. Leider
war das Kirchlein auf demselben verschlossen: es „lud die Pilger
nicht zum Beten ein". Aber von dem Kirchlein hatte man eine
so schöne Aussicht auf die Weinberge und die Stadt, auf das
breite Thal, welches von der Drave wie von einem Silberband
durchzogen wurde, auf das Bachergebirge und alle die Höhen
ringsum, daß die Seele unwillkürlich zum Gebet gestimmt wurde.

Von Marburg aus folgte ich der Einladung meines treuen
Reisegefährten, eines jungen steirischen Geistlichen, zum Besuch
einer ihm verwandten Familie in Wuchern, einem unbedeutenden
Dörflein hart an der Drau und am Fuße des Bachergebirges.
Die Einladung war mir um so willkommener, weil sie Gelegen=
heit bot, Land und Leute in diesem slavischen Teile der grünen
Steiermark ein wenig kennen zu lernen. Wir fuhren von Mar=
burg am Samstag ab, das schöne, weinreiche Bachergebirge und
die Drau beständig im Auge behaltend. Gleich die erste Station,
Lembach, fanden wir mit Triumphbögen, Fahnen und Guir=
landen geschmückt. Neu gegossene Glocken für die Pfarrkirche

sollten feierlich eingeholt und am folgenden Tage, am Sonntage, geweiht werden. Der Wohlthäter aber, welchem die Gemeinde die Glocken verdankte, war das Haupt jener Familie, dem unser Besuch galt.

In Wuchern (slovenisch Vuhred) angekommen, fanden wir infolge dieser Festlichkeit, von der wir nicht unterrichtet waren, das Haus fast leer. Dennoch wurden wir mit großer Herzlichkeit aufgenommen; selbst der gewaltige Hofhund, der treue Wächter des Hauses, kam und machte schweifwedelnd sein Kompliment. Bald saßen wir im Garten und aßen ausgezeichnete Forellen, die dem Fischkasten entnommen waren, und tranken dazu Steirer Wein, der nicht zu verachten war.

Die Abwesenheit der Hauswirte gewährte uns Muße, Wuchern und das Haus, in dem wir unsere Herberge aufgeschlagen hatten, gründlich kennen zu lernen. Letzteres war ein prachtvoller Bauern= hof am rauschenden Bach, der zugleich eine Schneidemühle trieb. Der Vater des Besitzers war hier reich geworden durch einträg= lichen Holzhandel, den er auf der Drau nach Ungarn und dessen Nebenländern betrieben hatte. Der Sohn hatte den Reichtum er= halten und gemehrt. Beide aber hatten von dem Segen, den Gott ihnen verliehen, trefflichen Gebrauch gemacht. Schon von der Eisenbahn aus mußte ich das prächtige gotische Kirchlein auf einem Hügel bewundern, welches die ganze Gegend beherrschte. Das Kirchlein war einzig und allein von dem verstorbenen Besitzer des Bauernhofes gebaut worden. Was der Vater gebaut, das schmückte der Sohn. Wie wir nämlich zum Kirch= lein hinaufstiegen, um dem Heiland unsere Ehrfurcht zu be= zeigen, fanden wir namhafte Maler beschäftigt, das Gotteshaus von oben bis unten mit herrlichen Fresken zu zieren, und zwar wieder auf Kosten unseres Gastfreundes, der auch dem benach= barten Lembach die Glocken geschenkt hatte. Das ist gewiß ein nachahmenswürdiges Beispiel, welches dieser schlichte, einfache Landwirt — denn als solcher zeigte er sich uns nach seiner Rückkehr — seinen Mitmenschen giebt. Wenig Edelleute und noch viel weniger Börsenmänner machen solchen gottgefälligen Gebrauch von ihrem Reichtum. Leid that mir, daß der Bonifaziusverein und seine eblen Bestrebungen hier vollständig unbekannt waren. Es ist schön, das Haus Gottes zu schmücken: das hält den Glauben der Katholiken lebendig; aber weit schöner ist noch, den ärmeren Katholiken, welche mitten unter Andersgläubigen leben, und deren Glaubenslicht jeden Augenblick in Gefahr steht, wie eine Lampe ohne Oel zu erlöschen, ein Gotteshaus zu bauen und Priester zu schicken, damit sie mit ihren Nachkommen nicht der Kirche verloren gehen.

Gastfreundlich war ich in jenem Bauernhofe in Wuchern aufgenommen worden; aber dieselbe Gastfreundschaft traf ich im ganzen Dorf: überall behandelte man den weltfremden Geistlichen als lieben Gast und alten Bekannten. Selbst im Wirtshause wollte der Wirt nicht einmal Zahlung für das Bier, welches ich trank. Für den Sonntagnachmittag bestellten wir einen Wagen, um ins Gebirge zu einem Flecken, Namens Reifnigg, zu fahren. Selbst für diesen Wagen durfte ich nichts zahlen; ja mehr noch: der Herr des Fuhrwerks, der selber fuhr, hielt uns unterwegs bei einer Einkehr auch noch frei. Ebenso wollte der Wirt in Reifnigg, der allerdings ein Verwandter meines Reisegenossen war, durch kein Zureden sich bewegen lassen, Geld zu nehmen. Das war slovenische Gastfreundschaft, wie man sie selten anderswo findet.

Schön war der Ausflug nach Reifnigg, welches ziemlich hoch im Bachergebirge an der 1583 Meter hohen Welka Kappa liegt. Wir fuhren in einem engen Thale, welches durch parkähnliche Wiesen und Wälder, sanfte Berghänge und die Formationen der

Berge lebhaft an den heimischen Odenwald erinnerte. Mehrfach
äußerte ich während der Fahrt, daß ich mich ganz daheim fühle.
Diese Aehnlichkeit ist übrigens ganz erklärlich, denn gleich dem
westlichen Odenwald ist das Bachergebirge in Steiermark eine
Granitkuppe, in welche das Wasser in prähistorischen Zeiten Thäler
gerissen hat. Ueberaus lohnend war die Fahrt, aber auch an=
strengend, denn die Wege waren steil und das Gefährt ohne
Federn; darum fühlte ich mich am Ziele fast wie gerädert.

Reifnigg, slovenisch Ribnica (sprich: Ribniza), ist ein behäbig
dreinschauender Flecken. Auch die Leute auf der Gasse und in
der Kirche machten einen wohlthuenden Eindruck. Daß übrigens
auch hier nicht alles Gold ist, was glänzt, bewies der Bürger=
meister, den wir auf der Rückfahrt schlafend auf seinem Wagen
in ziemlich fragwürdigem Zustande trafen. Aufwachend herrschte
uns der Allgewaltige erst slovenisch, dann deutsch an: „Wo kom=
mens her? habens Papiere? könnens sich ausweisen?" — lauter
Fragen, auf die wir natürlich die Antwort schuldig blieben. —
Einen lieben und gastfreien Herrn fanden wir dagegen in dem
Pfarrer des Ortes. Was Küche und Keller nur bieten konnte,
wurde zu unserer Erquickung herbeigebracht, und dabei verstand
der Herr das Mahl so geistreich zu würzen, daß es mit zu meinen
schönsten Erinnerungen gehört.

Beschwerlicher noch wie die Fahrt nach Reifnigg gestaltete
sich die Rückfahrt wegen der vielfach steil abfallenden Wege. Es
war am Vorabende des Festes des hl. Antonius von Padua, und
darum trafen wir unterwegs lange Reihen von Wallfahrern,
welche nach St. Anton am Pachern (Sv. Anton na Pohorji) zogen,
einem Kirchlein, welches von steiler Bergkuppe auf uns herab=
leuchtete. Die Pilger waren ganz nach süddeutscher Weise geordnet;
dagegen sangen sie slovenisch und beteten auch den Rosenkranz in
dieser Sprache. Ich begleitete sie mit meinen besten Wünschen:

„Zieht ungestört zum Wallfahrtsort,
Singt eure schlicht-einfält'gen Lieder,
Was Welt nicht giebt, das wird euch dort,
Drum Welt, o störe nicht dies Reisen."

(Werfer.)

Slovenisch ist in diesem Teile Steiermarks die Umgangs=
sprache; nur einzelne Städte und Städtlein bilden deutsche Sprach=
inseln. Hier z. B. werden Reifnigg und Mahrenberg, ein kleines
Städtchen von noch nicht 3000 Einwohnern, jenseits der Drau,
das wir liegen sahen, von altersher als deutsch betrachtet, ob=
wohl jedermann daselbst auch slovenisch sprechen kann. Die
Bewohner dieser deutschen Gemeinden sind wahrscheinlich Nach=
kommen jener bajovarischen und sächsischen Ansiedler, welche schon
Karl der Große in das Land der slavischen Karantanen verpflanzte,
wozu außer Kärnten auch das slovenische Steiermark gehörte.

In der Morgenfrühe verließ ich das gastliche Haus in
Wuchern, in welchem ich noch am Abend vorher überaus gemüt=
liche Stunden verlebt hatte. Zigeuner aus Reifnigg, welche
trefflich deutsch sprachen, hatten uns ein Konzert gegeben, wie
man es selten zu hören bekommt. Wir hatten während desselben
in der Laube des Gartens gesessen, den bald klagenden, bald
stürmischen Weisen gelauscht und dazwischen gelacht und geplaudert.
Es war spät geworden, bevor wir zur Nachtruhe kamen, und
darum schlief noch alles, als ich Abe sagen wollte. Gerade früh
genug langte ich auf der Station an, um in den Schnellzug
hineinspringen zu können. Die Wolken hingen tief bei meiner
Abreise, und bald begann ein feiner Sprühregen herabzurieseln.
Derselbe verhüllte mir, wenigstens teilweise, die Schönheiten des
engen, romantischen Drauthales. Selbst vom schönen Kärntner
Land, von Klagenfurt, der Hauptstadt desselben, und dem idyllischen
Wörther See hatte ich nicht vielen Genuß. Noch schlimmer ging

es mir in Tirol, im herrlichen Pusterthal, wo mir Webers Worte aus „Dreizehnlinden" einfielen:

„Windesweh'n und Regenschauer,
Fahl und kalt die Morgenfrühe;
Ueber Waldeswipfel eilen
Hollas graue Wolkenkühe!"

Aber es ging der Heimat zu, und darum vermochten selbst Windeswehen und Regenschauer die frohen Bilder nicht zu ver=scheuchen, welche der Gedanke an die liebe Heimat hervorzauberte, zumal ich weit kräftiger und gesünder heimkehrte, als ich sie ver=lassen hatte. Auch sonnige Bilder aus der jüngsten Vergangen=heit, Bilder von den Küsten der Adria, Bilder von all den lieben Menschen, welche ich hatte kennen lernen, stiegen in mir auf, da das ungastliche Wetter mir den Ausblick in Gottes herrliche Natur um mich herum verwehren wollte:

„Dankbar gedacht' ich jeder Stelle,
Wo ich gehalten süße Rast,
Und jeder leisen Meereswelle,
Die einst gelabt den kranken Gast,
Und jeder Blume, draus in Düften
Ein Gruß mir in die Seele drang,
Und jedes Vögleins, das in Lüften
Mir Trost und Gottvertrauen sang."

(Nach Hamerling.)

Süddeutsche Verlagsbuchhandlung (Dan. Ochs) in Stuttgart.

Abonnements-Einladung.

Pädagogische Monatshefte.

Zeitschrift

zur Förderung der katholischen Pädagogik, der Lehrerbildung
und gesunder Unterrichtsformen.

In Verbindung mit hervorragenden Schulmännern und Gelehrten
herausgegeben von

Al. Knöppel, Hauptlehrer
in Rheydt.

I. Jahrgang 1895.

**Preis vierteljährlich Mk. 1.40, bei direkter
Zusendung 20 Pf. mehr.**

Zu beziehen durch alle Buchhandlungen und
Postanstalten.

**Probehefte auf Verlangen franco zu
Diensten.**

Die Wunder von Lourdes

von Arthur Schott.

Unter Mitwirkung hoher Ordensgeistlicher.

Mit Approbation des hochwürd. bischöflichen Ordinariats in Rottenburg a. N.

Zwei Teile, 53 Druckbogen groß Oktav,
1 Titelbild und 1 Ansicht von Lourdes und Umgegend in Farbendruck,
12 Vollbilder, 100 Textillustrationen.

Elegant gebunden in Original-Einbanddecke mit Lederrücken und reichem
Gold- und Schwarzdruck auf Deckel und Rücken mit Rotschnitt Mk. 9.—,
mit Goldschnitt Mk. 10.—

▬▬ 8. Auflage. 71.—80. Tausend. ▬▬

Das „Correspondenz-Blatt für den österreichischen Clerus" in Wien schreibt:
„Je mehr die materialistische Richtung unserer Zeit mit ihren in moralische Fäulnis
austretenden Früchten die christliche Gesellschaft zu vergiften droht, desto notwendiger
ist es, das gläubige Volk hinzuweisen auf jene lebendigen und den Glauben belebenden
Wunder, welche zu allen Zeiten das Reich Gottes auf Erden mit himmlischem Glanze
erfüllten und selbst in unseren Tagen ja vor unseren Augen erstrahlen. Die reiche
Gnadenquelle, die unter den gebenedeiten Füßen der glorreichen Himmelskönigin aus
dem vorher dürren Felsen am Fuße der Pyrenäen hervorsprang, hat Tausenden und
aber Tausenden der sich zur Mutter der Christen leiblich und geistig flüchtenden Kinder
Marias nicht nur leibliche, sondern auch geistige Heilung gebracht und gar viele in
unserm vertrockneten Zeitalter nach den ewigen Wahrheiten dürstenden Seelen wunderbar erquickt und gestärkt. Der verdienstvolle Verfasser des Buches führt uns in einer
für jedermann, hoch und nieder, gemeinverständlichen Schreibart gleichsam selbst zu
der wunderbaren Grotte, läßt die auf die gläubige Anrufung der Gnadenmutter dort
und in aller Welt geschehenen Wunder in farbenfrischen Bildern an uns vorüberziehen
und erhebt unser Herz zur Andacht, die in den nachfolgenden Gebeten und Betrachtungen, Liederterzen und Gedichten zum innigen Ausdruck gelangt. Aber auch Unterhaltung und Belehrung bietet das Buch in den lebendigen Reiseschilderungen und
Reflexionen auf den rohen und gedankenlosen Unglauben unserer Tage in reicher Fülle.
Möge denn auch, nach dem frommen Wunsche des Verfassers, der Segen Gottes das
Buch begleiten und es in die Häuser und Herzen des gläubigen deutschen Volkes ein-
führen und das Buch als katholisches Hausbuch recht nützlich werden lassen! Und so
empfehlen wir dieses zeitgerechte Marienbuch, es mit den besten Wünschen begleitend."

Ferner ist erschienen:

Handbuch

des

schriftlichen und mündlichen Verkehrs mit Vorgesetzten, Behörden und Personen

von

Jos. Schneiderhahn,

Seminar-Oberlehrer in Gmünd.

Gr. 8°. VII und 190 Seiten. Preis elegant geheftet Mk. 1.40, gebunden Leinwand mit Schwarzdruck Mk. 1.85.

———

Das Handbuch ist mit besonderer Berücksichtigung des Lehrer=standes abgefaßt, bildet aber auch ein Vademecum für jeden jungen Mann zum schriftlichen und mündlichen Verkehre mit Höher=gestellten; denn die Grundsätze für Abfassung der amtlichen Schrift=stücke und der Briefe, und die Regeln für den Umgang mit gebildeten Menschen bleiben für alle die gleichen. So dürfte sich denn das Handbuch auch weiteren Kreisen empfehlen. — Wohl weist der Bücher=markt eine Reihe ähnlicher Werke auf; allein dieselben sind entweder bloß dem schriftlichen Verkehre mit den Behörden des Lehrers ge=widmet, wobei in den allermeisten Fällen nur die Verhältnisse Nord=deutschlands berücksichtigt sind und der private briefliche Verkehr ganz übergangen ist, oder sie enthalten nur die Regeln über den Umgang mit der Gesellschaft und dann entweder zu wenig oder zu viel. Das „Handbuch“ aber möchte all diesem Rechnung tragen und das Notwendige in dieser Beziehung dem jungen Manne bieten.

Bunte Erzählungen eines Convertiten

von

Ludwig Riedl

(Verfasser von „Heiteres und Ernstes aus meinem Soldatenleben" und „Lebens-
erfahrungen eines Convertiten").

VII und 278 Seiten. gr. 8°. Mit 1 Lichtbrucktitel.

Preis eleg. geh. 2 Mk.,
geb. in Leinwand mit Goldpressung 3 Mk.

Urteil der Presse: „Das ist einmal gute, deutsche Hausmanns-
kost! Ist's auch ‚kein Litterat vom Fach', der diese Erinnerungen
und Erlebnisse in ungekünstelter, ungesuchter Weise niederschreibt, so
ist es doch ‚ein einfacher Mann', der das Herz auf dem rechten
Fleck hat und sich kein Blatt vor den Mund nimmt, jedes Ding mit
seinem rechten Namen zu benennen. Aus diesen Blättern spricht
der Praktiker, der erfahrene, im Sturm des Lebens gestählte und
geläuterte Mann, der kampferprobte Convertit, der sich nicht fürchtet,
von protestantischer Seite als ‚Verleumder und Lügner' verschrieen
zu werden. Schlicht und offen ist des Verfassers Redeweise und
besonders gerade deshalb so sehr zum Herzen sprechend, und seine
Kapitel über „Heuchelei' und ‚Lauheit' dürften manchen Namens-
katholiken ernster stimmen und zur Einkehr ins eigene Herz bring-
licher ermahnen, als dies die besten theologischen Beweismittel ver-
möchten. Der Verfasser hat des Lebens Ernst zur Genüge kennen
gelernt, es steht ihm also ganz wohl an, mahnend und ratend seine
Stimme zu erheben. Er thut dies für ‚Wahrheit, Freiheit und
Recht' in echt christ-katholischem Sinne, und darum können wir dem
Buche, das eine vorzügliche Lektüre für das Volk bietet, nur recht
viele, viele Leser wünschen; daß es nur Segen stiften wird, davon
sind wir vollständig überzeugt."

Nr. 9 Litterarischer Anzeiger, Graz.

Süddeutsche Verlagsbuchhandlung (Dan. Ochs) in Stuttgart.

Das Kolumbus-Ei

oder

Die Quintessenz der Kneipp-Kur.

Ein Büchlein für jedermann, das den ausgelegten Preis hundertfach
vergütet durch erprobten zuverlässigen Rat,

klein und billig, aber gehaltvoll ist das Kolumbus-Ei

von Dr. Hofele.

Inhalt: Allgemeine Erfahrungssätze und Lebensregeln. Licht und
Luft, Hautpflege und Kleidung, Wohnung, Nahrung, Hauptregeln für Essen und Trinken, einfacher, billiger und doch ab-
wechselnder Speisezettel, Arbeit, Abhärtung, Turnübungen und
Barfußgehen.

Wasser-Kur. Hauptgrundsätze und Erfahrungen. Hauptregeln
für die Wasseranwendungen. I. Anwendungen, um die Krankheitsstoffe im Blute aufzulösen. — II. Anwendungen, um die
aufgelösten Krankheitsstoffe auszuscheiden. Anwendungen, um
den Organismus zu stärken und richtige Blutzirkulation herbei-
zuführen. Die natürlichsten und bewährtesten Haus- und Heil-
mittel bei den gewöhnlichsten Leiden und häufigsten Krankheiten.

Das sind die Hauptpunkte, welche der Herr Verfasser in praktischer Weise und gedrängter Kürze bespricht. Sein Vater, ein weit-
bekannter und volkstümlicher Arzt, hinterließ ihm einen Schatz wert-
voller Kenntnisse, und später erwarb er sich im persönlichen Umgange
mit Herrn Pfarrer Mgr. Kneipp und beim häufigen Aufenthalte in
berühmten Naturheilanstalten reiche Erfahrungen auf dem Gebiete
der Gesundheitslehre. Von diesen bietet er hier das Allerbeste. Besonders Eltern, Lehrern, Geistlichen und Erziehern sei
dieses Büchlein bestens empfohlen. Dasselbe ist geschmackvoll ausgestattet und eignet sich seines handlichen Formates wegen zu einem
Taschenbüchlein für jedermann.

Gegen Einsendung von Mk. 1.— wird es franco versandt von der
Südd. Verlagsbuchhandlung (Dan. Ochs), Stuttgart.

Ferner erschien bei uns:

Die französische Revolution
gelegentlich
der hundertjährigen Gedenkfeier von 1789.
Von Carolus Aemilius Freppel
Bischof von Angers, Kammerabgeordneter.

Nach der 19. Auflage mit Autorisation des hochw. Verfassers übersetzt
von C. Walther, Priester.

Circa 9 Bogen. — Geheftet Mk. 1.50.

Urteile der Presse: „Goldene Worte, die der französische Kirchenfürst niederschreibt, ernste Wahrheiten, welchen er Ausdruck verleiht, staatsmännische Gedanken, die
er der Oeffentlichkeit übergiebt, ein fruchtbares Feld, das er bebaut, zumal die neunzehn Auflagen binnen kürzester Frist beweisen, daß das Senfkorn der Wahrheit nicht
auf steinigen Boden gefallen ist. — Während es nur wenigen möglich ist, sich umfassende
Werke anzuschaffen oder den Argumenten des Gelehrten zu folgen, wird — dessen halten
wir uns für überzeugt — die klare Schrift des Bischofs von Angers in Mark und
Blut des Volkes übergehen und der christlichen Weltanschauung neue und tapfere Ver-
teidiger werben.“   Lit. Anz. f. d. kath. Oesterreich.

„Unter obigem Titel hat Bischof Freppel von Angers, der streitbare Kämpfe
für die Rechte der Kirche im französischen Parlament, eine Schrift erscheinen lassen.
Der Name des gefeierten Verfassers und die Thatsache, daß die Schrift in Frankreich
bereits 19 Auflagen erlebt hat, bürgen dafür, daß wir es nicht mit einer gewöhnlichen
Auffassung und Darstellung des welterschütternden Ereignisses des vorigen Jahrhunderts
zu thun haben. Der bischöfliche Autor behandelt sein Thema in 12 Kapiteln und einer
Schlußfolgerung und geht alle die Fragen durch, deren Lösung die französische Revolution sich gestellt, die sie aber nicht gelöst hat, auf deren aufgewühltem Grund vielmehr das heutige Urteil Frankreichs beruht. Es ist interessant, den geistreichen De-
duktionen des freisinnigen Politikers, dem der Theolog und Philosoph die ewigen
Wahrheiten auf die Zunge legt, zu folgen und die Streiflichter, mit denen er die
Gegenwart beleuchtet, zu betrachten. Möchten seine Worte in seinem Vaterlande nicht
ungehört verhallen! Das Interesse, welches die Schrift jenseits des Rheines gefunden
und zwar mit größtem Recht, wird ihr auch hüben, wo man nicht gleichgültig sein
kann gegen das, was sich drüben auf dem von der Revolution geschaffenen Boden entwickelt, Aufnahme und Verbreitung sichern.“   Kölner Pastoralblatt.

Ferner erschien bei uns:

Der letzte Prophet.

Dichtung von Ed. Eggert.

Elegant geheftet Mk. 3.—, gebb. in Originaldecke mit Goldschnitt Mk. 4.50.

———

Urteil der Presse: „Johannes der Täufer mit seiner bahn-
brechenden Größe und seinem tragischen Geschick (denn er ist der
Held der vorliegenden Dichtung) übt immer wieder einen eigentümlichen Reiz auf künstlerische Geister aus. Eduard Eggert, der sich
durch nicht sehr umfangreiche, aber inhaltschwere dichterische Ver-
öffentlichungen als einen Mann von hervorragender poetischer Be-
gabung erwiesen hat, ist in dieser seiner neuesten Dichtung dem
großen Gegenstand, der ihn offenbar in tiefster Seele ergriffen hat,
gerecht geworden. Er führt uns vom Auftreten des Täufers Johannes in die Wüsteneinsamkeit, die unser Dichter mit ebenso
brennenden Farben zu malen versteht, wie das üppige Treiben an
einem Fürstenhof, bis zur Enthauptung des unerschrockenen Wahr-
heitszeugen in dem Felsenschlosse des Herodes. Auch da, wo Eggert
geflissentlich zarte, um nicht zu sagen, gedämpfte Farben anwendet,
wie bei der Begegnung des Täufers mit Jesus, hat die Dichtung
einen großen, gewaltigen Zug; der Hunger der damaligen Zeit nach
Wahrheit und Heil kommt, wie ihre Hingebung an dunkeln Aber-
glauben, gleich scharf zum Ausdruck. Der Gewichtigkeit des Inhalts
entspricht die Form: Alexandriner, in deren wuchtige Kraft der Leser
sich allerdings nicht ganz glatt hineinließt, und die Eggert geschickt,
vielleicht etwas zu sparsam, mit geräumten 5füßigen Jamben abwechseln läßt. Man könnte über einzelnes mit dem Verfasser vom
biblischen Standpunkt aus rechten; im ganzen aber halten wir den
‚letzten Propheten‘ für eine großartige, tief durchgeistigte Dichtung,
der wir viele ernste, aufmerksame Leser wünschen.“

Schwäb. Merkur Nr. 296.